实用版法规专辑

妇女权益保障

中国法制出版社
CHINA LEGAL PUBLISHING HOUSE

我国的立法体系①

全国人民代表大会	修改宪法，制定和修改刑事、民事、国家机构的和其他的基本法律。
全国人民代表大会常务委员会	制定和修改除应当由全国人民代表大会制定的法律以外的其他法律；在全国人民代表大会闭会期间，对全国人民代表大会制定的法律进行部分补充和修改；根据全国人民代表大会授权制定相关法律；解释法律。
国务院	根据宪法、法律和全国人民代表大会及其常务委员会的授权，制定行政法规。
省、自治区、直辖市的人民代表大会及其常务委员会	根据本行政区域的具体情况和实际需要，在不同宪法、法律、行政法规相抵触的前提下，制定地方性法规。
设区的市、自治州的人民代表大会及其常务委员会	在不同上位法相抵触的前提下，可对城乡建设与管理、生态文明建设、历史文化保护、基层治理等事项制定地方性法规。
经济特区所在地的省、市的人民代表大会及其常务委员会	根据全国人民代表大会的授权决定，制定法规，在经济特区范围内实施。
上海市人民代表大会及其常务委员会	根据全国人民代表大会常务委员会的授权决定，制定浦东新区法规，在浦东新区实施。
海南省人民代表大会及其常务委员会	根据法律规定，制定海南自由贸易港法规，在海南自由贸易港范围内实施。
民族自治地方的人民代表大会	依照当地民族的政治、经济和文化的特点，制定自治条例和单行条例。对法律和行政法规的规定作出变通的规定，但不得违背法律或者行政法规的基本原则，不得对宪法和民族区域自治法的规定以及其他有关法律、行政法规专门就民族自治地方所作的规定作出变通规定。
国务院各部、委员会、中国人民银行、审计署和具有行政管理职能的直属机构以及法律规定的机构	根据法律和国务院的行政法规、决定、命令，在本部门的权限范围内，制定规章。
省、自治区、直辖市和设区的市、自治州的人民政府	根据法律、行政法规和本省、自治区、直辖市的地方性法规，制定规章。设区的市、自治州人民政府制定的地方政府规章限于城乡建设与管理、生态文明建设、历史文化保护、基层治理等方面的事项。
中央军事委员会	根据宪法和法律制定军事法规，在武装力量内部实施。
中国人民解放军各战区、军兵种和中国人民武装警察部队	根据法律和中央军事委员会的军事法规、决定、命令，在其权限范围内制定军事规章，在武装力量内部实施。
国家监察委员会	根据宪法和法律、全国人民代表大会常务委员会的有关决定，制定监察法规。
最高人民法院、最高人民检察院	作出属于审判、检察工作中具体应用法律的解释。

---

① 本图表为编者根据《立法法》相关规定编辑整理，供参考。

编 辑 说 明

　　运用法律维护权利和利益，是读者选购法律图书的主要目的。法律文本单行本提供最基本的法律依据，但单纯的法律文本中的有些概念、术语，读者不易理解；法律释义类图书有助于读者理解法律的本义，但又过于繁杂、冗长。

　　基于上述理念，我社自2006年7月率先出版了"实用版"系列法律图书；2008年2月，我们将与社会经济生活密切相关的领域所依托的法律制度以专辑形式汇编出版了"实用版法规专辑"，并在2012年、2014年、2016年、2018年、2020年全面更新升级再版。这些品种均深受广大读者的认同和喜爱。

　　2022年，本着"以读者为本"的宗旨，适应实践变化需要，我们第七次对"实用版法规专辑"增订再版，旨在为广大公民提供最新最高效的法律学习及法律纠纷解决方案。

　　鲜明特点，无可替代：

　　1. **出版权威**。中国法制出版社是中华人民共和国司法部所属的中央级法律类图书专业出版社，是国家法律、行政法规文本的权威出版机构。

　　2. **法律文本规范**。法律条文利用了我社法律单行本的资源，与国家法律、行政法规正式版本完全一致，确保条文准确、权威。

　　3. **条文注释专业、权威**。本书中的注释都是从全国人大常委会法制工作委员会、最高人民法院、司法部等对条文的权威解读中精选、提炼而来，简单明了、通俗易懂，涵盖百姓日常生活中经常遇到的纠纷与难题。

　　4. **案例典型指引**。本书收录数件典型案例，均来自最高人民法院指导案例、公报案例、各地方高级人民法院判决书等，点出适用要点，展示解决法律问题的实例。

5. **附录实用**。书末收录经提炼的法律流程图、诉讼文书、办案常用数据（如损害赔偿金额标准）等内容，帮助您大大提高处理法律纠纷的效率。

6. **"实用版法规专辑"** 从某一社会经济生活领域出发，收录、解读该领域所涉重要法律制度，为解决该领域法律纠纷提供支持。

妇女权益保障法
理解与适用

《妇女权益保障法》是关于妇女权益保护的基本法律。该法于1992年4月3日第七届全国人民代表大会第五次会议通过，并于2005年8月28日作了较大修改、于2018年10月26日作了个别调整。《妇女权益保障法》实施三十年来，为妇女的政治、经济、文化、社会和家庭生活等各方面权益提供了有力法治保障，推动男女平等基本国策深入人心。2022年10月30日，第十三届全国人大常委会第三十七次会议审议通过新修订的《妇女权益保障法》。

一、本次修订的亮点

本次《妇女权益保障法》修订，是继2005年、2018年两次修改后的一次全面修订。新修订的《妇女权益保障法》在原有规定基础上，积极适应新时代、新任务、新要求，对妇女权益保障制度机制作出更加全面系统的规定，亮点众多。总的来看，主要体现在四个方面：

一是全面贯彻落实男女平等基本国策，不断丰富妇女权益保障制度内容。实现男女平等是衡量社会文明的重要尺度，党和国家历来重视妇女发展与进步，把男女平等作为促进我国社会发展的一项基本国策。2005年《妇女权益保障法》修改，明确规定"实行男女平等是国家的基本国策"。新修订的《妇女权益保障法》全面贯彻落实男女平等基本国策，不仅在总则中明确规定国家采取必要措施，促进男女平等，还在各章中不断丰富完善妇女权益保障的具体制度规定，确保妇女在政治的、经济的、文化的、社会的和家庭的生活等各方面享有同男子平等的权利，确保广大妇女平等参与社会生活、平等获得发展机遇、平等享有发展成果。

二是在落实全面保障基础上，根据新时代妇女工作特点和妇女事业发展要求强化特殊保护。新修订的《妇女权益保障法》对妇女的政治权利、人身和人格权益、文化教育权益、劳动和社会保障权益、财产权益、婚姻家庭权益等各方面权益作出规定。在体现和落实全面保障的基础上，更加突出结合妇女自身特点和妇女工作实际，强调保护妇女依法享有的特殊权益、考虑妇女的特殊需求，在医疗保健和健康检查、公共设施配建、生育服务保障、预防和处置性骚扰、消除就业性别歧视等诸多方面，根据妇女特点提供特殊保护，为有效实现男女平等和促进妇女全面发展提供有力支撑。

三是完善政府相关保障措施，强化妇女联合会等有关方面的保障职责。新修订的《妇女权益保障法》积极贯彻落实党的二十大精神，全面总结我国妇女事业发展成就与经验，旗帜鲜明强调坚持中国共产党对妇女权益保障工作的领导，确保新时代妇女权益保障事业始终有"主心骨"，始终坚持正确政治方向。明确建立政府主导、各方协同、社会参与的保障妇女权益工作机制，从制定和组织实施妇女发展规划、提供经费保障、建立健全妇女发展状况统计调查制度、发展妇女卫生健康事业、消除就业性别歧视、预防和处置侵害妇女权益违法犯罪行为等各方面，完善政府及其有关部门的具体保障措施。与此同时，新修订的《妇女权益保障法》高度重视妇联组织重要作用，进一步明确妇联做好维护妇女权益、促进男女平等和妇女全面发展的工作，明确妇女的合法权益受到侵害可以向妇女联合会求助。妇女联合会等妇女组织应当维护被侵害妇女的合法权益，支持帮助受害妇女，督促有关部门或者单位依法查处。

四是倡导全社会尊重和关爱妇女，鼓励和支持妇女自强。新修订的《妇女权益保障法》重视动员全社会各方面力量，共同关心、关爱和支持妇女发展，明确将男女平等基本国策纳入国民教育体系，通过开展宣传教育，增强全社会的男女平等意识，培育尊重和关爱妇女的社会风尚。组织动员国家机关、社会团体、企业事业单位、基层群众性自治组织以及其他组织和个人，结合工作职责和自身特点开展妇女权益保障工作，鼓励和支持社会力量通过依法捐赠、资助或者提供志愿服务等方式参与妇女卫生健康事业。与此同时，充分尊重妇女的重要主体地位，明确国家采取措施支持女性人才成长，保障女性平等享有接受中高等教育的权利和机会，健全全民终身学习体系，为妇女终身学习创造条件，为妇女创造公平的就业创业环境，为困难妇女提供必要帮扶，保障和促进妇女在各领域的全面发展，更好发挥妇女"半边天"的重要作用。

二、本次修订的主要内容

《妇女权益保障法》修订前共九章、六十一条，经过本次修订，增至十章、八十六条，修改涉及的条款多，增加的规定多，结构上也有调整。主要作了以下修改：

（一）**完善总体性制度机制。**一是在立法目的中增加规定促进妇女全面发展、弘扬社会主义核心价值观。二是规定国家采取必要措施，促进男女平等，消除对妇女一切形式的歧视，禁止排斥、限制妇女依法享有和行使各项权益。三是规定坚持中国共产党对妇女权益保障工作的领导，建立政府主导、各方协同、社会参与的保障妇女权益工作机制。四是规定男女平等评估机制、妇女发展状况和权益保障统计调查制度。五是明确国家将男女平等基本国策纳入国民教育体系。

（二）**完善政治权利保障。**一是规定国家采取措施支持女性人才成长。二是贯彻全过程人民民主，明确妇女联合会代表妇女积极参与国家和社会事务的民主协商、民主决策、民主管理和民主监督。

（三）**完善人身和人格权益。**一是将第六章"人身权利"前移作为第三章，并将章名修改为"人身和人格权益"，突出人身和人格权益的重要地位。二是强调妇女的人格尊严不受侵犯。三是强调禁止进行非医学需要的胎儿性别鉴定和选择性别的人工终止妊娠，规定医疗机构施行有关医疗活动时，应当尊重妇女本人意愿。四是在禁止拐卖、绑架妇女的基础上，规定政府及有关部门、村民委员会、居民委员会发现报告和解救、安置、救助、关爱被拐卖、绑架的妇女等职责。五是在禁止对妇女实施性骚扰的基础上，进一步完善预防和处置性骚扰、性侵害制度机制。六是规定住宿经营者应当加强安全保障措施，发现可能侵害妇女权益的违法犯罪行为时，及时向公安机关报告。七是媒体报道涉及妇女事件应当客观、适度，不得侵害妇女的人格权益。八是加强婚恋交友关系中的妇女权益保障，扩大人身安全保护令的适用范围。九是规定建立健全妇女健康服务体系、心理健康服务支持以及全生育周期系统保健制度，设立妇幼保健机构，定期为女职工安排健康检查，合理配备满足妇女需要的公共设施。

（四）完善文化教育权益。一是完善保障适龄女性未成年人接受并完成义务教育的制度机制。二是规定政府采取措施保障女性平等享有接受中高等教育的权利和机会。三是规定国家健全终身学习体系，为妇女终身学习创造条件。

（五）完善劳动和社会保障权益。一是消除就业性别歧视，明确就业性别歧视的具体情形，将就业性别歧视纳入劳动保障监察范围。二是规定用人单位女职工权益保障相关责任，明确劳动（聘用）合同或者服务协议中应当包含女职工权益保护相关内容。三是完善生育保障，规定国家建立健全职工生育休假制度，明确用人单位对女职工的生育保障义务，要求用人单位不得因结婚、怀孕、产假、哺乳等情形，限制女职工晋职、晋级、评聘专业技术职称和职务等。四是加强对贫困妇女、老龄妇女、残疾妇女等困难妇女的权益保障。

（六）完善财产权益。一是规定妇女在农村集体经济组织成员身份确认、不动产登记、征收或者征用补偿等方面的权利。二是规定村民自治章程、村规民约、村民会议、村民代表会议的决定以及其他涉及村民利益事项的决定，不得侵害妇女在农村集体经济组织中的权益。三是规定国家保护妇女在城镇集体所有财产关系中的权益。

（七）完善婚姻家庭权益。一是规定国家鼓励婚前体检，明确婚姻登记机关应当提供婚姻家庭辅导服务。二是规定妇女对夫妻共同财产享有要求记载其姓名等权利。三是规定离婚诉讼期间共同财产查询、离婚时家务劳动经济补偿等制度。

（八）完善救济措施。增加一章关于"救济措施"的规定，作为第八章。一是规定人民政府负责妇女工作的机构、妇女联合会可以督促有关部门或者单位依法查处侵害妇女权益的行为。二是规定用人单位侵害妇女劳动和社会保障权益的，人力资源和社会保障部门可以联合工会、妇女联合会约谈用人单位。三是规定妇女在农村集体经济组织成员身份确认等方面权益受到侵害时的救济措施，明确乡镇人民政府对村民自治章程、村规民约，村民会议、村民代表会议的决定以及其他涉及村民利益事项的决定进行指导监督。四是规定妇女权益保障公益诉讼、支持起诉等制度。

（九）**完善法律责任**。就违反有关报告义务、预防和制止性骚扰义务、消除就业性别歧视等义务的行为，规定相应的法律责任。

妇女权益保障法律要点提示

法律要点	法　条	页　码
男女平等基本国策	《妇女权益保障法》第 2 条	第 1 页
妇女的政治权利	《宪法》第 48 条 《妇女权益保障法》第 12—17 条	第 128 页 第 9—12 页
禁止侮辱、诽谤妇女	《妇女权益保障法》第 20 条 《刑法》第 237 条 《治安管理处罚法》第 42 条	第 13 页 第 144 页 第 161 页
妇女患者在医疗中的知情同意权	《妇女权益保障法》第 21 条	第 14 页
禁止拐卖、绑架妇女	《妇女权益保障法》第 22 条 《刑法》第 240 条	第 14 页 第 148 页
性骚扰及其处理	《妇女权益保障法》第 23—25 条	第 15、16 页
禁止卖淫、嫖娼	《妇女权益保障法》第 27 条	第 18 页
人身安全保护令	《妇女权益保障法》第 29 条 《反家庭暴力法》第四章	第 21 页 第 264—268 页
消除妇女就业歧视	《妇女权益保障法》第 41、43、44、48、49 条	第 27—29、31 页
男女同工同酬	《宪法》第 48 条 《妇女权益保障法》第 45 条	第 128 页 第 30 页
女职工特殊保护	《妇女权益保障法》第 47—52 条	第 31、32 页
妇女享有与男子平等的继承权	《妇女权益保障法》第 58 条 《民法典》第六编	第 35 页 第 120—127 页

法律要点	法　条	页　码
妇女婚姻自主权	《妇女权益保障法》第 61 条 《民法典》第五编	第 37 页 第 88—120 页
禁止对妇女实施家庭暴力	《妇女权益保障法》第 65 条 《反家庭暴力法》	第 38 页 第 258—270 页
妇女对夫妻共同财产享有平等处理权	《妇女权益保障法》第 66 条	第 39 页
离婚期间夫妻共同财产问题	《妇女权益保障法》第 67 条	第 40 页
离婚时家务劳动经济补偿	《妇女权益保障法》第 68 条	第 42 页
受侵害妇女救济途径	《妇女权益保障法》第 72 条	第 44 页
对妇女实施性骚扰和未采取性骚扰预防制止措施的法律责任	《妇女权益保障法》第 80 条	第 48 页
用人单位歧视女性的责任	《妇女权益保障法》第 83 条	第 49 页

目　　录

中华人民共和国妇女权益保障法 ……………………………（1）
　　（2022 年 10 月 30 日）
　　中华全国妇女联合会章程………………………………（51）
　　　　（2023 年 10 月 26 日）
中华人民共和国民法典（节录） …………………………（60）
　　（2020 年 5 月 28 日）

政治权利

中华人民共和国宪法（节录） ……………………………（128）
　　（2018 年 3 月 11 日）
中华人民共和国全国人民代表大会和地方各级人民代表
　大会选举法（节录）………………………………………（129）
　　（2020 年 10 月 17 日）
中华人民共和国地方各级人民代表大会和地方各级人民
　政府组织法（节录）………………………………………（130）
　　（2022 年 3 月 11 日）
中华人民共和国村民委员会组织法（节录） ……………（135）
　　（2018 年 12 月 29 日）

人身和人格权益

中华人民共和国刑法（节录） ……………………………（137）
　　（2020 年 12 月 26 日）

中华人民共和国刑事诉讼法（节录）⋯⋯⋯⋯⋯⋯⋯（155）

　　（2018 年 10 月 26 日）

中华人民共和国治安管理处罚法（节录）⋯⋯⋯⋯⋯（160）

　　（2012 年 10 月 26 日）

　　中华人民共和国母婴保健法 ⋯⋯⋯⋯⋯⋯⋯⋯⋯（167）

　　　　（2017 年 11 月 4 日）

　　中华人民共和国母婴保健法实施办法 ⋯⋯⋯⋯⋯（173）

　　　　（2023 年 7 月 20 日）

中华人民共和国未成年人保护法（节录）⋯⋯⋯⋯⋯（182）

　　（2020 年 10 月 17 日）

　　全国人民代表大会常务委员会关于严惩拐卖、绑架妇
　　　女、儿童的犯罪分子的决定 ⋯⋯⋯⋯⋯⋯⋯⋯（191）

　　　　（2009 年 8 月 27 日）

　　全国人民代表大会常务委员会关于严禁卖淫嫖娼的决定 ⋯（193）

　　　　（2009 年 8 月 27 日）

　　最高人民法院关于审理拐卖妇女儿童犯罪案件具体应用
　　　法律若干问题的解释 ⋯⋯⋯⋯⋯⋯⋯⋯⋯⋯⋯（196）

　　　　（2016 年 12 月 21 日）

　　最高人民法院关于审理拐卖妇女案件适用法律有关问题
　　　的解释 ⋯⋯⋯⋯⋯⋯⋯⋯⋯⋯⋯⋯⋯⋯⋯⋯（197）

　　　　（2000 年 1 月 3 日）

　　最高人民法院、最高人民检察院、公安部、司法部关于
　　　依法惩治拐卖妇女儿童犯罪的意见 ⋯⋯⋯⋯⋯（198）

　　　　（2010 年 3 月 15 日）

　　最高人民法院关于对怀孕妇女在羁押期间自然流产审判
　　　时是否可以适用死刑问题的批复 ⋯⋯⋯⋯⋯⋯（206）

　　　　（1998 年 8 月 7 日）

　　国务院关于设立 3 岁以下婴幼儿照护个人所得税专项附
　　　加扣除的通知 ⋯⋯⋯⋯⋯⋯⋯⋯⋯⋯⋯⋯⋯⋯（207）

　　　　（2022 年 3 月 19 日）

2

禁止非医学需要的胎儿性别鉴定和选择性别人工终止
　　妊娠的规定 ·· （208）
　　（2016 年 3 月 28 日）
　　妇幼保健机构管理办法 ·································· （212）
　　（2006 年 12 月 19 日）

文化教育权益

中华人民共和国教育法（节录） ···················· （218）
　　（2021 年 4 月 29 日）
中华人民共和国义务教育法（节录） ·············· （219）
　　（2018 年 12 月 29 日）
　　中华人民共和国职业教育法（节录） ·············· （220）
　　（2022 年 4 月 20 日）
　　中华人民共和国体育法（节录） ···················· （221）
　　（2022 年 6 月 24 日）

劳动和社会保障权益

中华人民共和国劳动法（节录） ···················· （222）
　　（2018 年 12 月 29 日）
中华人民共和国劳动合同法（节录） ·············· （226）
　　（2012 年 12 月 28 日）
　　中华人民共和国就业促进法（节录） ·············· （227）
　　（2015 年 4 月 24 日）
中华人民共和国职业病防治法（节录） ·········· （228）
　　（2018 年 12 月 29 日）
中华人民共和国社会保险法（节录） ·············· （230）
　　（2018 年 12 月 29 日）
　　女职工劳动保护特别规定 ···························· （232）
　　（2012 年 4 月 28 日）

劳动保障监察条例（节录） ……………………… （236）
　　（2004 年 11 月 1 日）

就业服务与就业管理规定（节录） ……………… （237）
　　（2022 年 1 月 7 日）

人力资源社会保障部、教育部等九部门关于进一步规范
　招聘行为促进妇女就业的通知 ………………… （239）
　　（2019 年 2 月 18 日）

用人单位职业健康监护监督管理办法（节录） …… （242）
　　（2012 年 4 月 27 日）

企业职工生育保险试行办法 ……………………… （243）
　　（1994 年 12 月 14 日）

财产权益

中华人民共和国农村土地承包法（节录） ……… （245）
　　（2018 年 12 月 29 日）

最高人民法院关于审理涉及农村土地承包纠纷案件适用
　法律问题的解释 ………………………………… （248）
　　（2020 年 12 月 29 日）

最高人民法院关于适用《中华人民共和国民法典》物权
　编的解释（一） ………………………………… （254）
　　（2020 年 12 月 29 日）

婚姻家庭权益

中华人民共和国反家庭暴力法 ………………… （258）
　　（2015 年 12 月 27 日）

婚姻登记条例 ……………………………………… （270）
　　（2003 年 8 月 8 日）

最高人民法院关于适用《中华人民共和国民法典》婚姻
家庭编的解释（一） ·· （275）
　　（2020 年 12 月 29 日）

最高人民法院关于适用《中华人民共和国民法典》继承
编的解释（一） ··· （289）
　　（2020 年 12 月 29 日）

最高人民法院关于办理人身安全保护令案件适用法律若
干问题的规定 ·· （294）
　　（2022 年 7 月 14 日）

最高人民法院关于人身安全保护令案件相关程序问题的
批复 ··· （297）
　　（2016 年 7 月 11 日）

最高人民法院、全国妇联、教育部、公安部、民政部、
司法部、卫生健康委关于加强人身安全保护令制度
贯彻实施的意见 ··· （298）
　　（2022 年 3 月 3 日）

最高人民法院、最高人民检察院、公安部、司法部关于
依法办理家庭暴力犯罪案件的意见 ····························· （302）
　　（2015 年 3 月 2 日）

实用附录

1. 人身保护令申请书 ··· （310）
2. 民事诉状——离婚纠纷 ··· （312）
3. 申请书（申请不公开审理用） ································ （314）
4. 意见书（离婚案件当事人出具书面意见用） ············· （316）

中华人民共和国妇女权益保障法

（1992 年 4 月 3 日第七届全国人民代表大会第五次会议通过　根据 2005 年 8 月 28 日第十届全国人民代表大会常务委员会第十七次会议《关于修改〈中华人民共和国妇女权益保障法〉的决定》第一次修正　根据 2018 年 10 月 26 日第十三届全国人民代表大会常务委员会第六次会议《关于修改〈中华人民共和国野生动物保护法〉等十五部法律的决定》第二次修正　2022 年 10 月 30 日第十三届全国人民代表大会常务委员会第三十七次会议修订　2022 年 10 月 30 日中华人民共和国主席令第 122 号公布　自 2023 年 1 月 1 日起施行）

第一章　总　　则

第一条　**【立法目的和依据①】** 为了保障妇女的合法权益，促进男女平等和妇女全面发展，充分发挥妇女在全面建设社会主义现代化国家中的作用，弘扬社会主义核心价值观，根据宪法，制定本法。

> **参见**　《宪法》② 第 48、49 条

第二条　**【男女平等基本国策】** 男女平等是国家的基本国策。妇女在政治的、经济的、文化的、社会的和家庭的生活等各方面享有同男子平等的权利。

国家采取必要措施，促进男女平等，消除对妇女一切形式的歧视，禁止排斥、限制妇女依法享有和行使各项权益。

国家保护妇女依法享有的特殊权益。

---

① 条文主旨为编者所加，下同。

② 为便于阅读，本书相关法律文件名称中"中华人民共和国"字样予以省略。

注释　坚持男女平等基本国策，是国家长期建设发展过程中取得的一项宝贵经验，也是党领导下我国妇女事业发展取得的一项重大成果。男女平等基本国策的主要内容，是妇女在政治的、经济的、文化的、社会的和家庭的生活等各方面享有同男子平等的权利。例如，本法第12条规定："国家保障妇女享有与男子平等的政治权利。"第18条规定："国家保障妇女享有与男子平等的人身和人格权益。"再如，民法典在婚姻家庭编中明确规定，夫妻在婚姻家庭中地位平等。夫妻双方都有各自使用自己姓名的权利。夫妻双方都有参加生产、工作、学习和社会活动的自由，一方不得对另一方加以限制或者干涉。夫妻双方平等享有对未成年子女抚养、教育和保护的权利，共同承担对未成年子女抚养、教育和保护的义务。夫妻有相互扶养的义务。夫妻有相互继承遗产的权利。夫妻对共同财产有平等的处理权。

[消除对妇女一切形式的歧视]

消除对妇女一切形式的歧视，是坚持男女平等基本国策的必然要求，也是坚持男女平等基本国策的目标追求。此次修订增加"禁止排斥、限制妇女依法享有和行使各项权益"的规定。"排斥"通常是指使妇女无法获得男性可以得到的机会或权利；"限制"是指对妇女享有或行使某些权利加以限制，或施加比男性更加严苛的条件。

[依法保护妇女享有特殊权益]

为了真正实现男女平等，基于妇女在生理等方面的特点，国家法律法规给予妇女特殊保护、赋予其特殊权益。这与法律面前人人平等的基本原则并不冲突，平等有形式上的平等，还有实质上的平等。法律给予妇女特殊保护，就是为了在实质上实现男女平等。

参见　《宪法》第48、49条；《消除对妇女一切形式歧视公约》

第三条　【党的领导与政府职责】坚持中国共产党对妇女权益保障工作的领导，建立政府主导、各方协同、社会参与的保障妇女权益工作机制。

各级人民政府应当重视和加强妇女权益的保障工作。

县级以上人民政府负责妇女儿童工作的机构，负责组织、协调、指导、督促有关部门做好妇女权益的保障工作。

县级以上人民政府有关部门在各自的职责范围内做好妇女权益的保障工作。

注释 ［妇女儿童工作委员会］

"负责妇女儿童工作的机构"是指妇女儿童工作委员会（简称妇儿工委），是县级以上人民政府负责妇女儿童工作的议事协调机构，其办事机构通常设在同级妇女联合会。在中央层面，国务院于1990年成立国务院妇女儿童工作协调委员会，1993年更名为国务院妇儿工委，作为国务院负责妇女儿童工作的议事协调机构，负责协调和推动政府有关部门做好维护妇女儿童权益工作，协调和推动政府有关部门制定和实施妇女和儿童发展纲要，协调和推动政府有关部门为开展妇女儿童工作和发展妇女儿童事业提供必要的人力、财力、物力，以及指导、督促和检查各省、自治区、直辖市人民政府妇儿工委的工作。

［县级以上人民政府有关部门的职责］

妇女权益保障内容多、范围广，通常涉及劳动、就业、教育、民政、公安等部门，如：劳动保障监察部门及时查处侵害女职工劳动权益的行为等。

参见 《中国妇女发展纲要（2021—2030年）》

第四条 【保障妇女合法权益的主体】保障妇女的合法权益是全社会的共同责任。国家机关、社会团体、企业事业单位、基层群众性自治组织以及其他组织和个人，应当依法保障妇女的权益。

国家采取有效措施，为妇女依法行使权利提供必要的条件。

注释 国家建立健全妇女在政治权利、人身和人格权益、文化教育权益、劳动和社会保障权益、财产权益、婚姻家庭权益等方面的有关法律法规和政策；同时，注重总结推广有益实践经验做法，为保障妇女各项权益顺利实现，提供便利条件和有效措施。

第五条 【妇女发展纲要、规划及经费保障】国务院制定和组织实施中国妇女发展纲要，将其纳入国民经济和社会发展规划，保障和促进妇女在各领域的全面发展。

县级以上地方各级人民政府根据中国妇女发展纲要，制定和组织实施本行政区域的妇女发展规划，将其纳入国民经济和社会发展规划。

县级以上人民政府应当将妇女权益保障所需经费列入本级预算。

注释 本条是关于制定和组织、实施妇女发展纲要（规划）以及将经费保障列入政府预算的规定。

妇女权益保障是各级政府的重要职责，将相关经费列入本级预算，是组织实施妇女发展纲要及相关规划的基础。将妇女权益保障经费列入本级预算，一方面能够保障所需资金来源的稳定性和持续性，确保妇女权益保障各项工作顺利开展；另一方面强化相关预算约束，加强预算管理和监督。根据预算法的规定，预算、决算的编制、审查、批准、监督，以及预算的执行和调整，依照预算法规定执行。县级以上人民政府将妇女权益保障经费列入本级预算，同样受预算法的规范调整和监督管理，确保相关经费高效使用。

第六条 【妇联等群团组织的职责】中华全国妇女联合会和地方各级妇女联合会依照法律和中华全国妇女联合会章程，代表和维护各族各界妇女的利益，做好维护妇女权益、促进男女平等和妇女全面发展的工作。

工会、共产主义青年团、残疾人联合会等群团组织应当在各自的工作范围内，做好维护妇女权益的工作。

注释 ［各级妇女联合会维护妇女权益的责任］

中华全国妇女联合会成立于1949年4月3日，是全国各族各界妇女为争取进一步解放与发展而联合起来的群团组织。妇女联合会职责的具体内容，包括代表妇女参与管理国家事务、管理经济和文化事业、管理社会事务，参与民主决策、民主管理、民主监督，参与有关法律、法规、规章和政策的制定，参与社会治理和公共服务，推动保障妇女权益法律政策和妇女、儿童发展纲要的实施；维护妇女儿童合法权益，倾听妇女意见，反映妇女诉求，向各级国家机关提出有关建议，要求并协助有关部门或单位查处侵害妇女儿童权益的行为，为受侵害的妇女儿童提供帮助；教育引导妇女树立自尊、自信、自立、自强的精神，提高综合素质，实现全面发展；宣传马克思主义妇女观，推动落实男女平等基本国策，营造有利于妇女全面发展的社会环境；宣传表彰优秀妇女典型，培养、推荐女性人才等。

[有关群团组织做好维护妇女权益工作]

工会是党领导的职工自愿结合的工人阶级群众组织，包括中华全国总工会及其各工会组织，是党联系职工群众的桥梁和纽带，依照宪法、法律和《中国工会章程》等开展工作，维护包括广大女职工在内的职工合法权益。我国宪法和法律，特别是劳动领域相关法律对保护女职工权益作了系统规定，各级工会应当督促落实有关规定，为维护女职工权益提供支持和帮助。此外，《中国工会章程》第14条还规定，各级工会建立女职工委员会，表达和维护女职工的合法权益。女职工委员会由同级工会委员会提名，在充分协商的基础上组成或者选举产生，女职工委员会与工会委员会同时建立，在同级工会委员会领导下开展工作。企业工会女职工委员会是县或者县以上妇联的团体会员，通过县以上地方工会接受妇联的业务指导。以上规定，为各级工会做好女职工权益保障工作提供了依据。

共产主义青年团是党领导下的先进青年群团组织。各级团组织在开展活动过程中，应当充分发挥组织、人才、业务等方面的优势，注重加强妇女权益保障，自觉维护妇女合法权益，并引导、带动和督促有关单位及个人贯彻落实妇女权益保障相关规定要求。

中国残疾人联合会（简称中国残联）成立于1988年3月，是国家法律确认、国务院批准的由残疾人及其亲友和残疾人工作者组成的人民团体，是全国各类残疾人的统一组织。根据《"十四五"残疾人保障和发展规划》，我国有8500多万残疾人。残疾类型包括视力、听力、言语、肢体、智力、精神等方面的残疾；其中，女性残疾人口占有一定数量。各级残疾人联合会在工作开展过程中，应当把残疾人权益保障与妇女权益保障结合起来，贯彻落实妇女权益保障各项要求，做好妇女权益保障工作。

除列举的工会、共产主义青年团、残疾人联合会之外，其他群团组织也应当结合本单位本领域相关职责和业务，在各自工作范围内，相互支持、相互配合，共同做好维护妇女权益相关工作。

第七条　【妇女的义务】国家鼓励妇女自尊、自信、自立、自强，运用法律维护自身合法权益。

妇女应当遵守国家法律，尊重社会公德、职业道德和家庭美德，履行法律所规定的义务。

注释　［自尊、自信、自立、自强］

自尊即自我尊重，指既不向别人卑躬屈膝，也不允许别人歧视侮辱，是一种健康良好的心理状态；自信，是指相信自己有相应的能力和实力，能够干出一番事业，实现理想价值；自立，是指自己的事情自己做，不依靠或者依附于别人，靠自己的劳动和本事生存生活；自强，指自己努力向上，自我勉励、奋发图强，不断提升和完善自己。随着社会的发展，妇女逐渐摆脱对男性的依赖，成为与男性平等的社会主体，"自尊、自信、自立、自强"成为现代女性的特征。

广大妇女需注重加强法律学习，增加储备常用法律知识，学会、用好法律武器，养成遇事找法、解决问题靠法的良好习惯。日常生活工作中，有些女性受害者由于缺少法律知识，存在不知怎么维权、维权不当甚至忍气吞声等现象，导致其合法权益未得到有效保障，违法行为人未受到应有惩处。妇女面对侵害自身合法权益的行为和现象，应当及时向有关部门反映情况并寻求法律救济，有理、有利、有节地依法维护好自身合法权益。

第八条　【制定法律政策充分考虑妇女权益】有关机关制定或者修改涉及妇女权益的法律、法规、规章和其他规范性文件，应当听取妇女联合会的意见，充分考虑妇女的特殊权益，必要时开展男女平等评估。

注释 ［制定有关法律政策听取妇女联合会意见］

2018 年《妇女权益保障法》第 10 条第 2 款规定，制定法律、法规、规章和公共政策，对涉及妇女权益的重大问题，应当听取妇女联合会的意见。2022 年修订在此款规定的基础上，单设一条规定强调制定法律政策应当充分考虑妇女特殊权益。根据新的规定，有关机关制定或者修改相关法律政策时，都要充分考虑妇女的特殊权益；法律政策的范围包括全国人大及其常委会制定的法律、国务院制定的行政法规、有立法权的地方制定的地方性法规、国务院部门和地方政府制定的规章以及其他有权机关制定的规范性文件，范围比原有的"法律、法规、规章和公共政策"更加广泛；只要涉及妇女权益就应当考虑相关要求，不再限于"涉及妇女权益的重大问题"。听取可以是制定机关主动开展，也可以是妇女联合会主动向制定机关表达意见，具体形式可以多种多样，如举办座谈会、发函征求意见等。

［开展男女平等评估］

男女平等评估，有的称为"法律政策性别平等评估"，通常是指有关机关按照男女平等的价值观念以及一定的技术标准，对法律政策的实施情况及效果进行评估，进而为法律政策在制定及实施过程中做出必要调整提供参考。男女平等评估制度是在法律政策的制定、修正和实施中贯彻落实男女平等基本国策的有效策略和制度保障。

必要时开展男女平等评估，在理解和适用上应当注意把握两点：一是"必要时"，也就是说需要考虑开展男女平等评估的必要性。与听取妇女联合会意见不同，不是所有涉及妇女权益的法律政策都需要进行男女平等评估，而是根据实际需要和具体情况来确定。二是如何开展在实践中具体把握。除了原则性规定外，2022 年修订没有对男女平等评估的具体条件、程序以及结果运用等作出具体规定。在具体适用中，可以根据有关纲要规划要求，结合地方或者部门探索实践，来确定男女平等评估的程序和标准。例如，由制定机关牵头，组织设立评估领导机构和具体工作机构，制定评估的操作程序，明确评估的发起、实施、反馈等程序规则，确保男女平等评估机制的落实和实际效果。

参见 《中国妇女发展纲要（2021—2030 年）》

第九条 【妇女发展状况统计调查制度】国家建立健全妇女发展状况统计调查制度，完善性别统计监测指标体系，定期开展妇女发展状况和权益保障统计调查和分析，发布有关信息。

注释 对妇女发展状况和权益保障进行统计调查和分析后，应当及时发布有关信息，让全社会了解我国妇女事业发展取得的进展和成就，了解妇女权益保障领域取得的经验和做法，了解当前妇女工作面临的困难和问题，了解国家所采取的制度和措施，更好地让全社会了解、关心、支持妇女权益保障工作，更好地树立信念、凝聚共识、形成合力。在具体工作中，发布信息的形式和载体可以多种多样，如通过政府网站发布有关统计调查数据和分析报告、通过白皮书形式反映妇女发展状况。

第十条 【男女平等宣传教育】国家将男女平等基本国策纳入国民教育体系，开展宣传教育，增强全社会的男女平等意识，培育尊重和关爱妇女的社会风尚。

注释 学习宣传《妇女权益保障法》，要注意把握以下方面：一是丰富宣传内容。注重宣传宪法"尊重和保障人权"以及男女平等原则的内容，配套宣传相关法律、法规、规章和国际公约的规定，使全社会对妇女权益保障法律体系的了解更加全面。二是扩大宣传覆盖面。不仅要帮助广大妇女提高法律素质，增强依法维权的意识和能力，还要面向机关、企事业单位、社会团体等更多主体开展宣传，推动形成全社会关爱妇女的良好氛围。三是创新宣传形式。结合实际，充分发挥广播、电视、书籍报刊、互联网等媒介作用，采取群众喜闻乐见的形式，开展丰富多彩的宣传活动，增强宣传效果。

第十一条 【表彰和奖励】国家对保障妇女合法权益成绩显著的组织和个人，按照有关规定给予表彰和奖励。

注释 表彰，是指表扬并嘉奖，以授予称号、通报表扬、通令嘉奖、记功以及发给奖状、荣誉证书、奖章等形式，对某种行为或者事迹给予肯定，较为侧重于精神层面。奖励，是指从精神上或物质上进行鼓励，包括精神奖励和物质奖励，通常以精神奖励为主、以物质奖励为辅。任何对保障妇女合法权益做出显著成绩的组织和个人，都是表彰和奖励的对象，包括国家机关、企业事业单位、社会组织和公民个人等。

第二章　政治权利

第十二条　【国家保障男女享有平等的政治权利】国家保障妇女享有与男子平等的政治权利。

> **参见**　《宪法》第 48 条；《刑法》第 54 条

第十三条　【妇女参与国家和社会事务管理的权利】妇女有权通过各种途径和形式，依法参与管理国家事务、管理经济和文化事业、管理社会事务。

妇女和妇女组织有权向各级国家机关提出妇女权益保障方面的意见和建议。

> **注释**　[妇女实现政治权利的途径和形式]
>
> 妇女实现政治权利的途径和形式，总体上可分为两个层面：一是依照法律规定，妇女通过行使选举权选举代表组成各级人民代表大会，间接行使管理国家事务等政治权利。二是依照法律规定，通过各种途径和形式直接行使管理国家事务等政治权利。例如：妇女有被选举权，通过成为各级人民代表大会或者其他各级国家机关组成人员的方式，直接行使政治权利；可以通过成立妇女组织或者参加基层群众性自治组织以及妇联、工会、共青团等组织，行使监督权、建议权、知情权等方式，实现参与管理国家事务、管理经济和文化事业、管理社会事务等政治权利。妇女无论通过何种途径和形式实现政治权利，需符合有关法律法规的规定。
>
> **参见**　《宪法》第 2、41 条

第十四条　【妇女的选举权利】妇女享有与男子平等的选举权和被选举权。

全国人民代表大会和地方各级人民代表大会的代表中，应当保证有适当数量的妇女代表。国家采取措施，逐步提高全国人民代表大会和地方各级人民代表大会的妇女代表的比例。

居民委员会、村民委员会成员中，应当保证有适当数量的妇女成员。

注释 ［提高人大女代表、政协女委员比例］

《中国妇女发展纲要（2021—2030年）》提出要提高人大女代表、政协女委员比例。落实人大代表选举规则和程序，在选区划分、代表名额分配、候选人推荐、选举等环节，保障妇女享有平等权利和机会。重视从基层、生产一线推荐人大代表女性候选人，候选人中应当有适当数量的妇女代表，并逐步提高妇女代表的比例。提名推荐、协商确定政协委员建议名单时，保障提名一定比例的妇女。充分发挥人大女代表、政协女委员在发展社会主义民主政治和男女平等事业中的积极作用。以上规定，为今后一段时期加强妇女政治生活参与，提供了明确指引。

参见 《宪法》第34条；《村民委员会组织法》第25条

第十五条 【重视女干部和女性人才的培养】国家积极培养和选拔女干部，重视培养和选拔少数民族女干部。

国家机关、群团组织、企业事业单位培养、选拔和任用干部，应当坚持男女平等的原则，并有适当数量的妇女担任领导成员。

妇女联合会及其团体会员，可以向国家机关、群团组织、企业事业单位推荐女干部。

国家采取措施支持女性人才成长。

注释 ［妇女联合会推荐女干部］

向国家机关、群团组织、企业事业单位推荐女干部，是妇联的一项职责。《中华全国妇女联合会章程》第37条规定，各级妇女联合会应成为培养和输送女干部的重要基地。应加强干部的培养，重视培训工作，加强培训基地建设。妇女联合会干部应合理流动。妇女联合会应经常向各方面推荐输送优秀女干部，特别要注意培养推荐输送少数民族和年轻女干部。

参见 《宪法》第4、48条；《民族区域自治法》第22条；《中华全国妇女联合会章程》第4、5、37条

第十六条 【妇联代表妇女参与国家和社会事务】妇女联合会代表妇女积极参与国家和社会事务的民主协商、民主决策、民主管理和民主监督。

注释 妇女联合会代表妇女参与国家和社会事务的民主协商、民主决策、民主管理和民主监督，体现在多个方面。例如：（1）推荐女性人大代表候选人，向国家机关推荐女干部。（2）向有关机关提出关于完善相关法律、法规、规章和其他规范性文件的意见和建议，向各级国家机关提出妇女权益保障方面的意见和建议。有关机关制定或者修改涉及妇女权益的法律、法规、规章和其他规范性文件，应当听取妇女联合会的意见。（3）妇女的合法权益受到侵害的，妇女联合会等妇女组织应当维护被侵害妇女的合法权益，有权要求并协助有关部门或者单位查处。有关部门或者单位不予处理或者处理不当的，妇女联合会可以向其提出督促处理意见，必要时可以提请同级人民政府开展督查。对于用人单位侵害妇女劳动和社会保障权益的行为，妇女联合会可以参加人力资源和社会保障部门组织的对用人单位的联合约谈，依法进行监督并要求用人单位限期纠正。

第十七条 【批评、建议、申诉、控告和检举权】对于有关妇女权益保障工作的批评或者合理可行的建议，有关部门应当听取和采纳；对于有关侵害妇女权益的申诉、控告和检举，有关部门应当查清事实，负责处理，任何组织和个人不得压制或者打击报复。

注释 批评权是指公民对国家机关和国家工作人员在工作中的缺点、错误有提出批评意见的权利。建议权是指公民对国家机关和国家工作人员的工作提出建设性意见的权利。申诉权是指公民的合法权益，因为行政机关或司法机关作出的错误的、违法的决定或判决，或者因为国家工作人员的违法失职行为而受到侵害，

受害公民有向有关机关申诉理由，要求重新处理的权利。控告权是指公民对任何国家机关和国家工作人员的违法失职行为，有向有关机关进行揭发和指控的权利。检举权是指公民对违法失职的国家机关和国家工作人员，有向有关机关揭发事实，请求依法处理的权利。

参见 《宪法》第41条

第三章 人身和人格权益

第十八条 【国家保障男女享有平等的人身和人格权益】国家保障妇女享有与男子平等的人身和人格权益。

注释 ［妇女享有的人身和人格权益］

根据《民法典》的规定，妇女享有的人身和人格权益的具体类型包括：（1）生命权，指自然人享有的以生命安全和生命尊严为内容的权利。（2）身体权，指自然人享有的以身体完整和行动自由为内容的权利。（3）健康权，指自然人享有的以身心健康为内容的权利。（4）姓名权，指自然人享有的依法决定、使用、变更或者许可他人使用自己姓名的权利。（5）肖像权，指自然人享有的依法制作、使用、公开或者许可他人使用自己肖像的权利。（6）名誉权，指自然人、法人和非法人组织就其品德、声望、才能、信用等所获得的社会评价，所享有的保有和维护的权利。（7）荣誉权，指自然人、法人和非法人组织对其获得的荣誉及其利益所享有的保持、自主决定的权利。（8）隐私权，指自然人享有的私人生活安宁与不愿为他人知晓的私密空间、私密活动、私密信息等依法受到保护，不受任何组织或者个人刺探、侵扰、泄露和公开的权利。（9）个人信息受保护的利益，指自然人的个人信息受法律保护，任何组织或者个人需要获取他人个人信息的，应当依法取得并确保信息安全，不得非法收集、使用、加工、传输他人个人信息，不得非法买卖、提供或者公开他人个人信息。（10）婚姻自主权，指自然人享有的结婚、离婚自由不受他人干涉的权利，对其的确认和保护主要体现在民法典的第五编"婚姻家庭"和本法的第七章"婚姻家庭权益"中。

参见 《民法典》第四编"人格权"

第十九条 【妇女的人身自由不受侵犯】妇女的人身自由不受侵犯。禁止非法拘禁和以其他非法手段剥夺或者限制妇女的人身自由；禁止非法搜查妇女的身体。

注释 [搜查]

法律意义上的搜查是指司法机关在处理刑事案件时所采取的一类侦查措施。与搜查相类似的是《出境入境管理法》中规定的边防检查站实施的人身检查。本条中的非法搜查应作宽泛解释，包括非法的搜查和非法的人身检查。搜查行为是司法机关等法定机关的合法侦查或者检查手段，其他任何组织和个人都无权对公民的身体进行搜查。即使是司法机关等法定机关在侦查或者检查过程中实施搜查行为，也必须严格依照法律规定的条件和程序进行，否则就可能构成非法搜查罪。

参见 《宪法》第 37 条；《民法典》第 109、1011、1165、1183 条；《刑事诉讼法》第 84、302 条；《刑法》第 238、245 条；《出境入境管理法》第 66 条

第二十条 【妇女的人格尊严不受侵犯】妇女的人格尊严不受侵犯。禁止用侮辱、诽谤等方式损害妇女的人格尊严。

注释 [侮辱、诽谤]

本条规定的"侮辱"行为是指公然以暴力、谩骂等方式贬损妇女名誉的行为。侮辱行为既包括行为方式，也包括语言方式，还包括文字方式。本条规定的"诽谤"行为是指以散布捏造或者夸大的事实故意损害妇女名誉的行为。诽谤既可以是口头诽谤，也可以是文字诽谤。

本条所规定的"侮辱、诽谤"只是两种过错程度较为严重和典型的损害妇女人格尊严的行为，实践中，损害妇女人格尊严的行为远不止这两种方式。例如，媒体通过夸大事实、过度渲染等方式报道涉及妇女事件的，有可能损害妇女的人格尊严；还如，未经妇女

13

本人同意，通过广告、商标、音像制品、网络等形式使用妇女肖像的，也有可能损害妇女的人格尊严。所以，为了更周延地保护妇女的人格尊严，本条在"侮辱、诽谤"后特地规定了"等方式"，避免了列举的挂一漏万。

参见　《宪法》第 38 条；《民法典》第 109、990 条；《刑法》第 237、246 条

第二十一条　**【保护妇女的生命权、身体权、健康权】**妇女的生命权、身体权、健康权不受侵犯。禁止虐待、遗弃、残害、买卖以及其他侵害女性生命健康权益的行为。

禁止进行非医学需要的胎儿性别鉴定和选择性别的人工终止妊娠。

医疗机构施行生育手术、特殊检查或者特殊治疗时，应当征得妇女本人同意；在妇女与其家属或者关系人意见不一致时，应当尊重妇女本人意愿。

注释　［妇女患者在医疗中的知情同意权］

妇女患者在医疗中的知情同意权是指医疗机构在施行生育手术、特殊检查或者特殊治疗时，应当征得妇女本人同意。当然，妇女患者本人的同意是否真正体现了其意愿取决于其对这些诊疗行为是否真正了解。这就需要医疗机构在取得妇女患者同意前，向妇女患者履行说明义务。医疗机构的说明义务主要是指医方为取得患者对医疗措施的同意，而对该医疗措施的有关事项进行说明的义务。此种说明义务的对象主要是医疗过程中具有严重损伤后果的医疗措施，该措施可能影响身体机能甚至危及生命，因此需要患者在知晓自己病情并了解该医疗措施风险的基础上，作出是否同意该医疗措施的决定。

第二十二条　**【禁止拐卖、绑架妇女】**禁止拐卖、绑架妇女；禁止收买被拐卖、绑架的妇女；禁止阻碍解救被拐卖、绑架的妇女。

各级人民政府和公安、民政、人力资源和社会保障、卫生健康等部门及村民委员会、居民委员会按照各自的职责及时发现报告，并采取措施解救被拐卖、绑架的妇女，做好被解救妇女的安置、救

助和关爱等工作。妇女联合会协助和配合做好有关工作。任何组织和个人不得歧视被拐卖、绑架的妇女。

参见 《中国反对拐卖人口行动计划（2021—2030 年）》；《刑法》第 240—242 条

第二十三条 【禁止对妇女实施性骚扰】禁止违背妇女意愿，以言语、文字、图像、肢体行为等方式对其实施性骚扰。

受害妇女可以向有关单位和国家机关投诉。接到投诉的有关单位和国家机关应当及时处理，并书面告知处理结果。

受害妇女可以向公安机关报案，也可以向人民法院提起民事诉讼，依法请求行为人承担民事责任。

注释 [性骚扰的含义]

《民法典》第 1010 条第 1 款明确规定了对性骚扰行为的处置规制规则，即违背他人意愿，以言语、文字、图像、肢体行为等方式对他人实施性骚扰的，受害人有权依法请求行为人承担民事责任。2022 年《妇女权益保障法》修订吸收《民法典》规定的精神，对"禁止对妇女实施性骚扰"作出更加具体的规定。

[对性骚扰行为的具体把握]

根据本条第 1 款的规定以及实践中的情形，认定性骚扰行为应当注意把握以下几个方面：一是本法规制的是针对妇女的性骚扰，受害人是女性，但实施性骚扰的行为人不区分是同性还是异性。二是性骚扰行为与性有关，行为人具有性意图，以获取性方面的生理或者心理满足为目的。具体方式是多种多样的，包括言语、文字、图像、肢体行为等。三是违背妇女的意愿，这是构成对妇女的性骚扰最核心的要件。妇女明确表示厌恶、反感、拒绝、警告或者反抗的，可以认为违背妇女意愿；妇女迫于压力而没有明确表示拒绝甚至表面服从，事实上也是违背妇女意愿；妇女曾经愿意但后来不愿意延续，如果继续纠缠不休，也可以认定为违背妇女意愿。四是性骚扰行为针对的对象是具体的、明确的，行为对象的特定性要在个案中结合具体情况加以判断。五是对妇女实施性骚扰的行为人主观上通常是故意的，在公共汽车、地铁等场所因为紧急刹车、拥挤等原因难以避免或者过失地触碰到妇女身体，一般不构成性骚扰。

参见 《民法典》第1010条；《治安管理处罚法》第44条；《刑法》第237条

第二十四条 【学校防治性侵害、性骚扰的责任】学校应当根据女学生的年龄阶段，进行生理卫生、心理健康和自我保护教育，在教育、管理、设施等方面采取措施，提高其防范性侵害、性骚扰的自我保护意识和能力，保障女学生的人身安全和身心健康发展。

学校应当建立有效预防和科学处置性侵害、性骚扰的工作制度。对性侵害、性骚扰女学生的违法犯罪行为，学校不得隐瞒，应当及时通知受害未成年女学生的父母或者其他监护人，向公安机关、教育行政部门报告，并配合相关部门依法处理。

对遭受性侵害、性骚扰的女学生，学校、公安机关、教育行政部门等相关单位和人员应当保护其隐私和个人信息，并提供必要的保护措施。

注释 ［学校处置机制］

当学校出现性侵害、性骚扰女学生的违法犯罪行为时，无论是发生在学生之间，还是发生在教职员工与学生之间，学校都不得隐瞒，应当立即向公安机关、教育行政部门报告，并配合相关部门依法处理。受害女学生是未成年人的，还应当及时通知受害女学生的父母或者其他监护人。对于教职员工性侵害、性骚扰等侵害女学生的违法犯罪行为，学校应当建立零容忍制度，不得包庇和隐瞒。根据《教师法》的规定，教师品行不良、侮辱学生，影响恶劣的，由所在的学校、其他教育机构或者教育行政部门给予行政处分或者解聘。

第二十五条 【用人单位的预防和制止对妇女性骚扰的义务】用人单位应当采取下列措施预防和制止对妇女的性骚扰：

（一）制定禁止性骚扰的规章制度；

（二）明确负责机构或者人员；

（三）开展预防和制止性骚扰的教育培训活动；

（四）采取必要的安全保卫措施；

（五）设置投诉电话、信箱等，畅通投诉渠道；

（六）建立和完善调查处置程序，及时处置纠纷并保护当事人隐私和个人信息；

（七）支持、协助受害妇女依法维权，必要时为受害妇女提供心理疏导；

（八）其他合理的预防和制止性骚扰措施。

注释 ［采取必要的安全保卫措施］

用人单位应当根据员工的工作形式、工作环境或者生活环境，采取必要的安全保卫措施，预防其遭受性骚扰或者在遭受性骚扰时能够获得及时有效的救济。例如，考虑女性员工的特殊需要，为女性员工提供必要的、隐蔽性较好的更衣、休息环境；配备必要的安保或者求助设施，在女性员工遭受性骚扰时能够及时提供帮助。

［设置投诉电话、信箱等］

用人单位应当设置电话、信箱（包括传统信箱和电子信箱）等，便于接收对性骚扰的投诉。畅通投诉渠道，需要注意几点：一是要确保投诉渠道的便捷性，要根据本单位的实际情况，采取便于员工进行投诉的方式，既可以是一种方式，也可以是多种方式。二是要确保能够及时发现或者受理投诉。如果设置的电话长期无人接听、设置的信箱长期无人打开，就无法及时发现或者受理投诉。三是要能够支持实名或者匿名投诉。对性骚扰的投诉，既可能是受害人进行投诉，也可能是受害人以外的其他人进行投诉，无论投诉主体是谁，投诉渠道都应当保障投诉人可以选择实名投诉或者匿名投诉。

案例 郑某诉某公司劳动合同纠纷案（最高人民法院指导案例第 181 号）

案件适用要点：用人单位的管理人员对被性骚扰员工的投诉，应采取合理措施进行处置。管理人员未采取合理措施或者存在纵容性骚扰行为、干扰对性骚扰行为调查等情形，用人单位以管理人员未尽岗位职责，严重违反规章制度为由解除劳动合同，管理人员主张解除劳动合同违法的，人民法院不予支持。

参见 《民法典》第 1010 条；《女职工劳动保护特别规定》第 11 条；《中国妇女发展纲要（2021—2030 年）》

第二十六条 【住宿经营者对妇女的安全保障义务】 住宿经营者应当及时准确登记住宿人员信息，健全住宿服务规章制度，加强安全保障措施；发现可能侵害妇女权益的违法犯罪行为，应当及时向公安机关报告。

注释 ［发现、报告］

"发现"，既包括住宿经营者在接待妇女入住时发现，也包括妇女入住后，住宿经营者在进行安全巡查时发现。"报告"的情况既包括已经发生的侵害妇女合法权益的违法犯罪行为，也包括可能侵害妇女权益的违法犯罪行为。

第二十七条 【禁止卖淫、嫖娼等行为】 禁止卖淫、嫖娼；禁止组织、强迫、引诱、容留、介绍妇女卖淫或者对妇女进行猥亵活动；禁止组织、强迫、引诱、容留、介绍妇女在任何场所或者利用网络进行淫秽表演活动。

注释 ［禁止卖淫、嫖娼］

所谓卖淫是指行为人通过与他人进行不正当的性行为换取金钱、实物等利益的行为。所谓嫖娼是指以付出金钱、实物为代价有偿与他人进行性行为的活动。卖淫、嫖娼既有违社会公德，也违反法律规定。

［禁止组织、强迫、引诱、容留、介绍妇女卖淫或者对妇女进行猥亵活动］

组织妇女卖淫是指通过纠集、控制妇女进行卖淫，或者以雇佣、招募、容留等手段组织、诱骗妇女卖淫，从中牟利的行为。强迫妇女卖淫是指采取暴力、威胁或者其他手段，违背妇女意愿，迫使妇女进行卖淫的行为。强迫既包括暴力手段或者以暴力相威胁，也包括非暴力手段，如以揭发妇女隐私或者使妇女遭受某种利益损失相威胁，或者通过其他手段对妇女形成精神控制。引诱妇女卖淫是指以金钱诱惑、许诺好处或者宣扬腐朽生活方式等手段，诱导妇女进行卖淫。容留妇女卖淫是指为妇女卖淫提供场所，使卖淫活动得以进行的行为。其既包括在自己所有、租赁、经营管理的固定场所容留妇女卖淫，也包括在流动场所，如交通工具中容留妇女卖淫。介绍妇女卖淫是指为卖淫者与嫖娼者寻找对象，并在他们中间牵线搭桥的行为。猥亵妇女，是指违背妇女的意愿，采取暴力、胁迫或者其他方法，强制以脱光衣服、抠摸等淫秽下流的手段侵害妇女的行为。

[禁止进行淫秽表演活动]

淫秽表演是指包含性行为或者露骨宣扬色情的表演，如进行裸体表演或者性器官表演等。组织淫秽表演中的组织行为，包括策划表演安排、纠集或者雇佣表演人员、寻找或者租用表演场地、招揽观众等行为。淫秽表演既包括组织公开的淫秽表演，也包括组织针对部分人的淫秽表演。

参见 《治安管理处罚法》第 66、67、69 条；《刑法》第 358、359、362、365 条

第二十八条 【妇女的人格权益受法律保护】妇女的姓名权、肖像权、名誉权、荣誉权、隐私权和个人信息等人格权益受法律保护。

媒体报道涉及妇女事件应当客观、适度，不得通过夸大事实、过度渲染等方式侵害妇女的人格权益。

禁止通过大众传播媒介或者其他方式贬低损害妇女人格。未经本人同意，不得通过广告、商标、展览橱窗、报纸、期刊、图书、音像制品、电子出版物、网络等形式使用妇女肖像，但法律另有规定的除外。

注释 [客观、适度]

客观、适度是指应当遵守法律法规规定和新闻伦理等要求，对相关事件的报道客观、适度，不得夸大事实、过度渲染，侵害妇女人格权益。

[肖像权]

妇女对自己的肖像享有肖像权。第一，可以将自己的肖像等许可他人使用，但是依照法律规定或者根据其性质不得许可的除外。第二，通常情况下，未经肖像权人同意，不得制作、使用、公开肖像权人的肖像。未经肖像权人同意，肖像作品权利人不得以发表、复制、发行、出租、展览等方式使用或者公开肖像权人的肖像。第三，任何组织或者个人不得以丑化、污损，或者利用信息技术手段伪造等方式侵害他人的肖像权。

案例 1. 郎某、何某诽谤案（最高人民检察院检例第 137 号）

案件适用要点： 利用信息网络诽谤他人，破坏公众安全感，严重扰乱网络社会秩序，符合《刑法》第 246 条第 2 款"严重危害社会秩序"的，检察机关应当依法履行追诉职责，作为公诉案件办理。对公安机关未立案侦查，被害人已提出自诉的，检察机关应当处理好由自诉向公诉程序的转换。

2. 江苏省滨海县人民检察院诉王某红侵犯孕产妇生育信息刑事附带民事公益诉讼案（2022 年 11 月 23 日最高人民检察院、中华全国妇女联合会发布《妇女权益保障检察公益诉讼典型案例》）

案件适用要点： 2016 年至 2020 年，被告王某红利用自己在江苏省滨海县某镇中心卫生院的工作便利，为获取非法利益向他人提供孕产妇、新生儿等生育信息计 25124 条。上述信息被转售给当地母婴店和儿童摄影馆，用于定向推销母婴产品、新生儿照相等产品或服务。王某红从中非法获利人民币 33200 元。

孕产妇生育信息属于个人健康生理信息，是《中华人民共和国民法典》保护的有重要价值的公民个人信息。生育信息数据庞大，一旦泄露易引发针对妇女的电信诈骗、定向促销、人身骚扰等多种关联违法犯罪活动，对相关家庭人身和财产安全构成重大威胁。本案中，检察机关在通过刑事检察从严惩治侵害公民个人信息犯罪行为的同时，通过提起刑事附带民事公益诉讼、制发检察建议等方式推动相关行业领域整治，设立公益损害赔偿金专用账户，构建多部门协作配合机制，共同维护孕产妇生育信息安全。

3. 浙江省嘉善县人民检察院督促保护妇女隐私权益行政公益诉讼案（2022年11月23日最高人民检察院、中华全国妇女联合会发布《妇女权益保障检察公益诉讼典型案例》）

案件适用要点： 2013年至2022年3月，浙江省嘉善县某公司在女性员工不知情的情况下，在女更衣室内安装监控摄像头，并通过公共大厅监控显示屏实时显示更衣画面。因监控摄像头安装在更衣室角落隐蔽处，部分女性员工就职时间较短未及发现便已离职，部分女性员工心存顾虑选择沉默，负有监管责任的行政机关在日常检查中更多关注场所公共安全。近十年间，公司数百名女性员工更衣过程被摄像头拍摄记录并在公共区域显示，严重侵犯妇女隐私权。

随着社会管理数字化、智能化水平的提升，企业、商场等公共场所安装监控设备的情况已十分普遍，公共场所隐私权益问题日益受到关注和重视。本案中，检察机关主动关注妇女权益保护的盲点和难点，精准把握"公共安全"与"隐私权保护"之间的平衡点，充分发挥行政公益诉讼诉前检察建议等职能作用，督促相关部门依法履职尽责。同时，注重整合人大代表、政协委员、行政机关、社会组织等多方面力量，全方位促进公共场所妇女隐私权益保护协同共治，切实增强广大妇女的幸福感、安全感。

参见 《民法典》第999、1020、1025条

第二十九条 **【禁止因婚恋纠纷侵害妇女人格权益】** 禁止以恋爱、交友为由或者在终止恋爱关系、离婚之后，纠缠、骚扰妇女，泄露、传播妇女隐私和个人信息。

妇女遭受上述侵害或者面临上述侵害现实危险的，可以向人民法院申请人身安全保护令。

注释 ［人身安全保护令］

《妇女权益保障法》扩大了人身安全保护令的适用范围，对于妇女未与之建立恋爱关系的人以及前夫、前男友，妇女虽不与其共同生活，也可以申请人身安全保护令。此处人身安全保护令的申请和作出程序参照适用《反家庭暴力法》和《最高人民法院关于办理人身安全保护令案件适用法律若干问题的规定》的规定。

（1）关于申请主体和申请方式。受害人有权申请人身安全保护令；受害人是无民事行为能力人、限制民事行为能力人，或者因受到强制、威吓等原因无法申请人身安全保护令的，其近亲属、公安机关、妇女联合会、居民委员会、村民委员会、救助管理机构可以代为申请。当事人因年老、残疾、重病等原因无法申请人身安全保护令，其近亲属、公安机关、民政部门、妇女联合会、居民委员会、村民委员会、残疾人联合会、依法设立的老年人组织、救助管理机构等，根据当事人意愿可以代为申请。申请人身安全保护令应当以书面方式提出；书面申请确有困难的，可以口头申请，由人民法院记入笔录。

（2）作出条件。包括有明确的被申请人，有具体的请求，有遭受家庭暴力或者面临家庭暴力现实危险的情形。

（3）案件管辖。人身安全保护令案件由申请人或被申请人居住地、家庭暴力发生地的基层人民法院管辖。

（4）作出期限和方式。人民法院受理申请后，应当在72小时内作出人身安全保护令或者驳回申请；情况紧急的，应当在24小时内作出。人身安全保护令由人民法院以裁定形式作出。

（5）具体措施。人身安全保护令可以包括下列措施：禁止被申请人实施家庭暴力；禁止被申请人骚扰、跟踪、接触申请人及其相关近亲属；责令被申请人迁出申请人住所；保护申请人人身安全的其他措施（例如：①禁止被申请人以电话、短信、即时通讯工具、电子邮件等方式侮辱、诽谤、威胁申请人及其相关近亲属；②禁止被申请人在申请人及其相关近亲属的住所、学校、工作单位等经常出入场所的一定范围内从事可能影响申请人及其相关近亲属正常生活、学习、工作的活动）。

（6）有效期限。人身安全保护令的有效期不超过6个月，自作出之日起生效。人身安全保护令失效前，人民法院可以根据申请人的申请撤销、变更或者延长。

（7）救济措施。申请人对驳回申请不服或者被申请人对人身安全保护令不服的，可以自裁定生效之日起5日内向作出裁定的人民法院申请复议一次。人民法院依法作出人身安全保护令的，复议期间不停止人身安全保护令的执行。

（8）送达范围。人民法院作出人身安全保护令后，应当送达申请人、被申请人、公安机关以及居民委员会、村民委员会等有关组织。人身安全保护令由人民法院执行，公安机关以及居民委员会、村民委员会等应当协助执行。

（9）违反人身安全保护令的法律责任。被申请人违反人身安全保护令，符合《刑法》第313条规定的，以拒不执行判决、裁定罪定罪处罚；同时构成其他犯罪的，依照刑法有关规定处理。尚不构成犯罪的，人民法院应当给予训诫，可以根据情节轻重处以1000元以下罚款、15日以下拘留。

案例 滥施"家规"构成家庭暴力①

案件适用要点： 家庭暴力是婚姻关系中一方控制另一方的手段。根据法院查明事实，张某强给陈某转规定了很多不成文家规，如所洗衣服必须让张某强满意、挨骂不许还嘴、挨打后不许告诉他人等。张某强对陈某转的控制还可见于其诉讼中的表现，如在答辩状中表示道歉并保证不再殴打陈某转，但在庭审中却对陈某转进行威胁、指责、贬损，显见其无诚意和不思悔改。遂判决准许陈某转与张某强离婚。一审宣判前，法院依陈某转申请作出人身安全保护裁定，禁止张某强殴打、威胁、跟踪、骚扰陈某转及女儿张某某。裁定有效期六个月，经跟踪回访确认，张某强未违反。

参见 《民法典》第1032—1034、1038条；《反家庭暴力法》第2、37条；《最高人民法院关于办理人身安全保护令案件适用法律若干问题的规定》

第三十条 【保障妇女健康】国家建立健全妇女健康服务体系，保障妇女享有基本医疗卫生服务，开展妇女常见病、多发病的预防、筛查和诊疗，提高妇女健康水平。

国家采取必要措施，开展经期、孕期、产期、哺乳期和更年期的健康知识普及、卫生保健和疾病防治，保障妇女特殊生理时期的

---

① 载最高人民法院公报，http://gongbao.court.gov.cn/Details/a5da2b2a791db0241dae1b6ed8e579.html，最后访问时间2022年10月28日。

健康需求，为有需要的妇女提供心理健康服务支持。

第三十一条 【为妇女提供健康服务和健康检查】县级以上地方人民政府应当设立妇幼保健机构，为妇女提供保健以及常见病防治服务。

国家鼓励和支持社会力量通过依法捐赠、资助或者提供志愿服务等方式，参与妇女卫生健康事业，提供安全的生理健康用品或者服务，满足妇女多样化、差异化的健康需求。

用人单位应当定期为女职工安排妇科疾病、乳腺疾病检查以及妇女特殊需要的其他健康检查。

> **参见** 《基本医疗卫生与健康促进法》第6、12、24、35、36条；《"健康中国2030"规划纲要》

第三十二条 【保障妇女生育权利】妇女依法享有生育子女的权利，也有不生育子女的自由。

> **注释** ［妇女有不生育子女的自由］
> 妇女有不生育子女的自由，是指妇女有权选择生育或不生育子女，对于自愿不生育子女的妇女，任何单位或者个人不得以歧视。
> **参见** 《人口与计划生育法》第18条；《最高人民法院关于适用〈中华人民共和国民法典〉婚姻家庭编的解释（一）》第23条

第三十三条 【保障妇女生育安全和健康】国家实行婚前、孕前、孕产期和产后保健制度，逐步建立妇女全生育周期系统保健制度。医疗保健机构应当提供安全、有效的医疗保健服务，保障妇女生育安全和健康。

有关部门应当提供安全、有效的避孕药具和技术，保障妇女的健康和安全。

> **注释** ［婚前保健］
> 根据《母婴保健法》规定，医疗保健机构应当为公民提供婚前保健服务。婚前保健服务主要内容包括：（1）婚前卫生指导：关于性卫生知识、生育知识和遗传病知识的教育；（2）婚前卫生咨询：

对有关婚配、生育保健等问题提供医学意见；（3）婚前医学检查：对准备结婚的男女双方可能患影响结婚和生育的疾病（严重遗传性疾病、指定传染病、有关精神病）进行医学检查，经婚前医学检查，医疗保健机构应当出具婚前医学检查证明。

2020年公布的《民法典》未再将"患有医学上认为不应当结婚的疾病"作为禁止结婚的情形，其第1053条第1款规定，一方患有重大疾病的，应当在结婚登记前如实告知另一方；不如实告知的，另一方可以向人民法院请求撤销婚姻。这也就是将结婚自由的选择交给了男女双方当事人自己。

参见　《"健康中国2030"规划纲要》；《人口与计划生育法》第20、35条；《基本医疗卫生与健康促进法》第24条；《民法典》第1053条；《母婴保健法》

第三十四条　【妇女相关公共设施】各级人民政府在规划、建设基础设施时，应当考虑妇女的特殊需求，配备满足妇女需要的公共厕所和母婴室等公共设施。

第四章　文化教育权益

第三十五条　【文化教育权利男女平等】国家保障妇女享有与男子平等的文化教育权利。

注释　[妇女享有平等的文化教育权利]

妇女享有平等的文化教育权利主要体现在以下几个方面：一是适龄女性未成年人有接受义务教育的权利，政府、学校应当解决其就学实际困难，保证其完成义务教育；二是妇女在入学、升学、授予学位、派出留学、就业指导和服务等方面享有与男子平等的权利；三是扫除妇女中的文盲、半文盲；四是妇女有接受终身教育、职业教育和实用技术培训的权利；五是妇女从事科学、技术、文学、艺术和其他文化活动的，享有与男子平等的权利。

参见　《宪法》第22、46、47条

第三十六条　【保障适龄女性未成年人接受并完成义务教育】

父母或者其他监护人应当履行保障适龄女性未成年人接受并完成义务教育的义务。

对无正当理由不送适龄女性未成年人入学的父母或者其他监护人，由当地乡镇人民政府或者县级人民政府教育行政部门给予批评教育，依法责令其限期改正。居民委员会、村民委员会应当协助政府做好相关工作。

政府、学校应当采取有效措施，解决适龄女性未成年人就学存在的实际困难，并创造条件，保证适龄女性未成年人完成义务教育。

注释 ［我国的义务教育制度］

我国现阶段义务教育指的是九年制的小学和初中阶段教育，其中小学一般为六年，初中为三年。与其他教育制度和教育工作相比，义务教育有自己的特征：一是强制性。强制性是义务教育的最典型特征，义务教育是所有儿童、少年必须接受的，国家必须予以保障的教育。二是普及性。即全体适龄儿童、少年，除因身体状况需要延缓入学或者休学的，都必须入学完成规定年限的义务教育。三是公益性。义务教育是国家必须予以保障的公益性事业。实施义务教育，不收学费、杂费。

参见 《宪法》第 19 条；《义务教育法》第 2、4、6、11、13、19、20、58 条

第三十七条 【保障妇女平等教育权】学校和有关部门应当执行国家有关规定，保障妇女在入学、升学、授予学位、派出留学、就业指导和服务等方面享有与男子平等的权利。

学校在录取学生时，除国家规定的特殊专业外，不得以性别为由拒绝录取女性或者提高对女性的录取标准。

各级人民政府应当采取措施，保障女性平等享有接受中高等教育的权利和机会。

参见 《教育法》第 17、37 条；《高等教育法》第 16、59 条；《职业教育法》第 10 条

第三十八条 【扫除妇女中的文盲、半文盲】各级人民政府应当依照规定把扫除妇女中的文盲、半文盲工作，纳入扫盲和扫盲后继续教育规划，采取符合妇女特点的组织形式和工作方法，组织、监督有关部门具体实施。

参见 《教育法》第 24 条

第三十九条 【为妇女终身学习创造条件】国家健全全民终身学习体系，为妇女终身学习创造条件。

各级人民政府和有关部门应当采取措施，根据城镇和农村妇女的需要，组织妇女接受职业教育和实用技术培训。

参见 《教育法》第 11 条；《中国教育现代化 2035》；《中国妇女发展纲要（2021—2030 年）》

第四十条 【保障妇女平等从事文化活动】国家机关、社会团体和企业事业单位应当执行国家有关规定，保障妇女从事科学、技术、文学、艺术和其他文化活动，享有与男子平等的权利。

参见 《宪法》第 22、47、48 条；《科学技术进步法》第 66 条

第五章 劳动和社会保障权益

第四十一条 【劳动权利和社会保障权利男女平等】国家保障妇女享有与男子平等的劳动权利和社会保障权利。

注释 ［妇女平等享有劳动权利］

妇女平等享有劳动权利的具体内容包括：一是平等就业和选择职业的权利；二是获取劳动报酬的权利；三是休息休假的权利；四是获得劳动安全卫生保障的权利；五是接受职业技术培训的权利；六是享受社会保险和福利的权利；七是依法参加工会、组建工会、民主管理企业等权利；八是提请劳动争议处理以及寻求司法救济的权利；九是法律法规规定的其他劳动权利。

［妇女平等享有社会保障权利］

妇女平等享有社会保障权利的具体内容包括：一是社会保险体

系，主要有生育保险、基本养老保险、基本医疗保险、失业保险、工伤保险等内容；二是社会救济和社会福利体系，主要有对无劳动能力又无生活来源的妇女发放最低生活保障费、对患病妇女提供基本医疗保障、对女童提供义务教育、对无劳动能力又无生活来源的残疾妇女提供救济和帮助等内容；三是社会优抚安置，如对服现役军人家属提供一定的基本生活物质保障。

参见 《宪法》第 14、42、43、45 条；《社会保险法》第 2 条

第四十二条 【就业保障措施】各级人民政府和有关部门应当完善就业保障政策措施，防止和纠正就业性别歧视，为妇女创造公平的就业创业环境，为就业困难的妇女提供必要的扶持和援助。

注释 ［消除就业性别歧视的机制］

国家有关部门建立多种机制，持续探索促进性别平等、消除性别歧视的机制和措施，如人力资源和社会保障部等九部门于 2019 年 2 月印发了《关于进一步规范招聘行为促进妇女就业的通知》，最高人民法院于 2018 年底增加了"平等就业权纠纷"案由，最高人民检察院探索针对就业性别歧视提起检察公益诉讼。全国总工会和全国妇联通过编制《促进工作场所性别平等指导手册》《消除工作场所性骚扰指导手册》《创建家庭友好型工作场所指导手册》《防治职场性骚扰指导手册》等积极宣传倡导监督工作中的性别平等。

第四十三条 【招录（聘）中禁止性别歧视】用人单位在招录（聘）过程中，除国家另有规定外，不得实施下列行为：

（一）限定为男性或者规定男性优先；

（二）除个人基本信息外，进一步询问或者调查女性求职者的婚育情况；

（三）将妊娠测试作为入职体检项目；

（四）将限制结婚、生育或者婚姻、生育状况作为录（聘）用条件；

（五）其他以性别为由拒绝录（聘）用妇女或者差别化地提高对妇女录（聘）用标准的行为。

注释 [除国家另有规定外]

这里的"国家另有规定"主要包括劳动法和国务院于 2012 年公布的《女职工劳动保护特别规定》等法律、行政法规中有关女性在怀孕、生育和哺乳期间的特殊劳动保护的规定。主要包括：

1. 《劳动法》。第 59 条规定，禁止安排女职工从事矿山井下、国家规定的第四级体力劳动强度的劳动和其他禁忌从事的劳动。第 60 条规定，不得安排女职工在经期从事高处、低温、冷水作业和国家规定的第三级体力劳动强度的劳动。第 61 条规定，不得安排女职工在怀孕期间从事国家规定的第三级体力劳动强度的劳动和孕期禁忌从事的劳动。对怀孕 7 个月以上的女职工，不得安排其延长工作时间和夜班劳动。第 63 条规定，不得安排女职工在哺乳未满 1 周岁的婴儿期间从事国家规定的第三级体力劳动强度的劳动和哺乳期禁忌从事的其他劳动，不得安排其延长工作时间和夜班劳动。

2. 《女职工劳动保护特别规定》。（1）规定为孕期或者哺乳期女职工安排适当的劳动。女职工在孕期不能适应原劳动的，用人单位应当根据医疗机构的证明，予以减轻劳动量或者安排其他能够适应的劳动。对怀孕 7 个月以上的女职工，用人单位不得延长劳动时间或者安排夜班劳动，并应当在劳动时间内安排一定的休息时间。对哺乳未满 1 周岁婴儿的女职工，用人单位不得延长劳动时间或者安排夜班劳动。（2）规定用人单位应当遵守女职工禁忌从事的劳动范围的规定。用人单位应当将本单位属于女职工禁忌从事的劳动范围的岗位书面告知女职工。（3）明确列举女职工禁忌从事的劳动范围，女职工在经期、孕期、哺乳期禁忌从事的劳动范围。

第四十四条　【劳动合同和集体合同女职工特殊保护】用人单位在录（聘）用女职工时，应当依法与其签订劳动（聘用）合同或者服务协议，劳动（聘用）合同或者服务协议中应当具备女职工特殊保护条款，并不得规定限制女职工结婚、生育等内容。

职工一方与用人单位订立的集体合同中应当包含男女平等和女职工权益保护相关内容，也可以就相关内容制定专章、附件或者单独订立女职工权益保护专项集体合同。

《劳动合同法》第52条规定，企业职工一方与用人单位可以订立劳动安全卫生、女职工权益保护、工资调整机制等专项集体合同。其中，女职工权益保护专项集体合同，是用人单位与本单位女职工根据法律法规的规定，就女职工合法权益和特殊利益方面的内容通过集体协商签订的专项协议，对用人单位和本单位的全体女职工具有法律约束力。

女职工权益保护专项集体合同的主要内容应包括：一是女职工的劳动权利。包括劳动就业、同工同酬、休息休假、保险福利待遇等。二是女职工的特殊利益。包括女职工禁忌劳动保护、"四期"保护、妇科疾病普查、生育待遇等。三是女职工的政治、文化、教育、发展权利。包括职业教育、技术培训、晋职晋级、参与企业民主管理等。四是双方认为应当协商的其他内容。例如，女职工权益保护专项集体合同中可以规定进修、培训、出国考察、挂职锻炼时企业必须安排一定比例的女职工参加等，切实维护和保障女职工的合法权益。

第四十五条 【男女同工同酬】实行男女同工同酬。妇女在享受福利待遇方面享有与男子平等的权利。

注释 ［贯彻男女同工同酬原则的要求］

贯彻男女同工同酬原则具体有以下三个方面的要求：第一，任何企事业单位、国家机关、社会组织等的任何工作岗位，不论男女，只要付出了同等价值的劳动，就应当领取同等的报酬。第二，不得因女职工怀孕、生育、哺乳等而降低其工资待遇，也不得因为妇女提供特殊的劳动保护而降低工资标准或减少其劳动报酬。第三，按照男女同工同酬的原则，妇女在享受福利待遇等方面也应当与男子享有平等的权利。

第四十六条 【晋升和培训方面男女平等】在晋职、晋级、评聘专业技术职称和职务、培训等方面，应当坚持男女平等的原则，不得歧视妇女。

注释 在晋职、晋级、评聘专业技术职称和职务、培训等具体方面，应当坚持同一标准，杜绝性别歧视，平等地晋升男女职工的职务和级别，不因性别差异而排斥女职工的晋升，在女性相对集中的用人单位，应当与性别结构比例相适应地晋升女职工的职务；凡达到一定专业技术水平的女职工都应享有与男职工平等地获得相应专业技术职称和职务机会的权利，不得因名额限制等原因减少符合条件的女职工评聘专业技术职称和职务的比例。

第四十七条 【妇女特殊劳动保护】用人单位应当根据妇女的特点，依法保护妇女在工作和劳动时的安全、健康以及休息的权利。

妇女在经期、孕期、产期、哺乳期受特殊保护。

参见 《女职工劳动保护特别规定》

第四十八条 【怀孕、产假、哺乳期及退休时对女职工的保护规定】用人单位不得因结婚、怀孕、产假、哺乳等情形，降低女职工的工资和福利待遇，限制女职工晋职、晋级、评聘专业技术职称和职务，辞退女职工，单方解除劳动（聘用）合同或者服务协议。

女职工在怀孕以及依法享受产假期间，劳动（聘用）合同或者服务协议期满的，劳动（聘用）合同或者服务协议期限自动延续至产假结束。但是，用人单位依法解除、终止劳动（聘用）合同、服务协议，或者女职工依法要求解除、终止劳动（聘用）合同、服务协议的除外。

用人单位在执行国家退休制度时，不得以性别为由歧视妇女。

参见 《劳动法》第 29 条；《劳动合同法》第 42 条

第四十九条 【把就业性别歧视纳入劳动保障监察范围】人力资源和社会保障部门应当将招聘、录取、晋职、晋级、评聘专业技术职称和职务、培训、辞退等过程中的性别歧视行为纳入劳动保障监察范围。

注释 任何组织或者个人对违反劳动保障法律、法规或者规章的行为，有权向劳动保障行政部门举报。女职工认为用人单位对其实施就业性别歧视的，有权向劳动保障行政部门投诉。

劳动保障行政部门应当依据《劳动保障监察条例》规定的监察期限和程序实施劳动保障监察，对违反本法和其他劳动保障法律、法规或者规章的行为，根据调查、检查的结果，依法作出处理：（1）对依法应当受到行政处罚的，依法作出行政处罚决定；（2）对应当改正未改正的，依法责令改正或者作出相应的行政处理决定；（3）对情节轻微且已改正的，撤销立案。发现违法案件不属于劳动保障监察事项的，应当及时移送有关部门处理；涉嫌犯罪的，应当依法移送司法机关。

劳动保障行政部门对违反劳动保障法律、法规或者规章的行为作出行政处罚或者行政处理决定前，应当听取用人单位的陈述、申辩；作出行政处罚或者行政处理决定，应当告知用人单位依法享有申请行政复议或者提起行政诉讼的权利。

参见 《劳动保障监察条例》

第五十条 【妇女的社会保障权益】国家发展社会保障事业，保障妇女享有社会保险、社会救助和社会福利等权益。

国家提倡和鼓励为帮助妇女而开展的社会公益活动。

第五十一条 【生育保险、生育休假、生育救助制度】国家实行生育保险制度，建立健全婴幼儿托育服务等与生育相关的其他保障制度。

国家建立健全职工生育休假制度，保障孕产期女职工依法享有休息休假权益。

地方各级人民政府和有关部门应当按照国家有关规定，为符合条件的困难妇女提供必要的生育救助。

参见 《女职工劳动保护特别规定》

第五十二条 【加强困难妇女权益保障】各级人民政府和有关部门应当采取必要措施，加强贫困妇女、老龄妇女、残疾妇女等困难妇女的权益保障，按照有关规定为其提供生活帮扶、就业创业支持等关爱服务。

参见 《社会救助暂行办法》;《城市居民最低生活保障条例》;《国务院关于在全国建立农村最低生活保障制度的通知》

第六章 财产权益

第五十三条 【财产权利男女平等】国家保障妇女享有与男子平等的财产权利。

注释 [夫妻共同财产、个人财产]

根据《民法典》第 1062 条的规定,夫妻共同财产的范围包括:(1) 工资、奖金、劳务报酬。即劳动者的劳动收入,既包括工资、奖金,也包括一些津贴、补贴等劳务报酬。(2) 生产、经营、投资的收益。这包括夫妻一方或者双方从事生产、经营所得的各种收入和投资所得的收入,如农村中的农业生产和城市里的工业生产以及第三产业等各行各业的生产经营投资收益。(3) 知识产权的收益。由知识产权取得的经济利益,属于夫妻共同财产,如因发表作品取得的稿费,因转让专利获得的转让费等,归夫妻共同所有。(4) 继承或者受赠的财产,但遗嘱或者赠与合同中确定只归一方的财产除外。夫妻任何一方继承或者受赠的财产属于夫妻共同财产,但如果遗嘱或者赠与合同中指明财产归夫妻一方所有的,是遗嘱人或者赠与人根据自己意愿处分财产的表现,基于意思自治,应当尊重其对财产的处分权,该财产归一方所有。(5) 其他应当归共同所有的财产。除此之外,夫妻一方的婚前财产、一方因受到人身损害获得的赔偿或者补偿、遗嘱或者赠与合同中确定只归一方的财产、一方专用的生活用品等属于夫妻一方的个人财产。

参见 《宪法》第 13、48 条;《民法典》第 3、113、300、301、1062、1126 条

第五十四条 【保护夫妻、家庭共有财产中的妇女权益】在夫妻共同财产、家庭共有财产关系中,不得侵害妇女依法享有的权益。

第五十五条 【农村土地承包经营等方面男女平等】妇女在农村集体经济组织成员身份确认、土地承包经营、集体经济组织收益

分配、土地征收补偿安置或者征用补偿以及宅基地使用等方面，享有与男子平等的权利。

申请农村土地承包经营权、宅基地使用权等不动产登记，应当在不动产登记簿和权属证书上将享有权利的妇女等家庭成员全部列明。征收补偿安置或者征用补偿协议应当将享有相关权益的妇女列入，并记载权益内容。

注释 ［集体经济组织成员身份的确认］

集体经济组织成员身份的确认是保障农村妇女享有集体经济组织各项权益的前提和基础，但在部分地方，出现了将"外嫁女"排除在集体经济组织成员范围之外，或者将妇女折成 0.5 个人头股等情况，严重损害了农村妇女的合法权益。为有效确认集体经济组织成员身份，以推进农村集体产权制度改革，2016 年 12 月中共中央、国务院《关于稳步推进农村集体产权制度改革的意见》提出，我国农村集体产权制度改革的目标之一就是科学确认农村集体经济组织成员身份，明晰集体所有产权关系，发展新型集体经济。同时，就如何确认农村集体经济组织成员身份作了较为明确要求：依据有关法律法规，按照尊重历史、兼顾现实、程序规范、群众认可的原则，统筹考虑户籍关系、农村土地承包关系、对集体积累的贡献等因素，协调平衡各方利益，做好农村集体经济组织成员身份确认工作，解决成员边界不清的问题。改革试点中，要探索在群众民主协商基础上确认农村集体经济组织成员的具体程序、标准和管理办法，建立健全农村集体经济组织成员登记备案机制。成员身份的确认既要得到多数人认可，又要防止多数人侵犯少数人权益，切实保护妇女合法权益。提倡农村集体经济组织成员家庭今后的新增人口，通过分享家庭内拥有的集体资产权益的办法，按章程获得集体资产份额和集体成员身份。

案例 新疆维吾尔自治区博尔塔拉蒙古自治州人民检察院督促保护农村妇女土地承包经营权行政公益诉讼案（2022 年 11 月 23 日最高人民检察院、中华全国妇女联合会发布《妇女权益保障检察公益诉讼典型案例》）

案件适用要点：《妇女权益保障法》《农村土地承包法》明确规

定，妇女依法平等享有承包土地的各项权益，任何村（居）民自治条例、决议等地方性政策规定，都应当依法制定，不得违法剥夺妇女合法权益。本案中，周某兰、周某红等"外嫁女"在未获得嫁入地分配土地之前，原户籍地基层政府收回土地承包经营权的行为，侵害了妇女的合法权益。检察机关依法能动履职，以公开听证、检察建议、沟通协商等方式督促地方政府及相关部门依法履职，对涉及的地方政府规范性文件予以废止，并推动了区域内同类问题的综合治理，起到了办理一案、治理一片的效果，有效维护了农村妇女合法权益。

参见 《民法典》第333、335条；《土地管理法》第47条

第五十六条 【保护妇女在农村集体经济组织中的各项权益】村民自治章程、村规民约，村民会议、村民代表会议的决定以及其他涉及村民利益事项的决定，不得以妇女未婚、结婚、离婚、丧偶、户无男性等为由，侵害妇女在农村集体经济组织中的各项权益。

因结婚男方到女方住所落户的，男方和子女享有与所在地农村集体经济组织成员平等的权益。

第五十七条 【保护妇女在城镇集体所有财产关系中的权益】国家保护妇女在城镇集体所有财产关系中的权益。妇女依照法律、法规的规定享有相关权益。

注释 ［集体所有］

集体所有的不动产和动产包括：（1）法律规定属于集体所有的土地和森林、山岭、草原、荒地、滩涂；（2）集体所有的建筑物、生产设施、农田水利设施；（3）集体所有的教育、科学、文化、卫生、体育等设施；（4）集体所有的其他不动产和动产。

参见 《民法典》第260条

第五十八条 【财产继承权男女平等】妇女享有与男子平等的继承权。妇女依法行使继承权，不受歧视。

丧偶妇女有权依法处分继承的财产，任何组织和个人不得干涉。

注释 ［妇女享有与男子平等的继承权］

继承权的取得不因自然人的性别不同而不同。妇女享有与男子

平等的继承权，不因妇女的婚姻、工作状况而有所差别，主要体现在以下方面：

第一，确定法定继承人的范围及继承顺序、继承份额不因自然人的性别不同而不同。法定继承是指继承人范围、继承顺序、继承份额等均由法律直接规定的继承方式。

第二，在遗嘱继承中，妇女享有由被继承人指定为继承人的权利。在遗嘱继承中，继承人是由被继承人指定的，这种指定是由被继承人在继承人中任意选定的，因此，妇女和男子并不必然同等继承被继承人的财产。在遗嘱继承中，妇女享有平等的继承权主要表现为两个方面：一是指定继承人时，既可以指定男性继承人，也可以指定女性继承人；二是在指定继承人为多人，且没有明确继承顺序和份额的情形下，根据男女平等的原则，妇女有取得与男子相同份额的遗产的权利。

第三，代位继承不因自然人的性别不同而不同。代位继承是指在继承顺序之中的继承人于被继承人死亡前死亡，而由其特定晚辈亲属代位继承。对于代位继承，凡适用于男性的继承，同样适用于女性；适用于父系的继承，也同样适用于母系。

第四，转继承不因自然人的性别不同而不同。转继承是指继承人本人在遗产分割前死亡，其应得的遗产份额转由其继承人继承。

第五，在夫妻财产继承中，夫妻继承地位平等，处分所继承的财产的权利平等。夫妻彼此是对方的第一顺序继承人。

第六，在适用其他继承规则时男女平等。比如，对生活有特殊困难又缺乏劳动能力的继承人，分配遗产时，应当予以照顾。对被继承人尽了主要扶养义务或者与被继承人共同生活的继承人，分配遗产时，可以多分。有扶养能力和有扶养条件的继承人，不尽扶养义务的，分配遗产时，应当不分或者少分。这里所讲的继承人是不分男女的，妇女享有与男子平等的财产继承权。

参见　《民法典》第 207、1126、1127、1130 条

第五十九条　【丧偶儿媳作为第一顺序继承人】丧偶儿媳对公婆尽了主要赡养义务的，作为第一顺序继承人，其继承权不受子女

代位继承的影响。

参见　《民法典》第 1128、1129 条

第七章　婚姻家庭权益

第六十条　【婚姻家庭权利男女平等】国家保障妇女享有与男子平等的婚姻家庭权利。

参见　《民法典》第 1041、1055、1082、1087 条

第六十一条　【保护妇女婚姻自主权】国家保护妇女的婚姻自主权。禁止干涉妇女的结婚、离婚自由。

参见　《宪法》第 49 条；《民法典》第 1041、1042 条；《刑法》第 257 条

第六十二条　【鼓励婚前医学检查或者健康体检】国家鼓励男女双方在结婚登记前，共同进行医学检查或者相关健康体检。

第六十三条　【婚姻家庭辅导服务】婚姻登记机关应当提供婚姻家庭辅导服务，引导当事人建立平等、和睦、文明的婚姻家庭关系。

注释　2015 年民政部印发的《婚姻登记工作规范》规定，婚姻登记处可以设立婚姻家庭辅导室，通过政府购买服务或公开招募志愿者等方式聘用婚姻家庭辅导员，并在坚持群众自愿的前提下，开展婚姻家庭辅导服务。

第六十四条　【男女双方离婚对女方予以特别保护】女方在怀孕期间、分娩后一年内或者终止妊娠后六个月内，男方不得提出离婚；但是，女方提出离婚或者人民法院认为确有必要受理男方离婚请求的除外。

注释　本条规定是对男方在妇女怀孕期间、分娩后 1 年内或者终止妊娠后 6 个月内的离婚请求权作出限制，而不是对女方离婚请求权的限制，女方在此期间可以提出离婚请求。

参见　《民法典》第 1082 条

第六十五条 **【禁止对妇女实施家庭暴力】**禁止对妇女实施家庭暴力。

县级以上人民政府有关部门、司法机关、社会团体、企业事业单位、基层群众性自治组织以及其他组织，应当在各自的职责范围内预防和制止家庭暴力，依法为受害妇女提供救助。

注释 ［家庭暴力］

家庭暴力，是指家庭成员之间以殴打、捆绑、残害、限制人身自由以及经常性谩骂、恐吓等方式实施的身体、精神等侵害行为。一是，从表现形式上来看，家庭暴力主要包括身体暴力和精神暴力两种形式。身体暴力是最典型的家庭暴力形式，主要表现为殴打、捆绑、残害、限制人身自由，以饿、冻、有病不给治疗等方式虐待、遗弃没有独立生活能力的未成年人、老年人、残疾人、重病患者，在家庭教育中以暴力方式管教未成年人等。精神暴力主要表现为对受害人进行侮辱、谩骂、诽谤、宣扬隐私、无端指责、人格贬损、恐吓、威胁、跟踪、骚扰等。精神暴力通常会使受害人产生自卑、恐惧、焦虑、抑郁等心理、精神方面的伤害。二是，从人员范围上来看，家庭暴力主要发生在家庭成员之间。这里的家庭成员包括但不限于近亲属，而且不以共同生活为必要条件。家庭成员既包括配偶、父母、子女、兄弟姐妹、祖父母、外祖父母、孙子女、外孙子女等近亲属，也包括其他具有亲密亲属关系的人，如公婆与儿媳、岳父母与女婿、姑嫂等亲属。此外，家庭成员以外共同生活的人实施暴力行为的，也要参照反家庭暴力法的规定执行。三是，从暴力程度上来看，只要存在相关暴力行为就构成家庭暴力，不要求相关行为造成伤害后果。如果造成伤害后果的，还要根据治安管理处罚法、刑法等承担相应法律责任，受到更为严厉的惩戒。

案例 1. 江苏省宝应县人民检察院督促落实涉家庭暴力妇女强制报告行政公益诉讼案（2022 年 11 月 23 日最高人民检察院、中华全国妇女联合会发布《妇女权益保障检察公益诉讼典型案例》）

案件适用要点：2020 年 6 月 24 日，江苏省宝应县金某某亲属至宝应县妇女联合会反映，称金某某（智力残疾四级）被丈夫郝某某殴打致伤。医疗机构就诊证明显示：金某某受暴力后全身多处瘀斑、肿胀，诊断病情为"多发性击打伤"。经初步了解，接诊医院发现残障妇女遭受暴力殴打而未报警。进一步调研发现，县域近87%的医疗机构未落实强制报告制度，行政机关监管不到位。

针对医疗机构未履行发现民事行为能力受限妇女遭受或疑似遭受家庭暴力的报案义务，且行政机关存在监管缺失，致使受家暴妇女权益被侵害的情形，检察机关可以积极稳妥开展公益诉讼，督促、协同相关责任主体履职尽责，推动构建联防联动的涉家庭暴力妇女保护体系。

2. 广东省清远市清城区人民检察院督促加强反家庭暴力联动履职行政公益诉讼案（2022年11月23日最高人民检察院、中华全国妇女联合会发布《妇女权益保障检察公益诉讼典型案例》）

案件适用要点： 2021年9月以来，广东省清远市清城区无业人员李某（化名）因索要钱财未果，多次殴打妻子马某（化名），并通过摔马某手机等方式威胁马某不许向他人求助。马某曾以报警、联系社工等方式向有关部门求助，但有关部门未充分告知其救济途径和权利，对李某以劝解、口头警告为主。马某因长期受到李某的威胁和殴打，为躲避家暴曾与三个女儿短暂露宿街头，身心遭受较大伤害，其合法权益持续处于受侵害状态。

妇女是家庭暴力的主要受害群体之一。《国家人权行动计划（2021—2025年）》明确提出，对不履行预防和制止家庭暴力职责等侵害不特定多数妇女合法权益、损害社会公共利益的行为，检察机关可以发出检察建议或提起公益诉讼。本案中，针对当地反家庭暴力工作存在的"九龙治水"问题，检察机关探索通过公益诉讼以"我管"促"都管"，主动与妇联组织加强协作，共同推动相关职能部门联动履职，促进形成整体联动、齐抓共管的反家庭暴力工作格局，营造了全社会反家庭暴力、维护妇女权益的良好氛围。

参见 《反家庭暴力法》第4条；《民法典》第1042条

第六十六条 【妇女在夫妻财产关系中的权利】 妇女对夫妻共同财产享有与其配偶平等的占有、使用、收益和处分的权利，不受双方收入状况等情形的影响。

对夫妻共同所有的不动产以及可以联名登记的动产，女方有权要求在权属证书上记载其姓名；认为记载的权利人、标的物、权利比例等事项有错误的，有权依法申请更正登记或者异议登记，有关机构应当按照其申请依法办理相应登记手续。

注释 ［平等的处理权］

妇女对夫妻共同财产享有与配偶平等的处理权。夫妻共同财产的性质是共同共有，不是按份共有，因此夫妻对全部共同财产，应当不分份额地享有同等的权利，承担同等的义务。不能根据夫妻双方经济收入的多少来确定其享有共同财产所有权的多少。夫妻双方对共同财产享有平等的占有、使用、收益和处分的权利。夫妻一方对共同财产的使用、处分，除另有约定外，应当在取得对方的同意之后进行。尤其是重大财产问题，未经对方同意，任何一方不得擅自处分。夫妻一方在处分共同财产时，另一方明知其行为而不作否认表示的，视为同意，事后不得以自己未参加处分为由否认处分的法律效力。夫妻一方未经对方同意擅自处分共同财产的，对方有权请求宣告该处分行为无效，但不得对抗善意第三人，即如果第三人不知道也无从知道夫妻一方的行为属于擅自处分行为的，该处分行为有效，以保护第三人的利益，维护交易安全。

参见 《民法典》第 1062、1063 条

第六十七条 **【离婚诉讼期间夫妻共同财产查明与保护】**离婚诉讼期间，夫妻一方申请查询登记在对方名下财产状况且确因客观原因不能自行收集的，人民法院应当进行调查取证，有关部门和单位应当予以协助。

离婚诉讼期间，夫妻双方均有向人民法院申报全部夫妻共同财产的义务。一方隐藏、转移、变卖、损毁、挥霍夫妻共同财产，或者伪造夫妻共同债务企图侵占另一方财产的，在离婚分割夫妻共同财产时，对该方可以少分或者不分财产。

注释 ［离婚诉讼中人民法院的调查取证］

适用本条第1款规定的前提条件是夫妻一方申请查询登记在对方名下财产状况且确因客观原因不能自行收集。如果夫妻一方能够自行收集对方名下的财产信息的，不适用本款规定。本款规定中的"客观原因"是指申请当事人自身之外的非主观原因，如现行法律法规不允许个人查询他人名下财产状况。

理解本款规定，还需要注意两点：一是在离婚诉讼期间，夫妻一方申请人民法院调查取证的，并不是不承担任何举证义务，其应当向人民法院提供另一方财产状况的基本线索，否则人民法院很难进行调查取证。二是人民法院根据当事人的申请进行调查取证的，有关部门和单位应当予以协助。例如，在满足本款规定条件的情况下，人民法院根据夫妻一方当事人的请求向商业银行调查获取另一方当事人名下的财产状况时，该商业银行应当予以协助。如果相关部门和单位拒绝予以协助的，根据《民事诉讼法》第117条的规定，人民法院除责令其履行协助义务外，并可以予以罚款；人民法院还可以对其主要负责人或者直接责任人员予以罚款；对仍不履行协助义务的，可以予以拘留；并可以向监察机关或者有关机关提出予以纪律处分的司法建议。

［离婚诉讼期间夫妻双方对共同财产的申报义务］

本条第2款明确规定了夫妻双方在离婚诉讼期间均有向人民法院申报全部夫妻共同财产的义务。根据该规定，夫妻双方均应当如实履行申报的义务，违反该义务的，将承担一定的法律后果。一方未如实履行申报义务的，在分割夫妻共同财产时将少分或者不分。

［隐藏、转移、变卖、损毁、挥霍夫妻共同财产］

隐藏是指将财产藏匿起来，不让他人发现，使另一方无法获知财产的所在从而无法控制。转移是指私自将财产移往他处，或将资金取出移往其他账户，脱离另一方的掌握。变卖是指将财产折价卖给他人。损毁是指采用打碎、拆卸、涂抹等破坏性手段使物品失去原貌，失去或者部分失去原来具有的使用价值和价值。挥霍是指对财产没有目的地不符合常理地耗费致使其不存在或者价值减损。上述违法行为，在主观上只能是故意的，不包括过失行为，如因不慎

41

将某些共同财产毁坏，只要没有故意，就不属于本条规定之列。夫妻一方如果实施了上述行为，就属于对夫妻共同财产的侵害。

[伪造夫妻共同债务企图侵占另一方财产]

根据《民法典》第 1089 条的规定，离婚时，夫妻共同债务应当共同偿还。共同财产不足清偿或者财产归各自所有的，由双方协议清偿；协议不成的，由人民法院判决。这一规定，意味着夫妻在离婚时，如果共同财产不足以清偿共同债务，有可能以夫妻一方的个人财产来承担夫妻共同债务，具体数额由人民法院判决确定。对此，有的夫妻一方就有可能利用这一法律规定，伪造夫妻共同债务，企图侵占另一方财产。伪造债务是指制造内容虚假的债务凭证，包括合同、欠条等。伪造债务是违法行为的客观表现。其在主观上是故意，不是过失，是以侵占夫妻另一方财产为目的。只要夫妻一方实施伪造夫妻共同债务的行为，就属于对另一方财产的侵害。

[离婚后发现财产被侵害、侵占]

《民法典》第 1092 条规定，离婚后，另一方发现有上述行为的，可以向人民法院提起诉讼，请求再次分割夫妻共同财产。也就是说，离婚案件已审理终结，人民法院对离婚双方有关财产分割的调解书、判决书已发生法律效力后，又发现一方有隐藏、转移、变卖、损毁、挥霍夫妻共同财产，或者伪造夫妻共同债务侵占另一方财产行为的，受损一方可以向人民法院提起诉讼，请求再次分割夫妻共同财产。在再次分割夫妻共同财产时，本条关于对违法一方可以少分或者不分的原则仍应适用。

参见 《民事诉讼法》第 67、117 条；《民法典》第 218、1063、1065、1089、1092 条

第六十八条 【夫妻共担家庭义务与家务补偿制度】 夫妻双方应当共同负担家庭义务，共同照顾家庭生活。

女方因抚育子女、照料老人、协助男方工作等负担较多义务的，有权在离婚时要求男方予以补偿。补偿办法由双方协议确定；协议不成的，可以向人民法院提起诉讼。

《民法典》第 1088 条规定，夫妻一方因抚育子女、照料老年人、协助另一方工作等负担较多义务的，离婚时有权向另一方请求补偿，另一方应当给予补偿。具体办法由双方协议；协议不成的，由人民法院判决。本法在民法典规定的基础上，从保护女方权益的角度规定，女方因抚育子女、照料老人、协助男方工作等负担较多义务的，有权在离婚时要求男方予以补偿。补偿办法由双方协议确定，协议不成的，可以向人民法院提起诉讼。

参见 《宪法》第 49 条；《民法典》第 1058、1088 条；《老年人权益保障法》第 13 条

第六十九条 【夫妻离婚时住房的处理】离婚时，分割夫妻共有的房屋或者处理夫妻共同租住的房屋，由双方协议解决；协议不成的，可以向人民法院提起诉讼。

参见 《民法典》第 1087 条；《最高人民法院关于适用〈中华人民共和国民法典〉婚姻家庭编的解释（一）》第 76—79 条

第七十条 【母亲对未成年子女的监护权】父母双方对未成年子女享有平等的监护权。

父亲死亡、无监护能力或者有其他情形不能担任未成年子女的监护人的，母亲的监护权任何组织和个人不得干涉。

注释 父母双方对未成年子女享有平等的监护权，意味着父母双方平等地享有对未成年子女抚养、教育和保护的权利，不允许一方剥夺另一方的权利；同样也意味着承担同等的义务，不允许任何一方推卸责任，当未成年子女对国家、集体或者他人造成损害时，父母双方都要承担相应的民事责任。

参见 《民法典》第 34、35 条

第七十一条 【女方丧失生育能力离婚时子女抚养的处理】女方丧失生育能力的，在离婚处理子女抚养问题时，应当在最有利于未成年子女的条件下，优先考虑女方的抚养要求。

注释 ［最有利于未成年子女原则］

最有利于未成年子女身心健康，保障其合法权益，实现儿童利

益最大化，是处理离婚后子女直接抚养归属问题的出发点。在此前提下，结合父母的个人素质、对子女的责任感、家庭环境、父母与子女的感情等因素，以及双方的抚养能力和抚养条件等具体情况妥善解决。根据《民法典》第 1084 条第 3 款规定，离婚后，不满 2 周岁的子女，以由母亲直接抚养为原则。已满 2 周岁的子女，父母双方对抚养问题协议不成的，由人民法院根据双方的具体情况，按照最有利于未成年子女的原则判决。子女已满 8 周岁的，应当尊重其真实意愿。

参见　《民法典》第 1084 条；《最高人民法院关于适用〈中华人民共和国民法典〉婚姻家庭编的解释（一）》第 44—48 条

第八章　救济措施

第七十二条　**【受侵害妇女救济途径】**对侵害妇女合法权益的行为，任何组织和个人都有权予以劝阻、制止或者向有关部门提出控告或者检举。有关部门接到控告或者检举后，应当依法及时处理，并为控告人、检举人保密。

妇女的合法权益受到侵害的，有权要求有关部门依法处理，或者依法申请调解、仲裁，或者向人民法院起诉。

对符合条件的妇女，当地法律援助机构或者司法机关应当给予帮助，依法为其提供法律援助或者司法救助。

注释　有关部门接到控告或者检举后，应当及时处理，对属于本部门职责范围内的事项，依法予以处理，如制止违法行为、对违法行为人予以行政处罚、对受害妇女予以救助等；对不属于本部门职责范围内的事项，应当依法告知控告人、检举人或者转交有权部门处理。为防止对控告人、检举人进行打击报复或扰乱其正常生活，有关部门应当为控告人、检举人保密。

［法律援助］

法律援助，是指国家建立的为经济困难公民和符合法定条件的其他当事人无偿提供法律咨询、代理、刑事辩护等法律服务的制度，是公共法律服务体系的组成部分。《法律援助法》第 31 条规定，下列事项的当事人，因经济困难没有委托代理人的，可以向法律援助机构申请法律援助：（1）依法请求国家赔偿；（2）请求给予社会保险待遇或者社会救助；（3）请求发给抚恤金；（4）请求给付赡养费、抚养费、扶养费；（5）请求确认劳动关系或者支付劳动报酬；（6）请求认定公民无民事行为能力或者限制民事行为能力；（7）请求工伤事故、交通事故、食品药品安全事故、医疗事故人身损害赔偿；（8）请求环境污染、生态破坏损害赔偿；（9）法律、法规、规章规定的其他情形。第32条规定，有下列情形之一，当事人申请法律援助的，不受经济困难条件的限制：（1）英雄烈士近亲属为维护英雄烈士的人格权益；（2）因见义勇为行为主张相关民事权益；（3）再审改判无罪请求国家赔偿；（4）遭受虐待、遗弃或者家庭暴力的受害人主张相关权益；（5）法律、法规、规章规定的其他情形。

　　［司法救助］

　　司法救助，是指在司法过程中对困难群众开展救助工作，有效维护当事人合法权益。2014年中共中央政法委员会、财政部、最高人民法院、最高人民检察院、公安部、司法部印发《关于建立完善国家司法救助制度的意见（试行）》，2016年最高人民检察院印发《人民检察院国家司法救助工作细则（试行）》，2019年最高人民法院印发《人民法院国家司法救助案件办理程序规定（试行）》等，对国家司法救助制度进行规范。2021年最高人民检察院公布《人民检察院开展国家司法救助工作细则》进一步加强和规范人民检察院开展国家司法救助工作。

　　第七十三条　【妇女组织提供维权帮助】妇女的合法权益受到侵害的，可以向妇女联合会等妇女组织求助。妇女联合会等妇女组织应当维护被侵害妇女的合法权益，有权要求并协助有关部门或者单位查处。有关部门或者单位应当依法查处，并予以答复；不予处理或者处理不当的，县级以上人民政府负责妇女儿童工作的机构、妇女联合会可以向其提出督促处理意见，必要时可以提请同级人民政府开展督查。

　　受害妇女进行诉讼需要帮助的，妇女联合会应当给予支持和帮助。

　　第七十四条　【联合约谈制度】用人单位侵害妇女劳动和社会保障权益的，人力资源和社会保障部门可以联合工会、妇女联合会约谈用人单位，依法进行监督并要求其限期纠正。

> **注释** 被约谈对象应当按照约谈部门的要求采取措施，停止侵害妇女劳动和社会保障权益的行为，并限期进行整改。被约谈对象拒不接受约谈或者不落实整改要求的，有关主管部门可以采取进一步的监管和追责措施。

第七十五条 【在农村集体经济组织中的权益受侵害时的救济途径】妇女在农村集体经济组织成员身份确认等方面权益受到侵害的，可以申请乡镇人民政府等进行协调，或者向人民法院起诉。

乡镇人民政府应当对村民自治章程、村规民约，村民会议、村民代表会议的决定以及其他涉及村民利益事项的决定进行指导，对其中违反法律、法规和国家政策规定，侵害妇女合法权益的内容责令改正；受侵害妇女向农村土地承包仲裁机构申请仲裁或者向人民法院起诉的，农村土地承包仲裁机构或者人民法院应当依法受理。

> **注释** 本条中，乡镇人民政府的职责主要包括：一是对村民自治章程、村规民约，村民会议、村民代表会议的决定以及其他涉及村民利益事项的决定进行指导。二是对其中违反法律、法规和国家政策规定，侵害妇女合法权益的内容责令改正。

> **参见** 《村民委员会组织法》第27、36条；《农村土地承包法》第55条；《农村土地承包经营纠纷调解仲裁法》

第七十六条 【妇女权益保护服务热线】县级以上人民政府应当开通全国统一的妇女权益保护服务热线，及时受理、移送有关侵害妇女合法权益的投诉、举报；有关部门或者单位接到投诉、举报后，应当及时予以处置。

鼓励和支持群团组织、企业事业单位、社会组织和个人参与建设妇女权益保护服务热线，提供妇女权益保护方面的咨询、帮助。

> **注释** 2021年，国务院《中国妇女发展纲要（2021—2030年）》明确要求，加强"12338"妇女维权热线建设，畅通妇女有序表达诉求的渠道。

第七十七条　【检察建议和公益诉讼】 侵害妇女合法权益，导致社会公共利益受损的，检察机关可以发出检察建议；有下列情形之一的，检察机关可以依法提起公益诉讼：

（一）确认农村妇女集体经济组织成员身份时侵害妇女权益或者侵害妇女享有的农村土地承包和集体收益、土地征收征用补偿分配权益和宅基地使用权益；

（二）侵害妇女平等就业权益；

（三）相关单位未采取合理措施预防和制止性骚扰；

（四）通过大众传播媒介或者其他方式贬低损害妇女人格；

（五）其他严重侵害妇女权益的情形。

> **参见**　《人民检察院检察建议工作规定》第5、9—11条

第七十八条　【支持起诉制度】 国家机关、社会团体、企业事业单位对侵害妇女权益的行为，可以支持受侵害的妇女向人民法院起诉。

> **注释**　《民事诉讼法》第15条规定，机关、社会团体、企业事业单位对损害国家、集体或者个人民事权益的行为，可以支持受损害的单位或者个人向人民法院起诉。根据《民事诉讼法》确立的基本原则，本条规定了支持起诉制度，主要是指，对于侵害妇女权益的行为，在受侵害妇女能力不足的情况下，有关国家机关、社会团体、企业事业单位可以为受侵害妇女向人民法院起诉提供帮助和支持。尽管本法第77条规定了检察机关提起公益诉讼制度，然而，在众多权益和社会公共利益之外，仍有大量妇女权益在受到侵害时需要得到有效保护；在公益诉讼之外，仍有支持起诉的现实需求。

> **参见**　《民事诉讼法》第15条

第九章　法律责任

第七十九条　【未履行有关报告义务的责任】 违反本法第二十二条第二款规定，未履行报告义务的，依法对直接负责的主管人员和其他直接责任人员给予处分。

第八十条　【对妇女实施性骚扰和未履行有关防治义务的责任】违反本法规定，对妇女实施性骚扰的，由公安机关给予批评教育或者出具告诫书，并由所在单位依法给予处分。

学校、用人单位违反本法规定，未采取必要措施预防和制止性骚扰，造成妇女权益受到侵害或者社会影响恶劣的，由上级机关或者主管部门责令改正；拒不改正或者情节严重的，依法对直接负责的主管人员和其他直接责任人员给予处分。

注释　［告诫］

告诫属于行政指导性质。行政指导是行政主体在其所管辖的权限内，为适应复杂多变的经济和社会需要，依据国家法律或者行政法规，适时灵活地采取引导、劝告、建议、协商、示范、制定导向性政策、发布有关信息等非强制性的手段，实现一定的行政目的的行为。告诫的作用是书面批评教育，既能有效震慑加害人，防止其再次实施性骚扰行为，也能作为法院审理性骚扰案件的证据。

第八十一条　【住宿经营者未履行报告等义务的责任】违反本法第二十六条规定，未履行报告等义务的，依法给予警告、责令停业整顿或者吊销营业执照、吊销相关许可证，并处一万元以上五万元以下罚款。

注释　本条是关于住宿经营者未履行报告等义务的法律责任。

本条对于违反本法第26条规定的行为，规定了如下法律责任：

一是警告。警告是指行政机关对住宿经营者违反法律的行为给予严肃告诫的一种行政处罚，是行政机关对违法者提出的谴责、警告，防止其继续违法的措施，主要适用于情节比较轻微，尚未造成严重社会危害的违法行为。

二是责令停业整顿。责令停业整顿是指行政机关对违反法律规定的住宿经营者所采取的限制其经营资格的处罚措施。责令停业整顿的目的是纠正错误，改进工作。被处罚的住宿经营者应当在停业期间进行整顿，纠正违法行为，行政机关认为其达到恢复运营条件的，才可以重新开展相关业务。

三是吊销营业执照、吊销相关许可证。营业执照和许可证是行政机关依申请而核发的，允许公民、法人或者其他组织从事某种活动，享有某种资格的证明文件。吊销营业执照、吊销相关许可证，是行政机关通过对住宿经营者依法吊销核发的营业执照或相关许可证，从而剥夺其从事住宿经营服务的资格和权利的一种较为严重的处罚措施。

四是罚款。罚款，是指行政机关依法强制违反法律法规的行为人在一定期限内缴纳一定数量货币的行政处罚。本条规定，行政机关除依法给予警告、责令停业整顿或者吊销营业执照、吊销相关许可证外，可以并处一定幅度的罚款。实践中，行政机关可以综合考虑住宿经营者违法行为的目的、主观过错的性质、危害结果的程度等因素，在本条规定的罚款幅度范围内确定。需要注意的是，对于未履行报告等义务的住宿经营者，罚款应当和上述其他种类的处罚合并实施，不能单独适用。

第八十二条　【贬损妇女人格的责任】违反本法规定，通过大众传播媒介或者其他方式贬低损害妇女人格的，由公安、网信、文化旅游、广播电视、新闻出版或者其他有关部门依据各自的职权责令改正，并依法给予行政处罚。

第八十三条　【用人单位歧视女性的责任】用人单位违反本法第四十三条和第四十八条规定的，由人力资源和社会保障部门责令改正；拒不改正或者情节严重的，处一万元以上五万元以下罚款。

注释　根据《劳动法》的相关规定，人力资源和社会保障部门主管劳动工作。因此本条规定，由人力资源和社会保障部门作为处罚主体。具体法律责任包括：

一是责令改正。责令改正，是指行政主体责令违法行为人停止和纠正违法行为，以恢复原状，维持法定的秩序或者状态。例如，责令用人单位改正招聘过程中的歧视行为，恢复女职工正常的工资

49

和福利待遇等。

二是罚款。关于罚款的适用，本条设置了两种情形：在人力资源和社会保障部门责令改正后拒不改正的；违法行为情节严重的。这里规定的"情节严重"既包括对女职工造成的严重侵害后果，也包括对社会造成的严重恶劣影响。罚款的幅度为1万元以上5万元以下，人力资源和社会保障部门可以综合考虑用人单位违法行为的目的、主观过错的性质、危害结果的程度等因素，在规定的罚款幅度范围内确定。

第八十四条　【国家机关工作人员渎职的责任】违反本法规定，对侵害妇女权益的申诉、控告、检举，推诿、拖延、压制不予查处，或者对提出申诉、控告、检举的人进行打击报复的，依法责令改正，并对直接负责的主管人员和其他直接责任人员给予处分。

国家机关及其工作人员未依法履行职责，对侵害妇女权益的行为未及时制止或者未给予受害妇女必要帮助，造成严重后果的，依法对直接负责的主管人员和其他直接责任人员给予处分。

违反本法规定，侵害妇女人身和人格权益、文化教育权益、劳动和社会保障权益、财产权益以及婚姻家庭权益的，依法责令改正，直接负责的主管人员和其他直接责任人员属于国家工作人员的，依法给予处分。

第八十五条　【与其他法律责任的衔接】违反本法规定，侵害妇女的合法权益，其他法律、法规规定行政处罚的，从其规定；造成财产损失或者人身损害的，依法承担民事责任；构成犯罪的，依法追究刑事责任。

注释　本条对行政处罚、民事责任和刑事责任三种法律责任作了衔接性规定。

第十章　附　　则

第八十六条　【施行时间】本法自2023年1月1日起施行。

中华全国妇女联合会章程

（2023 年 10 月 26 日中国妇女第十三次全国代表大会部分修改通过）

总　则

中华全国妇女联合会是全国各族各界妇女为争取进一步解放与发展而联合起来的群团组织，是中国共产党领导下的人民团体，是党和政府联系妇女群众的桥梁和纽带，是国家政权的重要社会支柱。

中华全国妇女联合会以宪法为根本的活动准则，依照法律和《中华全国妇女联合会章程》独立自主地开展工作。

中国妇女是建设新时代中国特色社会主义的重要力量。中华全国妇女联合会高举中国特色社会主义伟大旗帜，以马克思列宁主义、毛泽东思想、邓小平理论、"三个代表"重要思想、科学发展观、习近平新时代中国特色社会主义思想为行动指南，坚持中国共产党的全面领导，坚决贯彻党的基本理论、基本路线、基本方略，坚持以人民为中心的发展思想，坚持和发展马克思主义妇女观，贯彻男女平等基本国策，团结引导广大妇女坚定不移地走中国特色社会主义妇女发展道路，做伟大事业的建设者、文明风尚的倡导者、敢于追梦的奋斗者，在统筹推进"五位一体"总体布局和协调推进"四个全面"战略布局中发挥积极作用，为全面建成社会主义现代化强国、实现第二个百年奋斗目标，以中国式现代化全面推进中华民族伟大复兴而奋斗。

中华全国妇女联合会自觉坚持党中央集中统一领导，深刻领悟"两个确立"的决定性意义，增强"四个意识"、坚定"四个自信"、做到"两个维护"，不断提高政治判断力、政治领悟力、政治执行力，胸怀"国之大者"，深化妇联改革和建设，保持和增强政治性、先进性、群众性，发挥党开展妇女工作最可靠、最有力的助手作用，巩固和扩大党执政的阶级基础和妇女群众基础。

中华全国妇女联合会立足引领、服务、联系的职能定位，以团结引导各族各界妇女听党话、跟党走为政治责任，以围绕中心、服务大局为工作主线，以联系和服务妇女为根本任务，以代表和维护妇女权益、促进男女平等和妇女全面发展为基本职能。

第一章 任 务

第一条 组织引导妇女学习贯彻习近平新时代中国特色社会主义思想和党的路线方针政策，用中国特色社会主义共同理想凝聚妇女。

第二条 团结动员妇女投身改革开放和社会主义经济建设、政治建设、文化建设、社会建设、生态文明建设，注重发挥妇女在社会生活和家庭生活中的独特作用，为强国建设、民族复兴作贡献。

第三条 代表妇女参与管理国家事务、管理经济和文化事业、管理社会事务，参与民主协商、民主决策、民主管理、民主监督，参与有关法律、法规、规章和政策的制定，参与社会治理和公共服务，推动保障妇女权益法律政策和妇女、儿童发展纲要的实施。

第四条 维护妇女儿童合法权益，倾听妇女意见，反映妇女诉求，向各级国家机关提出有关建议，要求并协助有关部门或单位查处侵害妇女儿童权益的行为，为受侵害的妇女儿童提供帮助。

第五条 教育引导妇女树立自尊、自信、自立、自强的精神，提高综合素质，实现全面发展。

宣传马克思主义妇女观，推动落实男女平等基本国策，营造尊重和关爱妇女、有利于妇女全面发展的社会环境。宣传表彰优秀妇女典型，培养、推荐女性人才。

第六条 教育引导妇女践行社会主义核心价值观，弘扬中华民族家庭美德，带动家庭成员建设文明家庭、实施科学家教、传承优良家风，发挥家庭家教家风在基层社会治理中的重要作用，推动形成社会主义家庭文明新风尚。

第七条　关心妇女工作生活，拓宽服务渠道，创新服务方式，建设服务阵地，发展公益事业，壮大巾帼志愿者队伍，加强妇女之家建设。联系和引导女性社会组织，加强与社会各界的协作，推动全社会为妇女儿童和家庭服务。

第八条　巩固和扩大各族各界妇女的大团结。全面准确、坚定不移贯彻"一国两制"方针，加强同香港特别行政区、澳门特别行政区、台湾地区和海外华侨华人妇女、妇女组织的交流合作，为推进祖国统一大业凝心聚力。

第九条　积极发展同世界各国妇女和妇女组织的友好交往，加深了解、增进友谊、促进合作，积极参与推动共建"一带一路"，弘扬和平、发展、公平、正义、民主、自由的全人类共同价值，推动构建人类命运共同体，为维护世界和平、促进共同发展作贡献。

第二章　组织制度

第十条　妇女联合会实行全国组织、地方组织、基层组织和团体会员相结合的组织制度。

妇女联合会的地方和基层组织接受同级党组织和上级妇女联合会双重领导，以同级党组织领导为主。

妇女联合会实行民主集中制。

第十一条　全国和地方妇女联合会的领导机构，由同级妇女代表大会选举产生。

妇女联合会基层组织的领导机构由同级妇女大会或妇女代表大会选举或推选产生。

第十二条　各级妇女代表大会代表名额及产生办法，由各级妇女联合会执行委员会决定。

第十三条　各级妇女联合会执行委员会的产生，应充分体现选举人的意志。选举采取无记名投票方式，可以直接采取差额选举办法进行选举；也可以先采取差额选举办法进行预选，产生候选人名单，再进行等额选举。

第十四条　执行委员应执行妇女大会、妇女代表大会和妇女联合会执行委员会的决议，积极参加妇女联合会的有关活动。学习党的妇女工作理论和有关法律政策，强化履职意识，熟悉并努力开展妇女工作，反映妇女需求，密切联系和服务妇女群众。在执行委员会闭会期间，执行委员可随时向常务委员会反映有关妇女工作的情况、问题，提出建议。妇女联合会应为执行委员发挥作用创造条件、提供支持。

第十五条　各级妇女联合会常务委员会、执行委员会根据工作需要，可以增补委员。执行委员中专职妇女工作者离开妇女工作岗位后，其执行委员职务自行卸免，替补人选由执行委员会决定。

第十六条　中华全国妇女联合会，省、自治区、直辖市妇女联合会，设区的市、自治州妇女联合会，县（旗）、自治县、不设区的市和市辖区妇女联合会，地区（盟）妇女联合会，根据工作需要设业务部门。

第三章　全国组织

第十七条　妇女联合会的最高领导机构是全国妇女代表大会和它所产生的中华全国妇女联合会执行委员会。全国妇女代表大会，每五年举行一次，由中华全国妇女联合会执行委员会召集。在特殊情况下，经执行委员会讨论决定，可提前或延期召开。

全国妇女代表大会的职权是：

（一）讨论、决定全国妇女运动方针、任务及重大事项；

（二）听取、审议和批准中华全国妇女联合会执行委员会的工作报告；

（三）修改《中华全国妇女联合会章程》；

（四）选举中华全国妇女联合会执行委员会。

第十八条　全国妇女代表大会闭会期间，中华全国妇女联合会执行委员会贯彻执行全国妇女代表大会的决议，讨论并决定妇女工作中的重大问题和人事安排事项。中华全国妇女联合会执行委员会的全体会议，每年至少举行一次，由常务委员会召集。

第十九条　中华全国妇女联合会执行委员会的全体会议选举主席一人、专兼职副主席若干人、常务委员若干人，组成常务委员会。

第二十条　中华全国妇女联合会常务委员会是执行委员会闭会期间的领导机构，常务委员会讨论决定妇女工作中的重要问题，定期向执行委员会报告工作，接受监督。常务委员会会议每半年举行一次，在特殊情况下，可提前或推迟召开。

中华全国妇女联合会常务委员会下设书记处，由常务委员会推选第一书记和书记若干人组成，主持日常工作。

第四章　地方组织

第二十一条　妇女联合会在省、自治区、直辖市，设区的市、自治州，县（旗）、自治县、不设区的市和市辖区等建立地方组织。

第二十二条　地方各级妇女联合会的领导机构是地方各级妇女代表大会和它所产生的执行委员会。地方各级妇女代表大会，每五年举行一次，由同级妇女联合会执行委员会召集。在特殊情况下，经执行委员会讨论决定，可提前或延期召开。

地方各级妇女代表大会的职权是：

（一）讨论、决定本地区的妇女工作任务；

（二）听取、审议和批准同级妇女联合会执行委员会的工作报告；

（三）选举同级妇女联合会的执行委员会。

第二十三条　地方各级妇女联合会执行委员会在妇女代表大会闭会期间，执行上级妇女联合会的决定和同级妇女代表大会的决议，定期向上级妇女联合会报告工作，讨论并决定本地区妇女工作的重大问题。地方各级妇女联合会执行委员会全体会议，每年至少举行一次，由同级常务委员会召集。执行委员会全体会议选举主席一人、专挂兼职副主席若干人、常务委员若干人，组成常务委员会。

第二十四条　地方妇女联合会常务委员会是执行委员会闭会期

间的领导机构，常务委员会讨论决定妇女工作中的重要问题，定期向执行委员会报告工作，接受监督。常务委员会会议每半年举行一次，在特殊情况下，可提前或推迟召开。

第五章 基层组织

第二十五条 妇女联合会在乡镇、街道，行政村、社区，机关和事业单位、社会组织等建立基层组织。

第二十六条 乡镇、街道，行政村、社区应当建立妇女联合会。

乡镇、街道，行政村、社区妇女代表大会，每五年举行一次。妇女代表大会选举产生执行委员会，执行委员会全体会议选举主席一人、专兼职副主席若干人，必要时可选举常务委员若干人。

第二十七条 机关和事业单位、社会组织建立妇女委员会或妇女工作委员会，有条件的可建立妇女联合会。

妇女委员会由本单位妇女大会或妇女代表大会选举产生，每届任期三至五年。妇女委员会全体会议推选主任一人、副主任若干人，负责日常工作。妇女工作委员会委员由妇女代表协商产生。妇女联合会执行委员会由本单位妇女大会或妇女代表大会选举产生，每届任期三至五年。

第二十八条 在居住分散的农村山区、牧区，农、林、渔场，非公有制经济组织，专业市场和新就业群体等女性相对集中的地方应建妇女组织，组织形式从实际出发灵活设置。

第六章 团体会员

第二十九条 企业基层工会女职工委员会及其以上各级工会女职工委员会是妇女联合会的团体会员。

第三十条 凡在民政部门注册登记的以女性为主体会员的各类为社会、为妇女服务的社会团体，自愿申请，承认本章程，经中华全国妇女联合会或当地妇女联合会同意，可成为妇女联合会的团体会员。

第三十一条　妇女联合会应加强同团体会员的联系，帮助和支持团体会员开展工作。团体会员应接受妇女联合会业务指导。

第三十二条　团体会员应履行下列义务：

（一）遵守《中华全国妇女联合会章程》；

（二）宣传和执行妇女联合会的决议；

（三）向妇女联合会汇报工作，反映情况，提出意见和建议，执行有关工作任务；

（四）向妇女联合会推荐优秀妇女人才。

第三十三条　团体会员享有下列权利：

（一）参加妇女联合会的有关活动；

（二）对妇女联合会的工作提出批评建议；

（三）团体会员的负责人参加或列席同级妇女联合会执行委员会会议。

第七章　妇女联合会的干部

第三十四条　妇女联合会应深入贯彻新时代党的组织路线和干部工作方针政策，坚持党管干部原则，坚持德才兼备、以德为先、五湖四海、任人唯贤，坚持信念坚定、为民服务、勤政务实、敢于担当、清正廉洁的新时代好干部标准，推进干部革命化、年轻化、知识化、专业化，建设忠诚干净担当、热爱妇女工作、具备履职能力、受到妇女信赖的妇女联合会干部队伍。

第三十五条　妇女联合会应拓宽干部来源渠道，吸收各方面优秀人才到妇女联合会工作，优化干部队伍结构，增强广泛性、代表性，建设专职、挂职、兼职相结合的符合群团组织特点的高素质干部队伍。

第三十六条　妇女联合会干部应当做到：

（一）政治坚定。带头学习贯彻习近平新时代中国特色社会主义思想，在政治立场、政治方向、政治原则、政治道路上同党中央保持高度一致，坚决执行党的基本路线和方针政策。

（二）勤奋学习。学习马克思列宁主义、毛泽东思想、邓小平理论、"三个代表"重要思想、科学发展观、习近平新时代中国特色社会主义思想，学习党的基本知识和党的历史，学习法律政策、科学文化和妇女工作业务等知识，不断提升政治能力、思维能力、实践能力，增强推动高质量发展本领、服务群众本领、防范化解风险本领。

（三）忠于职守。开拓创新，勇于担当，敢于斗争，真抓实干，在组织、引导、服务妇女和维护妇女权益方面，努力做出实绩。

（四）作风扎实。深入调查研究，密切联系妇女，增强群众意识，增进群众感情，反对形式主义、官僚主义、享乐主义和奢靡之风，自觉接受群众监督，全心全意为人民服务。

（五）遵纪守法。严守政治纪律和政治规矩，遵守国家法律法规，依法办事，廉洁奉公。

第三十七条 各级妇女联合会应成为培养和输送女干部的重要基地。应加强干部的培养，重视培训工作，加强培训基地建设。妇女联合会干部应合理流动。妇女联合会应经常向各方面推荐输送优秀女干部，特别要注意培养推荐输送少数民族和年轻女干部。

第三十八条 地方妇女联合会主要负责人应参加或列席同级党委有关工作会议。

乡镇、街道妇女联合会主要负责人可列席同级党委有关会议。

第三十九条 妇女联合会承担对下一级妇女联合会主席、副主席的协助管理职责。妇女联合会主席、副主席人选按照干部双重管理有关规定事先征求上一级妇女联合会的意见，选举结果报上一级妇女联合会备案。

县以上妇女联合会主席、副主席任职时间不超过两届。

第八章 经费及财产

第四十条 妇女联合会的行政经费、业务活动和事业发展经费，主要由政府拨款，提供经费保障，列入各级财政预算，并随财政收入的增长或工作需要逐步增加。

第四十一条　各级妇女联合会可依法接纳热心妇女儿童事业的国内外人士及组织的资金和其他物品的捐赠，并依法管理，接受监督。

第四十二条　国家交各级妇女联合会占有、使用的资产受法律保护，任何组织和个人不得侵占、挪用或任意调拨。妇女联合会所属的企事业单位，其隶属关系不得随意改变。

第九章　会徽会旗

第四十三条　中华全国妇女联合会会徽为圆形，由汉字"女"和英文"WOMAN"的第一个字母"W"经艺术造型构成，象征着中华全国妇女联合会和中国妇女的进步、发展，象征着中国妇女和各国妇女的友谊、团结。

第四十四条　中华全国妇女联合会会旗的旗面为红色，左上角缀有黄色会徽。

第四十五条　中华全国妇女联合会的会徽会旗是中华全国妇女联合会的象征和标志，应当按照规定制作和使用。

会徽会旗的制作标准，由中华全国妇女联合会规定。

中华全国妇女联合会会徽会旗，可在妇女联合会办公地点、活动场所、会场悬挂，会徽也可作为徽章佩戴。

第十章　附　　则

第四十六条　中华全国妇女联合会英文译名是"All–China Women´s Federation"，缩写为"ACWF"。

第四十七条　本章程解释权属于中华全国妇女联合会。

中华人民共和国民法典（节录）

（2020年5月28日第十三届全国人民代表大会第三次会议通过 2020年5月28日中华人民共和国主席令第45号公布 自2021年1月1日起施行）

第一编 总 则

……

第二章 自 然 人

……

第二节 监 护

第二十六条 **【父母子女之间的法律义务】**父母对未成年子女负有抚养、教育和保护的义务。

成年子女对父母负有赡养、扶助和保护的义务。

> **注释** 父母对未成年子女的抚养、教育和保护义务，主要包括进行生活上的照料，保障未成年人接受义务教育，以适当的方式方法管理和教育未成年人，保护未成年人的人身、财产权益不受到侵害，促进未成年人的身心健康发展等。成年子女对父母的赡养、扶助和保护义务，主要包括子女对丧失劳动能力或生活困难的父母，要进行生活上的照料和经济上的供养，从精神上慰藉父母，保护父母的人身、财产权益不受侵害。本法第五编"婚姻家庭"、《老年人权益保障法》等对此作出了较为具体的规定。

第二十七条 **【未成年人的监护人】**父母是未成年子女的监护人。

未成年人的父母已经死亡或者没有监护能力的，由下列有监护能力的人按顺序担任监护人：

（一）祖父母、外祖父母；

（二）兄、姐；

（三）其他愿意担任监护人的个人或者组织，但是须经未成年人住所地的居民委员会、村民委员会或者民政部门同意。

> **注释**　监护是保障无民事行为能力人和限制民事行为能力人的权益，弥补其民事行为能力不足的法律制度。被监护人包括两类：一类是未成年人；另一类是无民事行为能力和限制民事行为能力的成年人。
>
> 父母是未成年人的监护人。只有在父母死亡或者没有监护能力的情况下，才可以由其他个人或者有关组织担任监护人。

第二十八条　**【非完全民事行为能力成年人的监护人】**无民事行为能力或者限制民事行为能力的成年人，由下列有监护能力的人按顺序担任监护人：

（一）配偶；

（二）父母、子女；

（三）其他近亲属；

（四）其他愿意担任监护人的个人或者组织，但是须经被监护人住所地的居民委员会、村民委员会或者民政部门同意。

> **注释**　本条规定的需要设立监护人的成年人为无民事行为能力人或者限制民事行为能力人，包括因智力、精神障碍以及因年老、疾病等各种原因，导致辨识能力不足的成年人。

第二十九条　**【遗嘱指定监护】**被监护人的父母担任监护人的，可以通过遗嘱指定监护人。

> **注释**　依据本条规定，被监护人（包括未成年人、无民事行为能力或者限制民事行为能力的成年人）的父母可以通过立遗嘱的形式为被监护人指定监护人，但前提是被监护人的父母正在担任着监护人。父母如果因丧失监护能力没有担任监护人，或者因侵害被

监护人合法权益被撤销监护人资格等不再担任监护人的，已不宜再通过立遗嘱的形式为被监护人指定监护人。

关于遗嘱指定监护与法定监护的关系，一般来说，遗嘱指定监护具有优先地位。遗嘱指定监护是父母通过立遗嘱选择值得信任并对保护被监护人权益最为有利的人担任监护人，应当优先于本法第27条、第28条规定的法定监护。遗嘱指定监护指定的监护人，也应当不限于本法第27条、第28条规定的具有监护资格的人。但是，遗嘱指定的监护人应当具有监护能力，能够履行监护职责。如果遗嘱指定后，客观情况发生变化，遗嘱指定的监护人因患病等原因丧失监护能力，或者因出国等各种原因不能够履行监护职责，就不能执行遗嘱指定监护，应当依法另行确定监护人。担任监护人的被监护人父母通过遗嘱指定监护人，遗嘱生效时被指定的人不同意担任监护人的，人民法院应当适用本法第27条、第28条的规定确定监护人。

参见　《总则编解释》①　第7条

……

第三十四条　**【监护职责及临时生活照料】**监护人的职责是代理被监护人实施民事法律行为，保护被监护人的人身权利、财产权利以及其他合法权益等。

监护人依法履行监护职责产生的权利，受法律保护。

监护人不履行监护职责或者侵害被监护人合法权益的，应当承担法律责任。

因发生突发事件等紧急情况，监护人暂时无法履行监护职责，被监护人的生活处于无人照料状态的，被监护人住所地的居民委员会、村民委员会或者民政部门应当为被监护人安排必要的临时生活照料措施。

---

①　编者注：本书将《最高人民法院关于适用〈中华人民共和国民法典〉总则编若干问题的解释》简称为《总则编解释》。

相关单行法对监护人因履行监护职责所产生的权利作出规定。《母婴保健法》第 19 条规定，依照本法规定施行终止妊娠或者结扎手术，本人无行为能力的，应当经其监护人同意，并签署意见。

第三十五条 **【履行监护职责应遵循的原则】**监护人应当按照最有利于被监护人的原则履行监护职责。监护人除为维护被监护人利益外，不得处分被监护人的财产。

未成年人的监护人履行监护职责，在作出与被监护人利益有关的决定时，应当根据被监护人的年龄和智力状况，尊重被监护人的真实意愿。

成年人的监护人履行监护职责，应当最大程度地尊重被监护人的真实意愿，保障并协助被监护人实施与其智力、精神健康状况相适应的民事法律行为。对被监护人有能力独立处理的事务，监护人不得干涉。

第三十六条 **【监护人资格的撤销】**监护人有下列情形之一的，人民法院根据有关个人或者组织的申请，撤销其监护资格，安排必要的临时监护措施，并按照最有利于被监护人的原则依法指定监护人：

（一）实施严重损害被监护人身心健康的行为；

（二）怠于履行监护职责，或者无法履行监护职责且拒绝将监护职责部分或者全部委托给他人，导致被监护人处于危困状态；

（三）实施严重侵害被监护人合法权益的其他行为。

本条规定的有关个人、组织包括：其他依法具有监护资格的人，居民委员会、村民委员会、学校、医疗机构、妇女联合会、残疾人联合会、未成年人保护组织、依法设立的老年人组织、民政部门等。

前款规定的个人和民政部门以外的组织未及时向人民法院申请撤销监护人资格的，民政部门应当向人民法院申请。

注释 实施严重损害被监护人身心健康行为的，包括性侵害、出卖、遗弃、虐待、暴力伤害被监护人等。

参见 《总则编解释》第 9—11 条

第三十七条 【监护人资格撤销后的义务】 依法负担被监护人抚养费、赡养费、扶养费的父母、子女、配偶等，被人民法院撤销监护人资格后，应当继续履行负担的义务。

> **注释** 实践中，监护人往往由父母、子女、配偶等法定扶养义务人担任。监护人被撤销监护人资格后，就不能再继续履行监护职责。但法定扶养义务是基于血缘、婚姻等关系确立的法律义务，该义务不因监护人资格的撤销而免除。

第三十八条 【监护人资格的恢复】 被监护人的父母或者子女被人民法院撤销监护人资格后，除对被监护人实施故意犯罪的外，确有悔改表现的，经其申请，人民法院可以在尊重被监护人真实意愿的前提下，视情况恢复其监护人资格，人民法院指定的监护人与被监护人的监护关系同时终止。

第三十九条 【监护关系的终止】 有下列情形之一的，监护关系终止：

（一）被监护人取得或者恢复完全民事行为能力；

（二）监护人丧失监护能力；

（三）被监护人或者监护人死亡；

（四）人民法院认定监护关系终止的其他情形。

监护关系终止后，被监护人仍然需要监护的，应当依法另行确定监护人。

> **参见** 《总则编解释》第12条

......

第五十五条 【农村承包经营户】 农村集体经济组织的成员，依法取得农村土地承包经营权，从事家庭承包经营的，为农村承包经营户。

> **注释** 农村土地家庭承包的承包方是本集体经济组织的农户。农户是农村中以血缘和婚姻关系为基础组成的农村最基本的社会单位。它既是独立的生活单位，又是独立的生产单位。作为生产单位

的农户，一般是依靠家庭成员的劳动进行农业生产与经营活动的。对农村土地实行家庭承包的，农户成为农村集体经济中一个独立的经营层次，是农村从事生产经营活动的基本单位。以户为生产经营单位，与一般的自然人个人作为民事主体有所区别，但又不同于非法人组织这类民事主体。因此法律对其单独进行规定，即农村集体经济组织的成员，依法取得农村土地承包经营权，从事家庭承包经营的，为农村承包经营户。

参见　《农村土地承包法》第5、16条

第五十六条　【"两户"的债务承担】 个体工商户的债务，个人经营的，以个人财产承担；家庭经营的，以家庭财产承担；无法区分的，以家庭财产承担。

农村承包经营户的债务，以从事农村土地承包经营的农户财产承担；事实上由农户部分成员经营的，以该部分成员的财产承担。

注释　对于实践中无法区分是个人经营还是家庭经营，是个人投资还是家庭投资，是个人享用经营收益还是家庭共同享用经营收益，进而确定债务是以个人财产承担还是以家庭财产承担的问题，司法实践中一般有以下认定标准：（1）以公民个人名义申请登记的个体工商户，用家庭共有财产投资，或者收益的主要部分供家庭成员享用的，其债务应以家庭共有财产清偿。（2）夫妻关系存续期间，一方从事个体经营，其收入为夫妻共有财产，债务亦应以夫妻共有财产清偿。此外，个体工商户的债务，如以其家庭共有财产承担责任，应当保留家庭成员的生活必需品和必要的生产工具。

……

第二百四十三条　【征收】 为了公共利益的需要，依照法律规定的权限和程序可以征收集体所有的土地和组织、个人的房屋以及其他不动产。

征收集体所有的土地，应当依法及时足额支付土地补偿费、安置补助费以及农村村民住宅、其他地上附着物和青苗等的补偿费用，并安排被征地农民的社会保障费用，保障被征地农民的生活，维护

被征地农民的合法权益。

征收组织、个人的房屋以及其他不动产，应当依法给予征收补偿，维护被征收人的合法权益；征收个人住宅的，还应当保障被征收人的居住条件。

任何组织或者个人不得贪污、挪用、私分、截留、拖欠征收补偿费等费用。

……

第二百六十一条 【农民集体所有财产归属及重大事项集体决定】农民集体所有的不动产和动产，属于本集体成员集体所有。

下列事项应当依照法定程序经本集体成员决定：

（一）土地承包方案以及将土地发包给本集体以外的组织或者个人承包；

（二）个别土地承包经营权人之间承包地的调整；

（三）土地补偿费等费用的使用、分配办法；

（四）集体出资的企业的所有权变动等事项；

（五）法律规定的其他事项。

……

第十一章　土地承包经营权

第三百三十条 【农村土地承包经营】农村集体经济组织实行家庭承包经营为基础、统分结合的双层经营体制。

农民集体所有和国家所有由农民集体使用的耕地、林地、草地以及其他用于农业的土地，依法实行土地承包经营制度。

第三百三十一条 【土地承包经营权内容】土地承包经营权人依法对其承包经营的耕地、林地、草地等享有占有、使用和收益的权利，有权从事种植业、林业、畜牧业等农业生产。

第三百三十二条 【土地的承包期限】耕地的承包期为三十年。草地的承包期为三十年至五十年。林地的承包期为三十年至七十年。

前款规定的承包期限届满，由土地承包经营权人依照农村土地承包的法律规定继续承包。

第三百三十三条 【土地承包经营权的设立与登记】土地承包经营权自土地承包经营权合同生效时设立。

登记机构应当向土地承包经营权人发放土地承包经营权证、林权证等证书，并登记造册，确认土地承包经营权。

注释 土地承包经营权合同生效后，发包方不得因承办人或者负责人的变动而变更或者解除，也不得因集体经济组织的分立或者合并而变更或者解除。

参见 《农村土地承包法》第22—24条

第三百三十四条 【土地承包经营权的互换、转让】土地承包经营权人依照法律规定，有权将土地承包经营权互换、转让。未经依法批准，不得将承包地用于非农建设。

第三百三十五条 【土地承包经营权流转的登记对抗主义】土地承包经营权互换、转让的，当事人可以向登记机构申请登记；未经登记，不得对抗善意第三人。

第三百三十六条 【承包地的调整】承包期内发包人不得调整承包地。

因自然灾害严重毁损承包地等特殊情形，需要适当调整承包的耕地和草地的，应当依照农村土地承包的法律规定办理。

注释 承包期内，因自然灾害严重毁损承包地等特殊情形对个别农户之间承包的耕地和草地需要适当调整的，必须经本集体经济组织成员的村民会议2/3以上成员或者2/3以上村民代表的同意，并报乡（镇）人民政府和县级人民政府农业农村、林业和草原等主管部门批准。承包合同中约定不得调整的，按照其约定。

参见 《农村土地承包法》第28—31条

第三百三十七条 【承包地的收回】承包期内发包人不得收回承包地。法律另有规定的，依照其规定。

参见 《农村土地承包法》第27条

第三百三十八条　【征收承包地的补偿规则】承包地被征收的，土地承包经营权人有权依据本法第二百四十三条的规定获得相应补偿。

参见　《土地管理法》第47、48条；《农村土地承包法》第17条

第三百三十九条　【土地经营权的流转】土地承包经营权人可以自主决定依法采取出租、入股或者其他方式向他人流转土地经营权。

注释　本条是《民法典》为与《农村土地承包法》相衔接新增的条文，是对土地经营权流转的规定。

土地经营权，是建立在农村土地承包经营的"三权分置"制度之上的权利，即在农村土地集体所有权的基础上，设立土地承包经营权；再在土地承包经营权之上设立土地经营权，构成"三权分置"的农村土地权利结构。其中，土地所有权归属于农村集体经济组织所有，土地承包经营权归属于承包该土地的农民家庭享有。由于土地承包经营权流转性不强，因而在土地承包经营权之上，再设立一个土地经营权，属于土地承包经营权人享有的、可以进行较大范围流转并且能够保持土地承包经营权不变的用益物权。

参见　《农村土地承包法》第36条

第三百四十条　【土地经营权人的基本权利】土地经营权人有权在合同约定的期限内占有农村土地，自主开展农业生产经营并取得收益。

注释　由于土地经营权是建立在土地承包经营权之上的用益物权，其期限受到原来的用益物权即土地承包经营权期限的制约，因而土地经营权人的权利行使期限是在合同约定的期限内，即设置土地经营权的期限不得超过土地承包经营权的期限，土地承包经营权的期限受制于设置土地承包经营权合同的期限。在合同约定的期限内，土地经营权人享有用益物权的权能，即占有、使用、收益的权利，有权占有该农村土地，自主开展农业生产经营活动，获得收益。

第三百四十一条 【土地经营权的设立与登记】流转期限为五年以上的土地经营权，自流转合同生效时设立。当事人可以向登记机构申请土地经营权登记；未经登记，不得对抗善意第三人。

> **注释** 土地经营权作为用益物权，其设立的方式是出让方和受让方签订土地经营权出租、入股等合同，在合同中约定双方各自的权利义务。对于流转期限为五年以上的土地经营权，当该合同生效时土地经营权就设立，受让方取得土地经营权。对于土地经营权的登记问题，本条规定采登记对抗主义，即当事人可以向登记机构申请土地经营权登记，未经登记的，不得对抗善意第三人。

> **参见** 《农村土地承包法》第41条

第三百四十二条 【以其他方式承包取得的土地经营权流转】通过招标、拍卖、公开协商等方式承包农村土地，经依法登记取得权属证书的，可以依法采取出租、入股、抵押或者其他方式流转土地经营权。

> **参见** 《农村土地承包法》第48、49条

......

第十三章 宅基地使用权

第三百六十二条 【宅基地使用权内容】宅基地使用权人依法对集体所有的土地享有占有和使用的权利，有权依法利用该土地建造住宅及其附属设施。

第三百六十三条 【宅基地使用权的法律适用】宅基地使用权的取得、行使和转让，适用土地管理的法律和国家有关规定。

> **注释** 农村村民一户只能拥有一处宅基地，其宅基地的面积不得超过省、自治区、直辖市规定的标准。人均土地少、不能保障一户拥有一处宅基地的地区，县级人民政府在充分尊重农村村民意愿的基础上，可以采取措施，按照省、自治区、直辖市规定的标准保障农村村民实现户有所居。农村村民建住宅，应当符合乡（镇）

土地利用总体规划、村庄规划，不得占用永久基本农田，并尽量使用原有的宅基地和村内空闲地。编制乡（镇）土地利用总体规划、村庄规划应当统筹并合理安排宅基地用地，改善农村村民居住环境和条件。农村村民住宅用地，由乡（镇）人民政府审核批准；其中，涉及占用农用地的，依照《土地管理法》第44条的规定办理审批手续。农村村民出卖、出租、赠与住宅后，再申请宅基地的，不予批准。国家允许进城落户的农村村民依法自愿有偿退出宅基地，鼓励农村集体经济组织及其成员盘活利用闲置宅基地和闲置住宅。国务院农业农村主管部门负责全国农村宅基地改革和管理有关工作。

第三百六十四条 【宅基地灭失后的重新分配】宅基地因自然灾害等原因灭失的，宅基地使用权消灭。对失去宅基地的村民，应当依法重新分配宅基地。

第三百六十五条 【宅基地使用权的变更登记与注销登记】已经登记的宅基地使用权转让或者消灭的，应当及时办理变更登记或者注销登记。

……

第四编 人 格 权

第一章 一 般 规 定

第九百八十九条 【人格权编的调整范围】本编调整因人格权的享有和保护产生的民事关系。

注释 所谓人格权，一般认为，是指民事主体对其特定的人格利益所享有的排除他人侵害，以维护和实现人身自由、人格尊严为目的的权利。本编调整范围所涉及的是人格权而非人格。人格，指的是民事主体享有民事权利、承担民事义务的法律资格。我国自民法通则以来，就严格区分了人格与人格权的概念，与"人格"相对应的概念是民事权利能力，而人格权是民事权利的一种，权利主体是具有民事权利能力的民事主体，不具有民事权利能力，就不享有人格权；

但人格权所涉及的是人格利益而非作为民事权利能力的人格。

本编是关于人格权的享有和保护的规定。而关于人格权的救济方面，在侵权责任编对侵害民事权利的一般救济规则作出规定的基础上，本编就人格权保护的特殊救济方式作出了规定。

第九百九十条 **【人格权类型】**人格权是民事主体享有的生命权、身体权、健康权、姓名权、名称权、肖像权、名誉权、荣誉权、隐私权等权利。

除前款规定的人格权外，自然人享有基于人身自由、人格尊严产生的其他人格权益。

第九百九十一条 **【人格权受法律保护】**民事主体的人格权受法律保护，任何组织或者个人不得侵害。

参见 《个人信息保护法》

第九百九十二条 **【人格权不得放弃、转让、继承】**人格权不得放弃、转让或者继承。

第九百九十三条 **【人格利益的许可使用】**民事主体可以将自己的姓名、名称、肖像等许可他人使用，但是依照法律规定或者根据其性质不得许可的除外。

第九百九十四条 **【死者人格利益保护】**死者的姓名、肖像、名誉、荣誉、隐私、遗体等受到侵害的，其配偶、子女、父母有权依法请求行为人承担民事责任；死者没有配偶、子女且父母已经死亡的，其他近亲属有权依法请求行为人承担民事责任。

第九百九十五条 **【人格权保护的请求权】**人格权受到侵害的，受害人有权依照本法和其他法律的规定请求行为人承担民事责任。受害人的停止侵害、排除妨碍、消除危险、消除影响、恢复名誉、赔礼道歉请求权，不适用诉讼时效的规定。

第九百九十六条 **【人格权责任竞合下的精神损害赔偿】**因当事人一方的违约行为，损害对方人格权并造成严重精神损害，受损害方选择请求其承担违约责任的，不影响受损害方请求精神损害赔偿。

注释 适用本条时需注意：（1）存在损害人格权的违约责任和侵权责任的竞合。这要求当事人一方的违约行为同时构成了损害对方人格权的侵权行为。如果当事人一方的违约行为造成了精神损害，但违约行为本身并不符合侵权行为的相关要件，无须承担侵权责任，则不适用本条规定。例如，旅游合同中，当事人一方违约并未造成旅游者人身损害，而仅仅是导致旅游者无益地度过假期，此时并不构成损害旅游者人格权的侵权责任，则不适用本条规定。（2）因当事人一方的违约行为损害对方自然人的人格权并造成严重精神损害，偶尔的痛苦和不高兴不能认为是严重精神损害。（3）受损害方选择请求违约方承担违约责任。受损害方应当证明行为人不履行合同义务或者履行合同义务不符合约定，同时也应当证明行为人的违约行为损害了自己的人格权并造成严重精神损害。确定精神损害赔偿的数额时，应当考虑行为人的主观过错程度、侵害的手段、场合、行为方式等具体情节，侵权行为所造成的后果等情形。

参见 《最高人民法院关于审理旅游纠纷案件适用法律若干问题的规定》第 7 条

第九百九十七条　【申请法院责令停止侵害】民事主体有证据证明行为人正在实施或者即将实施侵害其人格权的违法行为，不及时制止将使其合法权益受到难以弥补的损害的，有权依法向人民法院申请采取责令行为人停止有关行为的措施。

注释 禁令就是禁止实施某种行为的命令。侵害人格权的禁令，是人民法院发出的禁止行为人实施有可能侵害他人人格权的违法行为的命令。这种命令有强制性，受禁令禁止的行为人，必须遵从禁令的要求，停止实施或不得实施被禁令禁止的行为。违反者，应当承担民事责任。

对行为人发出禁令的要件是：（1）民事主体有证据证明行为人正在实施，或者即将实施某种行为；（2）该种行为能够侵害受害人的人格权；（3）不及时制止将会使受害人的合法权益受到难以弥补的损害；（4）受害人须向人民法院请求发布禁令。符合上述要件的，人民法院应当对行为人发布禁令，行为人受到该禁令的拘束。

第九百九十八条 【认定行为人承担责任时的考量因素】认定行为人承担侵害除生命权、身体权和健康权外的人格权的民事责任，应当考虑行为人和受害人的职业、影响范围、过错程度，以及行为的目的、方式、后果等因素。

注释 保护人格权是宪法尊重和保障人权的要求。但是，如果对人格权的保护过于绝对和宽泛，则难免会产生与其他权利，如新闻报道权等的冲突。在个案和具体情形中应当对人格权保护的价值和其他价值进行综合权衡，本条正是基于此的规定。生命权、身体权和健康权是自然人赖以生存的最基本的人格权，具有特殊性和最重要性，对这些权利应当进行最高限度的保护。据此，本条排除了在认定侵害生命权、身体权和健康权是否需要承担民事责任时的权衡，体现了对此类人格权的特殊保护。

第九百九十九条 【人格利益的合理使用】为公共利益实施新闻报道、舆论监督等行为的，可以合理使用民事主体的姓名、名称、肖像、个人信息等；使用不合理侵害民事主体人格权的，应当依法承担民事责任。

第一千条 【消除影响、恢复名誉、赔礼道歉责任方式】行为人因侵害人格权承担消除影响、恢复名誉、赔礼道歉等民事责任的，应当与行为的具体方式和造成的影响范围相当。

行为人拒不承担前款规定的民事责任的，人民法院可以采取在报刊、网络等媒体上发布公告或者公布生效裁判文书等方式执行，产生的费用由行为人负担。

注释 消除影响、恢复名誉，是指人民法院根据被侵权人的请求，责令行为人在一定范围内采取适当方式消除对受害人名誉的不利影响，以使其名誉得到恢复的一种责任方式。具体适用消除影响、恢复名誉，要根据侵害行为所造成的影响和受害人名誉受损的后果决定。处理的原则是，行为人应当根据造成不良影响的大小，采取程度不同的措施给受害人消除不良影响。消除影响、恢复名誉主要适用于侵害名誉权等情形，一般不适用于侵犯隐私权的情形。

赔礼道歉，是指行为人通过口头、书面或者其他方式向受害人进行道歉，以取得谅解的一种责任方式。赔礼道歉主要适用于侵害名誉权、荣誉权、隐私权、姓名权、肖像权等人格权的情形。赔礼道歉可以是公开的，也可以私下进行；可以口头方式进行，也可以书面方式进行，具体采用什么形式由人民法院依据案件的具体情况决定。

行为人因侵害人格权承担消除影响、恢复名誉、赔礼道歉等民事责任的，应当与行为的具体方式和造成的影响范围相当：首先，在是否适用这些民事责任时，应当考虑到侵害人格权行为的具体方式和造成的影响范围。在考虑行为的具体方式和造成的影响范围时，还应当将被侵权人的心理感受及所受煎熬、痛苦的程度纳入考虑范围。例如，如果被侵权人极度痛苦，而消除影响和恢复名誉这些责任方式还不足够，可以判决行为人承担赔礼道歉这种民事责任。其次，这些民事责任的具体方式也应当考量行为的具体方式和造成的影响范围。通常情况下，如果是在特定单位内传播侵害人格权的信息的，应当在特定单位内予以消除影响、恢复名誉、赔礼道歉。如果是在特定网络媒体上传播侵权信息的，应当在该网络媒体上予以澄清事实；而在特定网络媒体上传播的侵权信息又被其他网络媒体转载的，也可以考虑在其他网络媒体上予以澄清事实。

本条第2款规定了在行为人拒不承担消除影响、恢复名誉、赔礼道歉的民事责任时，人民法院可以依职权主动采取的执行方式，即在报刊、网络等媒体上发布公告或者公布生效裁判文书等。发布公告，可以是受害人发表谴责公告或者人民法院发布判决情况的公告，但一般不采取受害人或者人民法院以被告名义拟定道歉启事并予以公布这种道歉广告或者道歉启事的方式。公布裁判文书，可以是全部公布，也可以是摘要公布。人民法院采取前述执行方式所产生的费用，都由侵害人格权的行为人承担。

第一千零一条　【自然人身份权利保护的参照】 对自然人因婚姻家庭关系等产生的身份权利的保护，适用本法第一编、第五编和其他法律的相关规定；没有规定的，可以根据其性质参照适用本编人格权保护的有关规定。

第二章　生命权、身体权和健康权

第一千零二条　**【生命权】**自然人享有生命权。自然人的生命安全和生命尊严受法律保护。任何组织或者个人不得侵害他人的生命权。

第一千零三条　**【身体权】**自然人享有身体权。自然人的身体完整和行动自由受法律保护。任何组织或者个人不得侵害他人的身体权。

注释　身体权与生命权、健康权密切相关，侵害自然人的身体往往导致对自然人健康的损害，甚至剥夺自然人的生命。但生命权、健康权和身体权所保护的自然人的具体人格利益有区别，生命权主要保护的是自然人生命的延续，健康权主要保护身体各组织及整体功能正常，而身体权则主要保护身体组织的完整。当侵害自然人的身体但未侵害其组织和功能正常时，侵害的仅是自然人的身体权，而非健康权。例如，甲未经乙同意突然将乙的长头发剪断，此时乙的身体组织和功能正常并未受到侵害，但甲侵害了乙对自己身体组织保持完整的权利，侵害了乙的身体权。

侵害身体权的行为是多样的。身体包括头颈、躯干、四肢、器官以及毛发指甲等各种人体细胞、人体组织、人体器官等。对固定于身体成为身体组成部分、与其他组成部分结合一起发挥功能，而不能自由卸取的人工附加部分的侵害，也可认定构成侵害身体权。造成严重精神损害的，受害人可以依法请求精神损害赔偿。

第一千零四条　**【健康权】**自然人享有健康权。自然人的身心健康受法律保护。任何组织或者个人不得侵害他人的健康权。

注释　健康权，是指自然人以自己的机体生理机能的正常运作和功能的完善发挥，维持人体生命活动的利益为内容的具体人格权。

案例　尹某军诉颜某奎健康权、身体权纠纷案（《最高人民法院公报》2019 年第 3 期）

案件适用要点：刑事案件的受害人因犯罪行为受到身体伤害，

未提起刑事附带民事诉讼，而是另行提起民事侵权诉讼的，关于残疾赔偿金是否属于物质损失范畴的问题，刑事诉讼法及司法解释没有明确规定。刑事案件受害人因犯罪行为造成残疾的，今后的生活和工作必然受到影响，导致劳动能力下降，造成生活成本增加，进而变相地减少物质收入，故残疾赔偿金应属于物质损失的范畴，应予赔偿。

第一千零五条　【法定救助义务】自然人的生命权、身体权、健康权受到侵害或者处于其他危难情形的，负有法定救助义务的组织或者个人应当及时施救。

> **注释**　本条规定的法定救助义务保护的范围限于生命权、身体权、健康权，其他人格权不在此限。基于特殊身份关系会衍生相互扶持、救助等义务：一是监护人的救助义务，二是亲属的救助义务，如丈夫对妻子的救助义务。

第一千零六条　【人体捐献】完全民事行为能力人有权依法自主决定无偿捐献其人体细胞、人体组织、人体器官、遗体。任何组织或者个人不得强迫、欺骗、利诱其捐献。

完全民事行为能力人依据前款规定同意捐献的，应当采用书面形式，也可以订立遗嘱。

自然人生前未表示不同意捐献的，该自然人死亡后，其配偶、成年子女、父母可以共同决定捐献，决定捐献应当采用书面形式。

第一千零七条　【禁止买卖人体细胞、组织、器官和遗体】禁止以任何形式买卖人体细胞、人体组织、人体器官、遗体。

违反前款规定的买卖行为无效。

> **注释**　本条是对禁止买卖人体组成部分的规定。任何人体细胞、人体组织、人体器官以及遗体，都是人的身体组成部分，或者是人的身体的变异物，都不是交易的对象。出于救助他人的高尚目的，自然人可以将自己的身体组成部分或者遗体捐献给他人或者公益组织，但这不是买卖。进行人体细胞、人体组织、人体器官或者遗体的买卖行为，是违法行为。任何买卖人体细胞、人

体组织、人体器官以及遗体的行为，都是无效的行为，都在被禁止之列。

参见　《刑法》第 234 条之一

第一千零八条　【人体临床试验】为研制新药、医疗器械或者发展新的预防和治疗方法，需要进行临床试验的，应当依法经相关主管部门批准并经伦理委员会审查同意，向受试者或者受试者的监护人告知试验目的、用途和可能产生的风险等详细情况，并经其书面同意。

进行临床试验的，不得向受试者收取试验费用。

第一千零九条　【从事人体基因、胚胎等医学和科研活动的法定限制】从事与人体基因、人体胚胎等有关的医学和科研活动，应当遵守法律、行政法规和国家有关规定，不得危害人体健康，不得违背伦理道德，不得损害公共利益。

第一千零一十条　【性骚扰】违背他人意愿，以言语、文字、图像、肢体行为等方式对他人实施性骚扰的，受害人有权依法请求行为人承担民事责任。

机关、企业、学校等单位应当采取合理的预防、受理投诉、调查处置等措施，防止和制止利用职权、从属关系等实施性骚扰。

注释　本条直接规定的是对性骚扰行为的规制办法。性骚扰行为，是行为人违背权利人的意志，实施性交之外的侵害权利人性自主权的行为。为了更好地保护被骚扰人的利益，只要违背被骚扰人意愿对其实施性骚扰，不需要被骚扰人明确反对，也可以认定构成性骚扰。

第一千零一十一条　【非法剥夺、限制他人行动自由和非法搜查他人身体】以非法拘禁等方式剥夺、限制他人的行动自由，或者非法搜查他人身体的，受害人有权依法请求行为人承担民事责任。

第三章　姓名权和名称权

第一千零一十二条　【姓名权】自然人享有姓名权，有权依法决定、使用、变更或者许可他人使用自己的姓名，但是不得违背公序良俗。

> **注释** 姓名的法律意义主要在于，使一个自然人与其他自然人区别开来。在一定意义上姓名是主体存在的标志，也是自然人从事民事活动，行使法律赋予的各种权利和承担相应义务的前提条件。法律上的姓名不仅包括正式的登记姓名，而且包括其他类似于姓名的笔名、艺名、绰号、网名等非正式姓名。姓名权是自然人在不违背公序良俗的情况下，依法决定、使用和变更或者许可他人使用自己姓名，并排除他人以干涉、盗用、假冒等方式侵害的权利。

第一千零一十三条 【名称权】法人、非法人组织享有名称权，有权依法决定、使用、变更、转让或者许可他人使用自己的名称。

第一千零一十四条 【禁止侵害他人的姓名或名称】任何组织或者个人不得以干涉、盗用、假冒等方式侵害他人的姓名权或者名称权。

第一千零一十五条 【自然人姓氏的选取】自然人应当随父姓或者母姓，但是有下列情形之一的，可以在父姓和母姓之外选取姓氏：

（一）选取其他直系长辈血亲的姓氏；

（二）因由法定扶养人以外的人扶养而选取扶养人姓氏；

（三）有不违背公序良俗的其他正当理由。

少数民族自然人的姓氏可以遵从本民族的文化传统和风俗习惯。

> **注释** 子女随父姓或者母姓是一般规则，至于随父姓的血缘传承，还是随母姓的血缘传承，则可以选择。实践中随父姓的居多。父母不得因子女变更姓氏而拒付子女抚养费。父或母擅自将子女姓氏改为继母或继父姓氏而引起纠纷的，应责令恢复原姓氏。

> **参见** 《最高人民法院关于适用〈中华人民共和国民法典〉婚姻家庭编的解释（一）》第59条

> **案例** "北雁云依"诉济南市公安局历下区分局燕山派出所公安行政登记案（最高人民法院指导案例89号）

> **案件适用要点：**公民选取或创设姓氏应当符合中华传统文化和

伦理观念。仅凭个人喜好和愿望在父姓、母姓之外选取其他姓氏或者创设新的姓氏，不属于有不违反公序良俗的其他正当理由。

第一千零一十六条　【决定、变更姓名、名称及转让名称的规定】自然人决定、变更姓名，或者法人、非法人组织决定、变更、转让名称的，应当依法向有关机关办理登记手续，但是法律另有规定的除外。

民事主体变更姓名、名称的，变更前实施的民事法律行为对其具有法律约束力。

第一千零一十七条　【姓名与名称的扩展保护】具有一定社会知名度，被他人使用足以造成公众混淆的笔名、艺名、网名、译名、字号、姓名和名称的简称等，参照适用姓名权和名称权保护的有关规定。

第四章　肖　像　权

第一千零一十八条　【肖像权及肖像】自然人享有肖像权，有权依法制作、使用、公开或者许可他人使用自己的肖像。

肖像是通过影像、雕塑、绘画等方式在一定载体上所反映的特定自然人可以被识别的外部形象。

> **注释**　肖像权，是指自然人以在自己的肖像上所体现的人格利益为内容，享有的依法制作、使用、公开或者许可他人使用自己肖像的具体人格权。
>
> 肖像的概念，本条第2款明确界定为"是通过影像、雕塑、绘画等方式在一定载体上所反映的特定自然人可以被识别的外部形象"。肖像的要素是：（1）表现方法是艺术或技术手段，如影像、雕塑、绘画等；（2）须固定在一定的载体之上，而不是镜中影、水中形；（3）可被识别，肖像具有人格标识的作用，可以通过固定在载体上的形象区分本人与他人人格特征的不同，不具有可识别性的形象就不是肖像；（4）自然人的外部形象，这个要素有些宽泛，因为通常界定肖像是"以面部形象为主的形象"，这里使用外部形象，

并不专指肖像，而且也包含了"形象权"的概念，如可供识别的自然人的手、脚、背的外部形象。

第一千零一十九条 【肖像权的保护】任何组织或者个人不得以丑化、污损，或者利用信息技术手段伪造等方式侵害他人的肖像权。未经肖像权人同意，不得制作、使用、公开肖像权人的肖像，但是法律另有规定的除外。

未经肖像权人同意，肖像作品权利人不得以发表、复制、发行、出租、展览等方式使用或者公开肖像权人的肖像。

第一千零二十条 【肖像权的合理使用】合理实施下列行为的，可以不经肖像权人同意：

（一）为个人学习、艺术欣赏、课堂教学或者科学研究，在必要范围内使用肖像权人已经公开的肖像；

（二）为实施新闻报道，不可避免地制作、使用、公开肖像权人的肖像；

（三）为依法履行职责，国家机关在必要范围内制作、使用、公开肖像权人的肖像；

（四）为展示特定公共环境，不可避免地制作、使用、公开肖像权人的肖像；

（五）为维护公共利益或者肖像权人合法权益，制作、使用、公开肖像权人的肖像的其他行为。

第一千零二十一条 【肖像许可使用合同的解释】当事人对肖像许可使用合同中关于肖像使用条款的理解有争议的，应当作出有利于肖像权人的解释。

第一千零二十二条 【肖像许可使用合同期限】当事人对肖像许可使用期限没有约定或者约定不明确的，任何一方当事人可以随时解除肖像许可使用合同，但是应当在合理期限之前通知对方。

当事人对肖像许可使用期限有明确约定，肖像权人有正当理由的，可以解除肖像许可使用合同，但是应当在合理期限之前通知对方。因解除合同造成对方损失的，除不可归责于肖像权人的事由外，应当赔偿损失。

第一千零二十三条 **【姓名、声音等的许可使用参照肖像许可使用】** 对姓名等的许可使用，参照适用肖像许可使用的有关规定。

对自然人声音的保护，参照适用肖像权保护的有关规定。

第五章 名誉权和荣誉权

第一千零二十四条 **【名誉权及名誉】** 民事主体享有名誉权。任何组织或者个人不得以侮辱、诽谤等方式侵害他人的名誉权。

名誉是对民事主体的品德、声望、才能、信用等的社会评价。

案例 陈某某诉莫某兰、莫某明、邹某丽侵犯健康权、名誉权纠纷案（《最高人民法院公报》2015 年第 5 期）

案件适用要点： 公民享有名誉权，公民的人格尊严受法律保护，禁止用侮辱、诽谤等方式损害公民的名誉。国家保障未成年人的人身、财产和其他合法权益不受侵犯。行为人以未成年人违法为由对其作出侮辱行为，该行为对未成年人名誉造成一定影响的，属于名誉侵权行为，应依法承担相应责任。

第一千零二十五条 **【新闻报道、舆论监督与保护名誉权关系问题】** 行为人为公共利益实施新闻报道、舆论监督等行为，影响他人名誉的，不承担民事责任，但是有下列情形之一的除外：

（一）捏造、歪曲事实；

（二）对他人提供的严重失实内容未尽到合理核实义务；

（三）使用侮辱性言辞等贬损他人名誉。

注释 本条虽对实施新闻报道、舆论监督等行为规定了特别保护条款，但是实施新闻报道、舆论监督等行为并非在任何情况下都不承担民事责任。根据本条的规定，有下列情形之一的，实施新闻报道、舆论监督等行为的行为人仍应当承担民事责任：

1. 捏造、歪曲事实。客观真实是对新闻报道、舆论监督最基本的要求，若行为人在新闻报道、舆论监督中捏造或者歪曲事实，会对他人的名誉造成损害，实际上是滥用新闻报道、舆论监督的行为。比如，消费者对生产者、经营者、销售者的产品质量或者服务质量进行批评、评论，不应当认定为侵害他人名誉权。但借机诽谤、诋毁，损害其名誉的，应当认定为侵害名誉权。

2. 对他人提供的严重失实内容未尽到合理核实义务。此处强调的是对他人提供的"严重失实内容"未尽到合理核实义务。行为人若对他人提供的主要内容进行了合理审核，即使未对他人提供的非主要内容尽到合理审核义务，原则上也不承担民事责任。

3. 使用侮辱性言辞等贬损他人名誉。如果行为人从事新闻报道、舆论监督时报道或者反映的情况虽然都是真实的，但是在陈述该事实时却使用了侮辱性的言语，也应当承担民事责任。

> **参见** 《最高人民法院关于审理利用信息网络侵害人身权益民事纠纷案件适用法律若干问题的规定》第8条

第一千零二十六条 【认定是否尽到合理核实义务的考虑因素】认定行为人是否尽到前条第二项规定的合理核实义务，应当考虑下列因素：

（一）内容来源的可信度；

（二）对明显可能引发争议的内容是否进行了必要的调查；

（三）内容的时限性；

（四）内容与公序良俗的关联性；

（五）受害人名誉受贬损的可能性；

（六）核实能力和核实成本。

第一千零二十七条 【文学、艺术作品侵害名誉权的认定与例外】行为人发表的文学、艺术作品以真人真事或者特定人为描述对象，含有侮辱、诽谤内容，侵害他人名誉权的，受害人有权依法请求该行为人承担民事责任。

行为人发表的文学、艺术作品不以特定人为描述对象，仅其中的情节与该特定人的情况相似的，不承担民事责任。

> **注释** 本条是对文学、艺术作品侵害名誉权责任的规定。考虑到文学、艺术作品的多样性，本条区分两种情况作了规定：
>
> 1. 行为人发表的文学、艺术作品以真人真事或者特定人为描述对象的情形。这主要是针对依赖于原型人物和现有事实创作出来的

纪实类作品。由于这类作品是以真人真事或者特定人为描述对象，所以只要作品的描述以事实为基础，原则上不会构成名誉权侵权。但是，若行为人发表的文学、艺术作品虽以真人真事或者特定人为描述对象，使用的也是被描述对象的真实姓名、真实地址，却以谣言和捏造的事实为基础，对被描述对象进行侮辱、诽谤，从而造成其社会评价降低的，作者也应当依法承担民事责任。

2. 行为人发表的文学、艺术作品不以特定人为描述对象的情形。这主要是针对作者创作的以想象虚构为主的小说等文学、艺术作品。由于这类作品是以想象虚构的内容为基础创作的，没有使用真人真姓，并不是以特定人为描述对象，所以就很难对某人的名誉权造成侵害，即使是该作品中的情节与某特定人的情况相似的，也不构成侵害名誉权。也就是说，行为人发表的文学、艺术作品不以特定人为描述对象，仅是其中的情节与某人相似的情况下，不宜对号入座，不构成名誉权侵害。基于此，本条第2款规定，行为人发表的文学、艺术作品不以特定人为描述对象，仅其中的情节与该特定人的情况相似的，不承担侵权责任。现实生活是复杂多样的，作品创作也是如此，有的作品虽没有指名道姓，但一般读者通过阅读不可避免地会将作品中的人物与现实中的某一特定人"对号入座"的，此时就不构成本款所规定的"不以特定人为描述对象"条件，这种情形不应适用本款的规定，而应适用本条第1款的规定。因此，判断某一作品是否不以特定人为描述对象，关键不在于该作品是否指名道姓，而要从实质上认定该作品所描述的对象是否合理地指向现实中的真实人物。

第一千零二十八条 【名誉权人更正权】民事主体有证据证明报刊、网络等媒体报道的内容失实，侵害其名誉权的，有权请求该媒体及时采取更正或者删除等必要措施。

注释 本条规定与本法第1025条第2项规定相衔接。报刊、网络等媒体报道的内容失实，侵害他人名誉权的，负有的义务是及时更正和删除。

第一千零二十九条 【信用评价】民事主体可以依法查询自己

的信用评价；发现信用评价不当的，有权提出异议并请求采取更正、删除等必要措施。信用评价人应当及时核查，经核查属实的，应当及时采取必要措施。

第一千零三十条 【处理信用信息的法律适用】民事主体与征信机构等信用信息处理者之间的关系，适用本编有关个人信息保护的规定和其他法律、行政法规的有关规定。

第一千零三十一条 【荣誉权】民事主体享有荣誉权。任何组织或者个人不得非法剥夺他人的荣誉称号，不得诋毁、贬损他人的荣誉。

获得的荣誉称号应当记载而没有记载的，民事主体可以请求记载；获得的荣誉称号记载错误的，民事主体可以请求更正。

第六章 隐私权和个人信息保护

第一千零三十二条 【隐私权及隐私】自然人享有隐私权。任何组织或者个人不得以刺探、侵扰、泄露、公开等方式侵害他人的隐私权。

隐私是自然人的私人生活安宁和不愿为他人知晓的私密空间、私密活动、私密信息。

注释 隐私权是自然人享有的人格权，是指自然人对享有的私人生活安宁和不愿为他人知晓的私密空间、私密活动和私密信息等私生活安全利益自主进行支配和控制，不受他人侵扰的具体人格权。

案例 庞某鹏诉某航空股份有限公司、某信息技术有限公司隐私权纠纷案（最高人民法院发布第一批涉互联网典型案例）

案件适用要点：公民的姓名、电话号码及行程安排等事项属于个人信息。在大数据时代，信息的收集和匹配成本越来越低，原来单个的、孤立的、可以公示的个人信息一旦被收集、提取和综合，就完全可以与特定的个人相匹配，从而形成某一特定个人详细准确的整体信息。基于合理事由掌握上述整体信息的组织或个人应积极地、谨慎地采取有效措施防止信息泄露。任何人未经权利人的允许，都不得扩散和不当利用能够指向特定个人的整体信息，而整体信息也因包含了隐私而整体上成为隐私信息，可以通过隐私权纠纷寻求救济。

本案中，庞某鹏被泄露的信息包括姓名、尾号××49手机号、行程安排等，其行程安排无疑属于私人活动信息，应该属于隐私信息，可以通过本案的隐私权纠纷主张救济。从收集证据的资金、技术等成本上看，作为普通人的庞某鹏根本不具备对航空公司、信息公司内部数据信息管理是否存在漏洞等情况进行举证证明的能力。因此，客观上，法律不能也不应要求庞某鹏证明必定是航空公司或信息公司泄露了其隐私信息。航空公司和信息公司均未证明涉案信息泄露归因于他人，或黑客攻击，抑或是庞某鹏本人。法院在排除其他泄露隐私信息可能性的前提下，结合本案证据认定上述两公司存在过错。航空公司和信息公司作为各自行业的知名企业，一方面因其经营性质掌握了大量的个人信息，另一方面亦有相应的能力保护好消费者的个人信息免受泄露，这既是其社会责任，也是其应尽的法律义务。本案泄露事件的发生，是由于航空公司、网络购票平台疏于防范导致的结果，因而可以认定其具有过错，应承担侵权责任。综上所述，本案的审理对个人信息保护以及隐私权侵权的认定进行了充分论证，兼顾了隐私权保护及信息传播的衡平。

第一千零三十三条　【侵害隐私权的行为】除法律另有规定或者权利人明确同意外，任何组织或者个人不得实施下列行为：

（一）以电话、短信、即时通讯工具、电子邮件、传单等方式侵扰他人的私人生活安宁；

（二）进入、拍摄、窥视他人的住宅、宾馆房间等私密空间；

（三）拍摄、窥视、窃听、公开他人的私密活动；

（四）拍摄、窥视他人身体的私密部位；

（五）处理他人的私密信息；

（六）以其他方式侵害他人的隐私权。

注释　任何组织或者个人作为隐私权的义务主体，都不得实施下列有关个人的私密空间、私密活动、私密部位、私密信息和私人生活安宁等侵害隐私权的行为：

1. 以电话、短信、即时通讯工具、电子邮件、传单等方式侵扰他人的私人生活安宁。私人生活安宁，是自然人享有的维持安稳宁静的私人生活状态，并排除他人不法侵扰，保持无形的精神需要的满足。以电话、短信、即时通讯工具、电子邮件、传单等方式侵扰个人的私人生活安宁，通常称为骚扰电话、骚扰短信、骚扰电邮等，侵害个人的私人生活安宁，构成侵害隐私权。

2. 进入、拍摄、窥视他人的住宅、宾馆房间等私密空间。隐私权保护的私密空间，包括具体的私密空间和抽象的私密空间。前者如个人住宅、宾馆房间、旅客行李、学生书包、个人通信等，后者如日记。

3. 拍摄、窥视、窃听、公开他人的私密活动。私密活动是一切个人的，与公共利益无关的活动，如日常生活、社会交往、夫妻生活等。对此进行拍摄、窥视、窃听、公开，都构成侵害私密活动。

4. 拍摄、窥视他人身体的私密部位。身体的私密部位也属于隐私，是身体隐私，如生殖器和性感部位。拍摄或者窥视他人身体私密部位，构成侵害隐私权。

5. 处理他人的私密信息。私密信息是关于自然人个人的隐私信息，获取、删除、公开、买卖他人的私密信息，构成侵害隐私权。

6. 以其他方式侵害他人的隐私权。这是兜底条款，凡是侵害私密信息、私密活动、私密空间、身体私密部位、私人生活安宁等的行为，都构成侵害隐私权。

第一千零三十四条　【个人信息保护】自然人的个人信息受法律保护。

个人信息是以电子或者其他方式记录的能够单独或者与其他信息结合识别特定自然人的各种信息，包括自然人的姓名、出生日期、身份证件号码、生物识别信息、住址、电话号码、电子邮箱、健康信息、行踪信息等。

个人信息中的私密信息，适用有关隐私权的规定；没有规定的，适用有关个人信息保护的规定。

第一千零三十五条　【个人信息处理的原则】处理个人信息的，应当遵循合法、正当、必要原则，不得过度处理，并符合下列条件：

（一）征得该自然人或者其监护人同意，但是法律、行政法规另有规定的除外；

（二）公开处理信息的规则；

（三）明示处理信息的目的、方式和范围；

（四）不违反法律、行政法规的规定和双方的约定。

个人信息的处理包括个人信息的收集、存储、使用、加工、传输、提供、公开等。

第一千零三十六条　【处理个人信息的免责事由】处理个人信息，有下列情形之一的，行为人不承担民事责任：

（一）在该自然人或者其监护人同意的范围内合理实施的行为；

（二）合理处理该自然人自行公开的或者其他已经合法公开的信息，但是该自然人明确拒绝或者处理该信息侵害其重大利益的除外；

（三）为维护公共利益或者该自然人合法权益，合理实施的其他行为。

第一千零三十七条　【个人信息主体的权利】自然人可以依法向信息处理者查阅或者复制其个人信息；发现信息有错误的，有权提出异议并请求及时采取更正等必要措施。

自然人发现信息处理者违反法律、行政法规的规定或者双方的约定处理其个人信息的，有权请求信息处理者及时删除。

第一千零三十八条　【个人信息安全】信息处理者不得泄露或者篡改其收集、存储的个人信息；未经自然人同意，不得向他人非法提供其个人信息，但是经过加工无法识别特定个人且不能复原的除外。

信息处理者应当采取技术措施和其他必要措施，确保其收集、存储的个人信息安全，防止信息泄露、篡改、丢失；发生或者可能发生个人信息泄露、篡改、丢失的，应当及时采取补救措施，按照规定告知自然人并向有关主管部门报告。

案例　丁某光侵犯公民个人信息案（最高人民法院、最高人民检察院发布七起侵犯公民个人信息犯罪典型案例）

案件适用要点：非法提供近 2000 万条住宿记录供他人查询牟利，构成侵犯公民个人信息罪"情节特别严重"。

第一千零三十九条　【国家机关及其工作人员对个人信息的保密义务】国家机关、承担行政职能的法定机构及其工作人员对于履行职责过程中知悉的自然人的隐私和个人信息，应当予以保密，不得泄露或者向他人非法提供。

第五编　婚　姻　家　庭

第一章　一　般　规　定

第一千零四十条　【婚姻家庭编的调整范围】本编调整因婚姻家庭产生的民事关系。

第一千零四十一条　【婚姻家庭关系基本原则】婚姻家庭受国家保护。

实行婚姻自由、一夫一妻、男女平等的婚姻制度。

保护妇女、未成年人、老年人、残疾人的合法权益。

注释　婚姻自由包括结婚自由和离婚自由。结婚自由，是指婚姻当事人享有根据自己的意愿与他人缔结婚姻的自由，即是否结婚、和谁结婚，当事人有权自主决定，不允许任何一方对另一方加以强迫或任何第三者加以干涉。离婚自由，是指在婚姻关系难以维系的情况下，双方或一方可依法定程序解除婚姻关系的自由。结婚自由和离婚自由共同构成婚姻自由的完整内容。任何干涉他人婚姻自由的行为都是违法的，情节严重构成犯罪的，将依法追究刑事责任。

一夫一妻制，是指一男一女结为夫妻的婚姻制度。根据此规定，任何人都不能同时有两个或两个以上的配偶。这就要求已婚者在配偶死亡或离婚之前不得再行结婚。同时，任何形式的一夫多妻或一妻多夫的两性关系都是违法的，应当受到法律的取缔和制裁。

男女平等原则，是指男女双方在婚姻关系和家庭生活各方面都享有平等的权利，承担平等的义务。在我国，男女平等的内容十分广泛，包括政治、经济、文化、社会和家庭生活等各方面。本条中的男女平等，仅指在婚姻家庭生活中的男女平等，既包括夫妻双方男女平等，也包括其他家庭成员之间的男女平等，如男女双方在结婚、离婚等婚姻关系方面的平等；父母子女间权利义务的规定对不同性别的家庭成员平等适用，不同性别的家庭成员相互之间的权利、义务的平等。

第一千零四十二条　【禁止的婚姻家庭行为】 禁止包办、买卖婚姻和其他干涉婚姻自由的行为。禁止借婚姻索取财物。

禁止重婚。禁止有配偶者与他人同居。

禁止家庭暴力。禁止家庭成员间的虐待和遗弃。

注释　包办婚姻，是指婚姻当事人以外的第三人（包括父母）违背当事人的意愿，强迫其缔结婚姻的行为。

买卖婚姻，是指婚姻当事人以外的第三人（包括父母）以索取大量财物为目的，违背当事人的意愿，强迫其缔结婚姻的行为。

包办婚姻、买卖婚姻是较为典型的干涉婚姻自由的行为，均为法律所禁止，二者的区别在于是否以索取大量财物为目的。如果有其他干涉婚姻自由的行为，也在法律禁止之列。

男女双方虽为自愿结婚，但一方以索取一定财物作为结婚的条件，这属于借婚姻索取财物的行为。该行为与买卖婚姻存在区别：前者双方以自愿结婚为前提，并且索要财物的主体是婚姻当事人；后者则是由第三方强迫当事人结婚，双方或者至少一方当事人并非出于自愿，并且索要财物的主体是婚姻当事人以外的第三人。

婚姻中存在借婚姻索取财物行为的，离婚时对于一方向另一方索要的财物应依据《最高人民法院关于适用〈中华人民共和国民法典〉婚姻家庭编的解释（一）》第5条关于彩礼返还的规定进行处理。此处需要注意区分借婚姻索取财物与借婚姻之名骗取财物。在后一种情况中，行为人的目的仅为骗取财物而无与对方缔结婚姻的意愿，应按照诈骗来处理。

重婚，是指有配偶而又与他人结婚的，或者明知他人有配偶而与之结婚或虽未登记结婚但事实上与他人以夫妻名义同居生活。根据《刑法》第258条规定构成重婚罪的，应依法追究刑事责任。在离婚诉讼过程中，一方当事人如发生重婚罪诉讼，离婚判决要依赖于该诉讼结果作为依据的，对方当事人可向人民法院申请离婚案的中止审理，待有关诉讼终结后再申请恢复审理。如果因一方重婚导致离婚的，无过错方可以向人民法院提出离婚损害赔偿请求。

有配偶者与他人同居的情形，是指有配偶者与婚外异性，不以夫妻名义，持续、稳定地共同居住。当事人提起诉讼仅请求解除同居关系的，人民法院不予受理；已经受理的，裁定驳回起诉。当事人因同居期间财产分割或者子女抚养纠纷提起诉讼的，人民法院应当受理。

家庭暴力，是指家庭成员之间以殴打、捆绑、残害、限制人身自由以及经常性谩骂、恐吓等方式实施的身体、精神等侵害行为。在婚姻纠纷中，法院一旦认定构成家庭暴力，在确认夫妻感情确已破裂且调解无效时，会成为判决准予离婚的理由，并且涉及离婚损害赔偿问题。

持续性、经常性的家庭暴力，可以认定为本条所称的虐待。根据《刑法》第260条的规定，虐待家庭成员，情节恶劣的，构成虐待罪。虐待罪一般情况下告诉的才处理，但被害人没有能力告诉或者因受到强制、威吓无法告诉的除外。如果虐待家庭成员，致使被害人重伤、死亡的，则属于公诉案件，公安机关应当立案侦查。

对于年老、年幼、患病或者其他没有独立生活能力的人，负有扶养义务而拒绝扶养，情节恶劣的，构成遗弃罪，追究刑事责任。

参见　《反家庭暴力法》；《刑法》第258、260、261条；《最高人民法院关于适用〈中华人民共和国民法典〉婚姻家庭编的解释（一）》第1—3条

90

案例 王某贵故意伤害、虐待案（2014 年 5 月 28 日最高人民法院公布五起依法惩治侵犯儿童权益犯罪典型案例）

案件适用要点： 本案是一起典型的继母对未成年子女实施家庭暴力构成犯罪的案件，其中反映出两点尤其具有参考意义：一是施暴人实施家庭暴力，往往是一个长期、反复的过程。在这一过程中，大部分家庭暴力行为，依照刑法的规定构成虐待罪，但其中又有一次或几次家庭暴力行为，已经符合了刑法规定的故意伤害罪的构成要件，依法构成故意伤害罪。依照刑事诉讼法的规定，故意伤害罪属于公诉案件，虐待罪没有致被害人重伤、死亡的属于自诉案件。人民检察院只能对被告人犯故意伤害罪提起公诉，自诉人可以对被告人犯虐待罪另行提起告诉（即自诉）。人民法院可以将相关公诉案件和自诉案件合并审理。这样处理，既便于在事实、证据的认定方面保持一致，也有利于全面反映被告人实施家庭暴力犯罪的多种情节，综合衡量应当判处的刑罚，还有利于节省司法资源。本案的审判程序即反映出涉及家庭暴力犯罪案件"公诉、自诉合并审理"的特点。二是未成年子女的亲生父母离婚后，对该子女的监护权都是法定的，没有权利放弃、转让，不论是否和该子女共同居住，仍然属于该子女的法定代理人。在未成年子女遭受侵害的时候，未与该子女共同生活的一方，仍然可以以法定代理人的身份，代为提起告诉。本案被害人张某的生母张某丽，在与张某的生父张某志离婚后，虽然没有与张某共同生活，但其作为张某的法定代理人，代张某向人民法院提起虐待罪告诉，是合乎法律规定的。

第一千零四十三条 **【婚姻家庭道德规范】** 家庭应当树立优良家风，弘扬家庭美德，重视家庭文明建设。

夫妻应当互相忠实，互相尊重，互相关爱；家庭成员应当敬老爱幼，互相帮助，维护平等、和睦、文明的婚姻家庭关系。

注释 当事人仅以本条为依据提起诉讼的，人民法院不予受理；已经受理的，裁定驳回起诉。

第一千零四十四条 **【收养的原则】** 收养应当遵循最有利于被收养人的原则，保障被收养人和收养人的合法权益。

禁止借收养名义买卖未成年人。

第一千零四十五条 【亲属、近亲属与家庭成员】亲属包括配偶、血亲和姻亲。

配偶、父母、子女、兄弟姐妹、祖父母、外祖父母、孙子女、外孙子女为近亲属。

配偶、父母、子女和其他共同生活的近亲属为家庭成员。

注释 我国亲属分为三个种类：

1. 配偶，是关系最为密切的亲属，是因男女双方结婚而发生的亲属，是血亲的源泉、姻亲的基础。配偶的亲属身份始于结婚，终于配偶一方死亡或离婚。

2. 血亲，是指有血缘联系的亲属，是亲属中的主要部分。血亲分为自然血亲和拟制血亲。自然血亲是指出于同一祖先、有血缘联系的亲属，如父母与子女、祖父母与孙子女、外祖父母与外孙子女、兄弟姐妹等。拟制血亲是指本无血缘联系或者没有直接的血缘联系，但法律确认与自然血亲有同等权利义务的亲属。拟制血亲一般因收养而产生，在养父母养子女之间产生父母子女的权利义务关系。血亲还分为直系血亲和旁系血亲。直系血亲是指有直接血缘关系的亲属，包括生育自己和自己所生育的上下各代的亲属。旁系血亲是指有间接血缘关系的亲属，即与自己同出一源的亲属。

3. 姻亲，是指以婚姻为中介而产生的亲属。配偶一方与另一方的血亲之间为姻亲关系，如公婆与儿媳、岳父母与女婿。我国的姻亲分为三类：一是血亲的配偶，是指己身的血亲包括直系血亲和旁系血亲的配偶。二是配偶的血亲，是指配偶的直系血亲和旁系血亲。三是配偶的血亲的配偶，是指自己配偶的血亲的夫或者妻。

参见 《民法典》第 28、1050 条

第二章 结 婚

第一千零四十六条 【结婚自愿】结婚应当男女双方完全自愿，禁止任何一方对另一方加以强迫，禁止任何组织或者个人加以干涉。

注释 婚姻，是指男女双方以共同生活为目的，以产生配偶之间的权利义务为内容的两性结合。结婚是男女双方依照法律规定的条件和程序缔结配偶关系，并由此产生相应的民事权利、义务和责任的身份法律行为。

法律要求结婚应当男女双方完全自愿，具体表现为：（1）双方自愿而不是单方自愿；（2）双方本人自愿而不是父母或者第三者自愿；（3）完全自愿而不是勉强同意。法律禁止当事人的父母或者第三人对婚姻进行包办、强迫或者执意干预，排斥当事人非自愿的被迫同意。

第一千零四十七条 **【法定婚龄】**结婚年龄，男不得早于二十二周岁，女不得早于二十周岁。

注释 法定婚龄是法律规定的允许结婚的最低年龄。本条关于法定婚龄的规定是强制性规定，婚姻关系当事人均须遵行。双方或一方未达法定婚龄要求结婚的，由于其不满足法定婚龄的结婚要件，婚姻登记机关将不予登记。未达法定婚龄的当事人，即使通过隐瞒真实年龄或因婚姻登记机关审查不严而登记结婚，该婚姻也为无效婚姻，不具有婚姻的法律效力，婚姻当事人及其近亲属可以申请人民法院宣告婚姻无效。

第一千零四十八条 **【禁止结婚的情形】**直系血亲或者三代以内的旁系血亲禁止结婚。

注释 直系血亲，是指和自己有直接血缘关系的亲属，依照世代计算的方法，凡是出自同一祖父母、外祖父母的血亲都是禁婚亲。

旁系血亲是具有间接血缘关系的亲属，即非直系血亲而在血缘上和自己同出一源的亲属。三代以内旁系血亲是在血缘上和自己同出于三代以内的亲属。这里的三代是从自己开始计算为一代的三代，一是兄弟姐妹；二是伯、叔、姑与侄、侄女，舅、姨与甥、甥女；三是堂兄弟姐妹和表兄弟姐妹。

参见 《婚姻登记条例》第6条

第一千零四十九条 【结婚程序】要求结婚的男女双方应当亲自到婚姻登记机关申请结婚登记。符合本法规定的，予以登记，发给结婚证。完成结婚登记，即确立婚姻关系。未办理结婚登记的，应当补办登记。

注释 婚姻登记机关应当对结婚登记当事人出具的证件、证明材料进行审查并询问相关情况。对当事人符合结婚条件的，应当当场予以登记，发给结婚证。

男女双方依据本条规定补办结婚登记的，婚姻关系的效力从双方均符合《民法典》所规定的结婚的实质要件时起算。

未依据本条规定办理结婚登记而以夫妻名义共同生活的男女，提起诉讼要求离婚的，应当区别对待：（1）1994年2月1日民政部《婚姻登记管理条例》公布实施以前，男女双方已经符合结婚实质要件的，按事实婚姻处理。（2）1994年2月1日民政部《婚姻登记管理条例》公布实施以后，男女双方符合结婚实质要件的，人民法院应当告知其补办结婚登记。未补办结婚登记的，当事人提起诉讼仅请求解除同居关系的，人民法院不予受理；已经受理的，裁定驳回起诉。当事人因同居期间财产分割或者子女抚养纠纷提起诉讼的，人民法院应当受理。未依据本条规定办理结婚登记而以夫妻名义共同生活的男女，一方死亡，另一方以配偶身份主张享有继承权的，也依据前述原则处理。

参见 《婚姻登记条例》第4—7条；《最高人民法院关于适用〈中华人民共和国民法典〉婚姻家庭编的解释（一）》第6—8条

案例 杨某坚诉周某妹、周某皮返还聘金纠纷案（《最高人民法院公报》2002年第3期）

案件适用要点： 双方未办结婚登记，而是按民间习俗举行仪式"结婚"，进而以夫妻名义共同生活。这种不被法律承认的"婚姻"构成同居关系，应当解除。原告杨某坚在同居前给付聘金的行为虽属赠与，但该赠与行为追求的是双方结婚。现婚不能实现，为结婚而赠与的财物应当返还。一审根据本案的实际情况，在酌情扣除为举办"结婚"仪式而支出的费用后，判决被告周某妹、周某皮将聘金的余款返还给原告，判处恰当。被告上诉认为 23 万元的聘金是原告杨某坚的无偿赠与，不应返还，其理由缺乏法律依据，不予采纳。

第一千零五十条　【男女双方互为家庭成员】 登记结婚后，按照男女双方约定，女方可以成为男方家庭的成员，男方可以成为女方家庭的成员。

注释　本条是关于男女双方在登记结婚后互为家庭成员的规定。缔结婚姻后，无论男女双方采取何种组成家庭的方式，都应当由男女双方平等协商，双方享有共同约定的权利，任何一方不得将自己的意志强加给对方，第三人也不得对此加以干涉。

第一千零五十一条　【婚姻无效的情形】 有下列情形之一的，婚姻无效：

（一）重婚；

（二）有禁止结婚的亲属关系；

（三）未到法定婚龄。

注释　无效婚姻，是指男女因违反法律规定的结婚要件而不具有法律效力的两性违法结合。无效婚姻自始无效，当事人之间不具有夫妻间的权利义务。当事人依据本条规定向人民法院请求确认婚姻无效，法定的无效婚姻情形在提起诉讼时已经消失的，人民法院不予支持。

对婚姻效力的审理不适用调解，应当依法作出判决。人民法院受理请求确认婚姻无效案件后，原告申请撤诉的，不予准许。涉及财产分割和子女抚养的，可以调解。调解达成协议的，另行制作调解书；未达成调解协议的，应当一并作出判决。

根据本条规定，导致婚姻无效的原因包括：

1. 重婚。我国实行一夫一妻制，禁止重婚。任何人不能同时有两个或两个以上的配偶，否则即构成重婚。重婚的，应当确认后婚无效，维持前婚效力，对因重婚导致离婚的，无过错方有权请求损害赔偿。重婚构成犯罪的还应当依法追究重婚者的刑事责任。有配偶的一方重婚当然构成重婚罪。无配偶一方的重婚，以其是否"明知"重婚对方有配偶来区分主观上的恶意和善意，也是决定其是否构成《刑法》上重婚罪的区分标准。具体来说，如果无配偶一方明知他人有配偶而与之登记结婚，则其主观上是恶意的，构成《刑法》上的重婚罪；如果无配偶一方不知他人有配偶而与之登记结婚，则其主观上不具有恶意，不构成《刑法》上的重婚罪。但不论无配偶一方为善意还是恶意，都将导致婚姻无效。

2. 有禁止结婚的亲属关系。

3. 未到法定婚龄。婚姻当事人任何一方的年龄未达法定婚龄的，婚姻皆无效。

当事人以本条规定的三种无效婚姻以外的情形请求确认婚姻无效的，人民法院应当判决驳回当事人的诉讼请求。

当事人以结婚登记程序存在瑕疵为由提起民事诉讼，主张撤销结婚登记的，告知其可以依法申请行政复议或者提起行政诉讼。

第一千零五十二条 【受胁迫婚姻的撤销】因胁迫结婚的，受胁迫的一方可以向人民法院请求撤销婚姻。

请求撤销婚姻的，应当自胁迫行为终止之日起一年内提出。

被非法限制人身自由的当事人请求撤销婚姻的，应当自恢复人身自由之日起一年内提出。

注释 可撤销婚姻，是指已经成立的婚姻关系因欠缺婚姻合意，受胁迫的一方当事人可向人民法院申请撤销的违法两性结合。

胁迫，是指行为人以给另一方当事人或者其近亲属的生命、身体、健康、名誉、财产等方面造成损害为要挟，迫使另一方当事人违背真实意愿结婚的情况。

构成婚姻胁迫，须具备以下要件：（1）行为人为婚姻关系当事人或者第三人。至于受胁迫者，则既可以是婚姻关系当事人，也可以是婚姻关系当事人的近亲属。（2）行为人须有胁迫的故意，是通过自己的威胁而使一方当事人产生恐惧心理，并基于这种心理而被迫同意结婚。（3）行为人须实施胁迫行为，使其产生恐惧心理。（4）受胁迫人同意结婚与胁迫行为之间须有因果关系。

因受胁迫而请求撤销婚姻的，只能是受胁迫一方的婚姻关系当事人本人。需注意的是，本条规定，因胁迫结婚的，受胁迫的一方可以向人民法院请求撤销婚姻，因此婚姻登记机关不再受理因胁迫结婚的撤销婚姻申请。撤销婚姻的请求权受除斥期间的约束，除斥期间为1年，不适用诉讼时效中止、中断或者延长的规定。受胁迫或者被非法限制人身自由的当事人请求撤销婚姻的，不适用本条第2款的规定。被非法限制人身自由的当事人请求撤销婚姻的，则应当自恢复人身自由之日起1年内提出。超过除斥期间的，撤销权消灭，不得再提出撤销婚姻的请求。

第一千零五十三条　【隐瞒重大疾病的可撤销婚姻】 一方患有重大疾病的，应当在结婚登记前如实告知另一方；不如实告知的，另一方可以向人民法院请求撤销婚姻。

请求撤销婚姻的，应当自知道或者应当知道撤销事由之日起一年内提出。

注释　在缔结婚姻关系时，如果一方患有重大疾病，对对方当事人负有告知义务，应当在结婚登记前如实告知另一方，对方当事人同意的，当然可以缔结婚姻关系。患病一方当事人如果不尽告知义务，即不告知或者虚假告知，另一方当事人享有撤销权，可以向人民法院请求撤销该婚姻。

因重大疾病未告知而提出撤销婚姻请求的撤销权，受除斥期间的限制，除斥期间为1年，权利人自知道或者应当知道撤销事由之日起1年内提出。超过除斥期间，撤销权消灭，不得再提出撤销婚姻的请求。

第一千零五十四条　【婚姻无效或被撤销的法律后果】 无效的或者被撤销的婚姻自始没有法律约束力，当事人不具有夫妻的权利和义务。同居期间所得的财产，由当事人协议处理；协议不成的，由人民法院根据照顾无过错方的原则判决。对重婚导致的无效婚姻的财产处理，不得侵害合法婚姻当事人的财产权益。当事人所生的子女，适用本法关于父母子女的规定。

婚姻无效或者被撤销的，无过错方有权请求损害赔偿。

注释 婚姻无效或被撤销的法律后果：

1. 对当事人的法律后果。婚姻关系自始没有法律约束力。"自始没有法律约束力"，是指无效婚姻或者可撤销婚姻在依法被确认无效或者被撤销时，才确定该婚姻自始不受法律保护。婚姻无效或者被撤销的效力溯及既往，从婚姻关系开始时起就不具有婚姻的效力，当事人不具有夫妻的权利义务，相互不享有配偶权，并且自始不享有配偶权。

2. 对子女的法律后果。无效婚姻关系或者可撤销婚姻关系中父母所生育的子女与婚生子女一样适用本法关于父母子女的规定，不受其父母婚姻无效或被撤销的影响。在婚姻被宣告无效或者被撤销后，当事人必须妥善处理子女的抚养和教育问题；当事人不能就子女的抚养和教育达成协议的，由人民法院依法判决。

3. 对财产的法律后果。由于无效婚姻关系不具有婚姻的法律效力，因而原则上不能适用夫妻财产制的有关规定。被确认无效或者被撤销的婚姻，当事人同居期间所得的财产，除有证据证明为当事人一方所有的以外，按共同共有处理。

4. 对重婚导致的无效婚姻的财产处理，应当保护好合法婚姻关系当事人的权益，妥善处理，不得侵害合法婚姻当事人的财产权益。人民法院审理重婚导致的无效婚姻案件时，涉及财产处理的，应当准许合法婚姻当事人作为有独立请求权的第三人参加诉讼。

5. 婚姻无效或者被撤销的，无过错方有权向人民法院起诉请求损害赔偿。

参见 《民法典》第 297—309、1051、1052、1067—1073 条；《最高人民法院关于适用〈中华人民共和国民法典〉婚姻家庭编的解释（一）》第 16—22 条

第三章　家庭关系

第一节　夫妻关系

第一千零五十五条　【夫妻平等】夫妻在婚姻家庭中地位平等。

第一千零五十六条 【夫妻姓名权】夫妻双方都有各自使用自己姓名的权利。

第一千零五十七条 【夫妻人身自由权】夫妻双方都有参加生产、工作、学习和社会活动的自由，一方不得对另一方加以限制或者干涉。

第一千零五十八条 【夫妻抚养、教育和保护子女的权利义务平等】夫妻双方平等享有对未成年子女抚养、教育和保护的权利，共同承担对未成年子女抚养、教育和保护的义务。

注释 在离婚诉讼期间，双方均拒绝抚养子女的，可以先行裁定暂由一方抚养。

对拒不履行或者妨害他人履行生效判决、裁定、调解书中有关子女抚养义务的当事人或者其他人，人民法院可依照《民事诉讼法》第114条的规定，根据情节轻重予以罚款、拘留；构成犯罪的，依法追究刑事责任。

参见 《民法典》第26—39、1188、1189条；《最高人民法院关于适用〈中华人民共和国民法典〉婚姻家庭编的解释（一）》第60、61条

第一千零五十九条 【夫妻扶养义务】夫妻有相互扶养的义务。

需要扶养的一方，在另一方不履行扶养义务时，有要求其给付扶养费的权利。

注释 夫妻之间的扶养，是指夫妻在物质上和生活上互相扶助、互相供养。这种权利和义务夫妻双方完全平等，有扶养能力的一方必须自觉承担这一义务，尤其是在一方丧失劳动能力时，更应当履行这一义务。一方违反这一义务，另一方有权要求其履行，可以请求有关组织调解，也可以向人民法院提起请求给付之诉，要求对方给付扶养费。

第一千零六十条 【夫妻日常家事代理权】夫妻一方因家庭日常生活需要而实施的民事法律行为，对夫妻双方发生效力，但是夫妻一方与相对人另有约定的除外。

夫妻之间对一方可以实施的民事法律行为范围的限制，不得对抗善意相对人。

注释　家事代理权，是指配偶一方在与第三人就家庭日常事务为一定法律行为时，享有代理对方行使的权利。家事代理权行使的法律后果是，配偶一方代表家庭所为的行为，对双方均发生效力，由双方承担连带责任。家事代理权与表见代理相似，适用表见代理的原理，其目的在于保护无过失第三人的利益，有利于保障交易的动态安全。

家事代理权的行使规则是：

1. 代理的事务限于家庭日常事务。诸如一家的食物、衣着等用品的购买，保健、娱乐、医疗，子女的教养，家具及日常用品的购置，保姆、家庭教师的聘用，亲友的馈赠，报纸杂志的订阅，皆包含在内。对于这类事务，夫妻间均有代理权，一方不得以不知情而推卸共同的责任。

2. 紧迫情形处理的代理权推定。该代理权的范围可以适当扩张，推定有代理权。对于夫妻一方在紧迫情形下，如果为婚姻共同生活的利益考虑，某业务不容延缓，并且他方配偶因疾病、缺席或者类似原因，无法表示同意时，推定夫妻一方对超出日常事务代理权范围的其他事务的代理，为有代理权。

3. 其他事务的共同决定。超出上述范围的婚姻家庭事务，应当由夫妻双方共同决定，一方不得擅自决定。

4. 第三人无法辨别配偶一方是否有代理权的责任。如果配偶中任何一方实施的行为为个人责任，该行为无法使第三人辨别是否已经超越日常事务代理权的，他方配偶应当承担连带责任。

夫妻一方滥用家事代理权的，他方可以对其代理权加以限制。为了保障交易的安全，保护善意第三人的合法利益，该种限制不得对抗善意第三人。

参见　《民法典》第 1062 条

第一千零六十一条　【夫妻遗产继承权】夫妻有相互继承遗产的权利。

第一千零六十二条　【夫妻共同财产】夫妻在婚姻关系存续期

间所得的下列财产，为夫妻的共同财产，归夫妻共同所有：

（一）工资、奖金、劳务报酬；

（二）生产、经营、投资的收益；

（三）知识产权的收益；

（四）继承或者受赠的财产，但是本法第一千零六十三条第三项规定的除外；

（五）其他应当归共同所有的财产。

夫妻对共同财产，有平等的处理权。

注释 1. 工资、奖金、劳务报酬，均为劳动所得，是指夫或妻一方或者双方从事一切劳动包括脑力劳动、体力劳动所获得的工资报酬和奖金报酬等。

2. 生产、经营、投资的收益，凡属于夫妻关系存续期间一方或双方从事生产、经营、投资等所获收益，均为夫妻共同财产。

3. 知识产权的收益，是指婚姻关系存续期间，实际取得或者已经明确可以取得的财产性收益。包括作品出版发行或允许他人使用而获得的报酬；专利权人许可他人使用其专利或者转让专利权所取得的收入；商标所有人许可他人使用其注册商标或转让商标权所取得的收入等。

4. 共同受赠、继承的财产，为夫妻共有财产。但是，按照《民法典》第 1063 条第 3 项规定，遗嘱或者赠与合同中确定只归夫或妻一方的财产除外。当事人结婚前，父母为双方购置房屋出资的，该出资应当认定为对自己子女个人的赠与，但父母明确表示赠与双方的除外。当事人结婚后，父母为双方购置房屋出资的，依照约定处理；没有约定或者约定不明确的，除遗嘱或者赠与合同中确定只归一方，则为夫妻共同财产。

5. 其他应当归共同所有的财产，包括：（1）一方以个人财产投资取得的收益；（2）男女双方实际取得或者应当取得的住房补贴、住房公积金；（3）男女双方实际取得或者应当取得的基本养老金、破产安置补偿费。

6. 夫妻一方个人财产在婚后产生的收益，除孳息和自然增值外，应认定为夫妻共同财产。

7. 由一方婚前承租、婚后用共同财产购买的房屋，登记在一方名下的，应当认定为夫妻共同财产。

关于"夫妻对共同所有的财产，有平等的处理权"的规定，应当理解为：（1）夫或妻在处理夫妻共同财产上的权利是平等的。因日常生活需要而处理夫妻共同财产的，任何一方均有权决定。（2）夫或妻非因日常生活需要对夫妻共同财产做重要处理决定，夫妻双方应当平等协商，取得一致意见。他人有理由相信其为夫妻双方共同意思表示的，另一方不得以不同意或不知道为由对抗善意第三人。

参见 《最高人民法院关于适用〈中华人民共和国民法典〉婚姻家庭编的解释（一）》第24—27条

案例 彭某静与梁某平、王某山、某房地产开发有限公司股权转让侵权纠纷案（《最高人民法院公报》2009年第5期）

案件适用要点： 夫妻双方共同出资设立公司的，应当以各自所有的财产作为注册资本，并各自承担相应的责任。因此，夫妻双方登记注册公司时应当提交财产分割证明。未进行财产分割的，应当认定为夫妻双方以共同共有财产出资设立公司，在夫妻关系存续期间，夫或妻名下的公司股份属于夫妻双方共同共有的财产，作为共同共有人，夫妻双方对该项财产享有平等的占有、使用、收益和处分的权利。

夫或妻非因日常生活需要对夫妻共同财产做重要处理决定，夫妻双方应当平等协商，取得一致意见。他人有理由相信其为夫妻双方共同意思表示的，另一方不得以不同意或不知道为由对抗善意第三人。因此，夫或妻一方转让共同共有的公司股权的行为，属于对夫妻共同财产做重要处理，应当由夫妻双方协商一致并共同在股权转让协议、股东会决议和公司章程修正案上签名。

夫妻双方共同共有公司股权的，夫或妻一方与他人订立股权转让协议的效力问题，应当根据案件事实，结合另一方对股权转让是否明知、受让人是否为善意等因素进行综合分析。如果能够认定另一方明知股权转让且受让人是基于善意，则股权转让协议对于另一方具有约束力。

第一千零六十三条　【夫妻个人财产】下列财产为夫妻一方的个人财产：

（一）一方的婚前财产；

（二）一方因受到人身损害获得的赔偿或者补偿；

（三）遗嘱或者赠与合同中确定只归一方的财产；

（四）一方专用的生活用品；

（五）其他应当归一方的财产。

注释　1. 婚前个人财产。婚前个人所有的货币及一般的生产资料、生活资料归个人所有，不属于夫妻共同财产。

2. 一方因受到人身损害获得的赔偿和补偿。一方因受人身伤害而获得的医疗费、残疾人生活补助费等赔偿和补偿，是因其受到人身损害而得到的赔偿金和补偿费。该种财产具有人身性质，是用于保障受害人生活的基本费用，须归个人所有，不能作为夫妻共同财产。

3. 赠与合同或遗嘱中确定只归夫或妻一方的财产。赠与人或被继承人明确以赠与、继承给个人为条件，所赠与或者所继承的物品具有鲜明的个人属性，也体现了财产所有人支配财产的真实意志，完全是所有权应有的内容。这些财产属于夫妻个人财产。

4. 一方专用的生活物品。个人衣物、书籍、资料等，都是极具个人属性的财产，为个人财产。在离婚纠纷中争夺这些财产的也不在少数。在生活物品中，应当注意贵重物品和其他奢侈品除外，因为这些物品中有些价值极大，完全归一方所有不公平。

5. 军人的伤亡保险金、伤残补助金、医药生活补助费属于个人财产。

本条规定为夫妻一方的个人财产，不因婚姻关系的延续而转化为夫妻共同财产。但当事人另有约定的除外。

参见　《民法典》第1062、1065条；《最高人民法院关于适用〈中华人民共和国民法典〉婚姻家庭编的解释（一）》第30、31条

第一千零六十四条　【夫妻共同债务】夫妻双方共同签名或者夫妻一方事后追认等共同意思表示所负的债务，以及夫妻一方在婚姻关系存续期间以个人名义为家庭日常生活需要所负的债务，属于

夫妻共同债务。

夫妻一方在婚姻关系存续期间以个人名义超出家庭日常生活需要所负的债务，不属于夫妻共同债务；但是，债权人能够证明该债务用于夫妻共同生活、共同生产经营或者基于夫妻双方共同意思表示的除外。

注释　本条规定的确定夫妻共同债务的规则是：夫妻双方共同签名或者夫妻一方事后追认等共同意思表示所负的债务，以及夫妻一方在婚姻关系存续期间以个人名义为家庭日常生活需要所负的债务，属于夫妻共同债务。具体标准是：

1. 夫妻双方共同签名或者夫妻一方事后追认等共同意思表示所负的债务。

法律准许夫妻双方对财产的所有关系进行约定，也包括对债务的负担进行约定，双方约定归个人负担的债务，为个人债务。约定个人债务，可以与财产所有的约定一并约定，也可以单独约定。举债时没有夫妻的共同约定，但是举债之后对方配偶追认是夫妻共同债务的，当然也是夫妻共同债务。

2. 夫妻一方在婚姻关系存续期间以个人名义为家庭日常生活需要所负的债务。

夫妻一方在婚姻关系存续期间以个人名义超出家庭日常生活需要所负的债务，不属于夫妻共同债务。例如，一方未经对方同意擅自资助与其没有扶养义务的亲朋所负的债务；一方未经对方同意独自筹资从事经营活动，其收入确未用于共同生活所负的债务；因个人实施违法行为所欠债务；婚前一方所欠债务；婚后一方为满足个人欲望确系与共同生活无关而负的债务等。为保护债权人的合法权益，本条特别规定，债权人能够证明该债务用于夫妻共同生活、共同生产经营或者基于夫妻双方共同意思表示的除外。

实践中对于夫妻共同债务的处理还需注意以下几个问题：

1. 债权人就一方婚前所负个人债务向债务人的配偶主张权利的，人民法院不予支持。但债权人能够证明所负债务用于婚后家庭共同生活的除外。

2. 夫妻一方与第三人串通，虚构债务，第三人主张该债务为夫妻共同债务的，人民法院不予支持。

3. 夫妻一方在从事赌博、吸毒等违法犯罪活动中所负债务，第三人主张该债务为夫妻共同债务的，人民法院不予支持。

4. 当事人的离婚协议或者人民法院生效判决、裁定、调解书已经对夫妻财产分割问题作出处理的，债权人仍有权就夫妻共同债务向男女双方主张权利。一方就夫妻共同债务承担清偿责任后，主张由另一方按照离婚协议或者人民法院的法律文书承担相应债务的，人民法院应予支持。

5. 夫或者妻一方死亡的，生存一方应当对婚姻关系存续期间的夫妻共同债务承担清偿责任。

参见 《最高人民法院关于适用〈中华人民共和国民法典〉婚姻家庭编的解释（一）》第33—36条

案例 赵某诉项某敏、何某琴民间借贷纠纷案（《最高人民法院公报》2014年第12期）

案件适用要点：夫妻一方具有和第三人恶意串通、通过虚假诉讼虚构婚内债务嫌疑的，该夫妻一方单方自认债务，并不必然免除"出借人"对借贷关系成立并生效的事实应承担的举证责任。

借款人配偶未参加诉讼且出借人及借款人均未明确表示放弃该配偶可能承担的债务份额的，为查明案件事实，应依法追加与案件审理结果具有利害关系的借款人配偶作为第三人参加诉讼，以形成实质性的对抗。

出借人仅提供借据佐证借贷关系的，应深入调查辅助性事实以判断借贷合意的真实性，如举债的必要性、款项用途的合理性等。出借人无法提供证据证明借款交付事实的，应综合考虑出借人的经济状况、资金来源、交付方式、在场见证人等因素判断当事人陈述的可信度。对于大额借款仅有借据而无任何交付凭证、当事人陈述有重大疑点或矛盾之处的，应依据证据规则认定"出借人"未完成举证义务，判决驳回其诉讼请求。

第一千零六十五条 【夫妻约定财产制】男女双方可以约定婚

姻关系存续期间所得的财产以及婚前财产归各自所有、共同所有或者部分各自所有、部分共同所有。约定应当采用书面形式。没有约定或者约定不明确的，适用本法第一千零六十二条、第一千零六十三条的规定。

夫妻对婚姻关系存续期间所得的财产以及婚前财产的约定，对双方具有法律约束力。

夫妻对婚姻关系存续期间所得的财产约定归各自所有，夫或者妻一方对外所负的债务，相对人知道该约定的，以夫或者妻一方的个人财产清偿。

注释 夫妻财产约定的内容是，可以约定婚姻关系存续期间所得的财产以及婚前财产归各自所有、共同所有或者部分各自所有、部分共同所有。夫妻财产约定的形式是，应当采用书面形式，即书面协议。夫妻财产约定的范围是，夫妻对婚姻关系存续期间所得的财产以及婚前财产的约定，对双方具有约束力。

夫妻财产约定的效力是，对双方具有约束力，第三人知道该约定的，可以对抗该第三人。就"相对人知道该约定"，夫妻一方对此负有举证责任。

参见 《民法典》第 135、143、1062、1063 条；《最高人民法院关于适用〈中华人民共和国民法典〉婚姻家庭编的解释（一）》第 37 条

案例 唐某诉李某某、唐某乙法定继承纠纷案（《最高人民法院公报》2014 年第 12 期）

案件适用要点： 夫妻之间达成的婚内财产分割协议是双方通过订立契约对采取何种夫妻财产制所作的约定，是双方协商一致对家庭财产进行内部分配的结果，在不涉及婚姻家庭以外第三人利益的情况下，应当尊重夫妻之间的真实意思表示，按照双方达成的婚内财产分割协议履行，优先保护事实物权人，不宜以产权登记作为确认不动产权属的唯一依据。

第一千零六十六条 【婚内分割夫妻共同财产】婚姻关系存续期间，有下列情形之一的，夫妻一方可以向人民法院请求分割共同财产：

106

（一）一方有隐藏、转移、变卖、毁损、挥霍夫妻共同财产或者伪造夫妻共同债务等严重损害夫妻共同财产利益的行为；

（二）一方负有法定扶养义务的人患重大疾病需要医治，另一方不同意支付相关医疗费用。

> **注释**　婚姻关系存续期间，除本条规定情形以外，夫妻一方请求分割共同财产的，人民法院不予支持。

> **参见**　《民法典》第303、1062、1063、1065条；《最高人民法院关于适用〈中华人民共和国民法典〉婚姻家庭编的解释（一）》第38条

第二节　父母子女关系和其他近亲属关系

第一千零六十七条　【父母与子女间的抚养赡养义务】父母不履行抚养义务的，未成年子女或者不能独立生活的成年子女，有要求父母给付抚养费的权利。

成年子女不履行赡养义务的，缺乏劳动能力或者生活困难的父母，有要求成年子女给付赡养费的权利。

> **注释**　父母对未成年子女的抚养义务是法定义务。抚养，是指父母对未成年子女的健康成长提供必要物质条件，包括哺育、喂养、抚育、提供生活、教育和活动的费用等。
>
> 不能独立生活的子女，是指尚在校接受高中及其以下学历教育，或者丧失、部分丧失劳动能力等非因主观原因而无法维持正常生活的成年子女。抚养费，包括子女生活费、教育费、医疗费等费用。婚姻关系存续期间，父母双方或者一方拒不履行抚养子女义务，未成年子女或者不能独立生活的成年子女请求支付抚养费的，人民法院应予支持。
>
> 成年子女对父母的赡养义务，是亲属权的重要内容。赡养义务是法定义务，是成年子女必须履行的义务，特别是对缺乏劳动能力或者生活困难的父母，成年子女必须承担赡养义务。成年子女不履行赡养义务的，缺乏劳动能力或者生活困难的父母，有要求成年子女给付赡养费的权利，可以向法院起诉，请求判令成年子女强制赡养父母。

第一千零六十八条 【父母教育、保护未成年子女的权利和义务】父母有教育、保护未成年子女的权利和义务。未成年子女造成他人损害的，父母应当依法承担民事责任。

第一千零六十九条 【子女尊重父母的婚姻权利及赡养义务】子女应当尊重父母的婚姻权利，不得干涉父母离婚、再婚以及婚后的生活。子女对父母的赡养义务，不因父母的婚姻关系变化而终止。

第一千零七十条 【遗产继承权】父母和子女有相互继承遗产的权利。

第一千零七十一条 【非婚生子女权利】非婚生子女享有与婚生子女同等的权利，任何组织或者个人不得加以危害和歧视。

不直接抚养非婚生子女的生父或者生母，应当负担未成年子女或者不能独立生活的成年子女的抚养费。

> **注释** 婚姻关系存续期间，夫妻双方一致同意进行人工授精，所生子女应视为婚生子女，父母子女间的权利义务关系适用《民法典》的有关规定。

> **参见** 《最高人民法院关于适用〈中华人民共和国民法典〉婚姻家庭编的解释（一）》第40条

> **案例** 李某、范某某诉范某、滕某继承纠纷案（《最高人民法院公报》2006年第7期）

案件适用要点：本案中，范某某和李某夫妻关系存续期间，双方一致同意利用他人的精子进行人工授精并使女方受孕后，男方反悔，应当征得女方同意。在未能协商一致的情况下男方死亡，其后子女出生，尽管该子女与男方没有血缘关系，仍应视为夫妻双方的婚生子女。男方在遗嘱中不给该子女保留必要的遗产份额，不符合法律规定，该部分遗嘱内容无效。

第一千零七十二条 【继父母子女之间权利义务】继父母与继子女间，不得虐待或者歧视。

继父或者继母和受其抚养教育的继子女间的权利义务关系，适用本法关于父母子女关系的规定。

参见 《最高人民法院关于适用〈中华人民共和国民法典〉婚姻家庭编的解释（一）》第54条

第一千零七十三条 【亲子关系异议之诉】对亲子关系有异议且有正当理由的，父或者母可以向人民法院提起诉讼，请求确认或者否认亲子关系。

对亲子关系有异议且有正当理由的，成年子女可以向人民法院提起诉讼，请求确认亲子关系。

注释 父或者母向人民法院起诉请求否认亲子关系，并已提供必要证据予以证明，另一方没有相反证据又拒绝做亲子鉴定的，人民法院可以认定否认亲子关系一方的主张成立。

父或者母以及成年子女起诉请求确认亲子关系，并提供必要证据予以证明，另一方没有相反证据又拒绝做亲子鉴定的，人民法院可以认定确认亲子关系一方的主张成立。

参见 《最高人民法院关于适用〈中华人民共和国民法典〉婚姻家庭编的解释（一）》第39条

第一千零七十四条 【祖孙之间的抚养、赡养义务】有负担能力的祖父母、外祖父母，对于父母已经死亡或者父母无力抚养的未成年孙子女、外孙子女，有抚养的义务。

有负担能力的孙子女、外孙子女，对于子女已经死亡或者子女无力赡养的祖父母、外祖父母，有赡养的义务。

第一千零七十五条 【兄弟姐妹间扶养义务】有负担能力的兄、姐，对于父母已经死亡或者父母无力抚养的未成年弟、妹，有扶养的义务。

由兄、姐扶养长大的有负担能力的弟、妹，对于缺乏劳动能力又缺乏生活来源的兄、姐，有扶养的义务。

第四章 离 婚

第一千零七十六条 【协议离婚】夫妻双方自愿离婚的，应当签订书面离婚协议，并亲自到婚姻登记机关申请离婚登记。

离婚协议应当载明双方自愿离婚的意思表示和对子女抚养、财产以及债务处理等事项协商一致的意见。

注释 当事人依照本条签订的离婚协议中关于财产以及债务处理的条款，对男女双方具有法律约束力。登记离婚后当事人因履行上述协议发生纠纷提起诉讼的，人民法院应当受理。

夫妻双方协议离婚后就财产分割问题反悔，请求撤销财产分割协议的，人民法院应当受理。人民法院审理后，未发现订立财产分割协议时存在欺诈、胁迫等情形的，应当依法驳回当事人的诉讼请求。

参见 《民政部关于贯彻落实〈中华人民共和国民法典〉中有关婚姻登记规定的通知》；《最高人民法院关于适用〈中华人民共和国民法典〉婚姻家庭编的解释（一）》第69、70条

第一千零七十七条 【离婚冷静期】自婚姻登记机关收到离婚登记申请之日起三十日内，任何一方不愿意离婚的，可以向婚姻登记机关撤回离婚登记申请。

前款规定期限届满后三十日内，双方应当亲自到婚姻登记机关申请发给离婚证；未申请的，视为撤回离婚登记申请。

注释 双方自愿离婚，到婚姻登记机关申请离婚，符合离婚条件的，暂时不发给离婚证，不马上解除婚姻关系。设定30天离婚冷静期。自婚姻登记机关收到离婚登记申请之日起30日内，任何一方不愿意离婚的，都可以向婚姻登记机关撤回离婚登记申请。

在30日冷静期届满后的30日内，双方应当亲自到婚姻登记机关申请发给离婚证，婚姻登记机关应当发给离婚证，即解除婚姻关系。在30日内，当事人未到婚姻登记机关申请离婚证的，视为撤回离婚登记申请，不发生离婚的后果。

第一千零七十八条 【婚姻登记机关对协议离婚的查明】婚姻登记机关查明双方确实是自愿离婚，并已经对子女抚养、财产以及债务处理等事项协商一致的，予以登记，发给离婚证。

第一千零七十九条 【诉讼离婚】夫妻一方要求离婚的，可以

由有关组织进行调解或者直接向人民法院提起离婚诉讼。

人民法院审理离婚案件，应当进行调解；如果感情确已破裂，调解无效的，应当准予离婚。

有下列情形之一，调解无效的，应当准予离婚：

（一）重婚或者与他人同居；

（二）实施家庭暴力或者虐待、遗弃家庭成员；

（三）有赌博、吸毒等恶习屡教不改；

（四）因感情不和分居满二年；

（五）其他导致夫妻感情破裂的情形。

一方被宣告失踪，另一方提起离婚诉讼的，应当准予离婚。

经人民法院判决不准离婚后，双方又分居满一年，一方再次提起离婚诉讼的，应当准予离婚。

注释　诉讼离婚，是指婚姻当事人就是否离婚或者婚后子女抚养或财产、债务处理等问题不能达成协议，由一方向人民法院提出离婚请求，由人民法院调解或判决而解除其婚姻关系的一项制度。

夫妻双方因是否生育发生纠纷，致使感情确已破裂，一方请求离婚的，人民法院经调解无效，应依照本条第3款第5项的规定处理。

诉讼中法院进行的调解会产生三种结果：（1）调解和好，原告撤回离婚请求。（2）协议离婚，就解除婚姻关系以及离婚后子女的抚养和财产、债务处理等问题达成协议，由法院制作调解书。当然，通过调解达成协议，必须是当事人双方自愿，不得强迫。（3）调解无效，人民法院依法对离婚案件作出判决。

需要注意的是，人民法院审理离婚案件，符合本条第3款规定"应当准予离婚"情形的，不应当因当事人有过错而判决不准离婚。

参见　《民法典》第40—46条；《最高人民法院关于适用〈中华人民共和国民法典〉婚姻家庭编的解释（一）》第23、62、63条

第一千零八十条　**【婚姻关系的解除时间】**完成离婚登记，或者离婚判决书、调解书生效，即解除婚姻关系。

第一千零八十一条 **【现役军人离婚】**现役军人的配偶要求离婚，应当征得军人同意，但是军人一方有重大过错的除外。

注释 《刑法》第 259 条规定了破坏军婚罪：明知是现役军人的配偶而与之同居或者结婚的，处 3 年以下有期徒刑或者拘役。利用职权、从属关系，以胁迫手段奸淫现役军人的妻子的，依照《刑法》第 236 条关于强奸罪的规定定罪处罚。该罪在量刑上较一般的重婚罪更为严厉。

军人一方的重大过错包括：重婚或者与他人同居的，实施家庭暴力或虐待、遗弃家庭成员的，有赌博、吸毒恶习屡教不改的。其他重大过错，如强奸妇女、奸淫幼女、嫖娼等违法犯罪行为的。

参见 《刑法》第 259 条；《最高人民法院关于适用〈中华人民共和国民法典〉婚姻家庭编的解释（一）》第 64 条

第一千零八十二条 **【男方提出离婚的限制情形】**女方在怀孕期间、分娩后一年内或者终止妊娠后六个月内，男方不得提出离婚；但是，女方提出离婚或者人民法院认为确有必要受理男方离婚请求的除外。

注释 本条是限制男方离婚请求权的规定。限制男方离婚请求权的目的，是保护妇女和子女的合法权益。上述期间是不变期间，不适用诉讼时效中止、中断和延长的规定。

适用本条时应该注意的是：（1）在本条所述情形下，如果女方提出离婚，不受本条限制。（2）法定期限届满则男方有权提出离婚。（3）本条针对的是诉讼离婚的情形，即在本条规定的法定期限内男方起诉要求离婚的，人民法院不予受理。如果双方自愿协议离婚的则不受本条所限。（4）在本条所述情形下，如果人民法院认为确有必要的，仍可以受理男方离婚请求。如夫妻双方感情确已破裂，法院不受理男方离婚请求将导致男方人身受到限制或伤害等情形下，法院应当受理。

参见 《妇女权益保障法》第 64 条

第一千零八十三条 **【复婚】**离婚后，男女双方自愿恢复婚姻关系的，应当到婚姻登记机关重新进行结婚登记。

注释 离婚的男女双方自愿恢复夫妻关系的，应当到婚姻登记机关办理复婚登记。复婚登记适用结婚登记的规定。

参见 《婚姻登记条例》第14条

第一千零八十四条 【离婚后子女的抚养】 父母与子女间的关系，不因父母离婚而消除。离婚后，子女无论由父或者母直接抚养，仍是父母双方的子女。

离婚后，父母对于子女仍有抚养、教育、保护的权利和义务。

离婚后，不满两周岁的子女，以由母亲直接抚养为原则。已满两周岁的子女，父母双方对抚养问题协议不成的，由人民法院根据双方的具体情况，按照最有利于未成年子女的原则判决。子女已满八周岁的，应当尊重其真实意愿。

注释 离婚后子女抚养的规则是：

1. 不满2周岁即哺乳期内的子女，以由哺乳的母亲抚养为原则。

2. 母亲有下列情形之一，父亲请求直接抚养的，人民法院应予支持：（1）患有久治不愈的传染性疾病或者其他严重疾病的，子女不宜与其共同生活的；（2）有抚养条件但不尽抚养义务，而父亲要求子女随其生活的；（3）因其他原因，子女确不宜随母亲生活的。

3. 2周岁以上的未成年子女的抚养和优先抚养条件。对2周岁以上的未成年子女的直接抚养，原则是协商解决，发生争议的，人民法院根据最有利于子女的原则和双方的具体情况判决。

对已满2周岁的未成年子女，父母均要求直接抚养，一方有下列情形之一的，可予优先考虑：（1）已做绝育手术或者因其他原因丧失生育能力；（2）子女随其生活时间较长，改变生活环境对子女健康成长明显不利；（3）无其他子女，而另一方有其他子女；（4）子女随其生活，对子女成长有利，而另一方患有久治不愈的传染性疾病或者其他严重疾病，或者有其他不利于子女身心健康的情形，不宜与子女共同生活。

父母抚养子女的条件基本相同，双方均要求直接抚养子女，但子女单独随祖父母或者外祖父母共同生活多年，且祖父母或者外祖父母要求并且有能力帮助子女照顾孙子女或者外孙子女的，可以作为父或者母直接抚养子女的优先条件予以考虑。

在有利于保护子女利益的前提下，父母双方协议轮流直接抚养子女的，人民法院应予支持。

参见 《妇女权益保障法》第 71 条；《最高人民法院关于适用〈中华人民共和国民法典〉婚姻家庭编的解释（一）》第 44—48、56、57 条

案例 胡某诉张某变更抚养关系案——全国第一道未成年人"人身安全保护令"（最高人民法院发布保护未成年人权益十大优秀案例）

案件适用要点： 被告张某与其女张某某共同生活期间曾多次殴打、威胁张某某，限制张某某人身自由的情况属实，原告的申请符合法律规定。依法裁定：一、禁止张某威胁、殴打张某某；二、禁止张某限制张某某的人身自由。裁定作出后，该院向市妇联、区派出所、被告所在村委会下达了协助执行通知书，委托上述单位监督被告履行裁定书确定的义务。后本案以调解方式结案，张某某自 2011 年 4 月 28 日起由胡某抚养。

第一千零八十五条 【离婚后子女抚养费的负担】离婚后，子女由一方直接抚养的，另一方应当负担部分或者全部抚养费。负担费用的多少和期限的长短，由双方协议；协议不成的，由人民法院判决。

前款规定的协议或者判决，不妨碍子女在必要时向父母任何一方提出超过协议或者判决原定数额的合理要求。

注释 子女抚养费的数额，可根据子女的实际需要、父母双方的负担能力和当地的实际生活水平确定。有固定收入的，抚养费一般可按其月总收入的 20% 至 30% 的比例给付。负担两个以上子女抚养费的，比例可适当提高，但一般不得超过月总收入的 50%。无固定收入的，抚养费的数额可依据当年总收入或同行业平均收入，参照上述比例确定。有特殊情况的，可适当提高或降低上述

114

比例。

抚养费应定期给付，有条件的可一次性给付。父母一方无经济收入或者下落不明的，可用其财物折抵抚养费。父母双方可以协议由一方直接抚养子女并由直接抚养方负担子女全部抚养费。但是，直接抚养方的抚养能力明显不能保障子女所需费用，影响子女健康成长的，人民法院不予支持。

抚养费的给付期限，一般至子女18周岁为止。16周岁以上不满18周岁，以其劳动收入为主要生活来源，并能维持当地一般生活水平的，父母可停止给付抚养费。

离婚后，父母一方要求变更子女抚养关系的，或者子女要求增加抚养费的，应当另行提起诉讼。

具有下列情形之一，父母一方要求变更子女抚养关系的，人民法院应予支持：（1）与子女共同生活的一方因患严重疾病或者因伤残无力继续抚养子女；（2）与子女共同生活的一方不尽抚养义务或有虐待子女行为，或者其与子女共同生活对子女身心健康确有不利影响；（3）已满8周岁的子女，愿随另一方生活，该方又有抚养能力；（4）有其他正当理由需要变更。

参见 《最高人民法院关于适用〈中华人民共和国民法典〉婚姻家庭编的解释（一）》第49—53、58条

案例 刘某先诉徐某、尹某怡抚养费纠纷案（《最高人民法院公报》2016年第7期）

案件适用要点：抚养费案件中第三人撤销权的认定，需明确父母基于对子女的抚养义务支付抚养费是否会侵犯父或母再婚后的夫妻共同财产权。虽然夫妻对共同所有财产享有平等处理的权利，但夫或妻也有合理处分个人收入的权利。除非一方支付的抚养费明显超过其负担能力或者有转移夫妻共同财产的行为，否则不能因未与现任配偶达成一致意见即认定属于侵犯夫妻共同财产权。

第一千零八十六条　【探望子女权利】离婚后，不直接抚养子女的父或者母，有探望子女的权利，另一方有协助的义务。

行使探望权利的方式、时间由当事人协议；协议不成的，由人

民法院判决。

父或者母探望子女，不利于子女身心健康的，由人民法院依法中止探望；中止的事由消失后，应当恢复探望。

注释 探望权，是指夫妻离婚后，不直接抚养子女的父或母有权对子女进行探望的权利。直接抚养子女的一方有协助非直接抚养的一方行使探望权的义务。探望权的性质是亲权的内容。探望权是法定权利，与直接抚养权同时成立，不存在确权问题。行使探望权，涉及直接抚养一方和子女的利益，确定探望的时间、方式，由当事人协议；协议不成时，由人民法院判决。探望权人按照协议或法院判决实施探望时，如果子女对约定或判决的探望时间不同意，探望权人不得强行探望。

参见 《最高人民法院关于适用〈中华人民共和国民法典〉婚姻家庭编的解释（一）》第65—68条

第一千零八十七条 【离婚时夫妻共同财产的处理】离婚时，夫妻的共同财产由双方协议处理；协议不成的，由人民法院根据财产的具体情况，按照照顾子女、女方和无过错方权益的原则判决。

对夫或者妻在家庭土地承包经营中享有的权益等，应当依法予以保护。

注释 离婚时，夫妻双方应当对其享有权利的共同财产进行处理。处理的方法是：

1. 由双方协议处理，达成协议的，写在离婚协议中，经过婚姻登记机关确认生效。

2. 协议不成的，由人民法院根据财产的具体情况，照顾子女、女方和无过错方权益的原则判决，因而并不是平均分配，判决分割时应当按照照顾子女、女方和无过错原则。

3. 保护好土地承包经营权的个人权益。由于农村承包土地是以家庭为单位进行承包的，夫妻离婚后，不会因为离婚而再给其分配承包地，因此，夫或者妻在家庭土地承包经营中享有的权益等，在分割共同财产中应当依法予以保护，不能使在家庭关系中分离出去的一方受到损害。

案例 莫某诉李某离婚纠纷案（《最高人民法院公报》2011年第12期）

案件适用要点： 离婚协议是解除夫妻双方人身关系的协议，该协议是一种要式协议，必须经双方当事人签名确认才能生效，即双方在协议上签名画押是其成立的前提条件。否则，即使有证人在场见证，证明双方达成离婚合意，但由于一方没有在离婚协议上签名确认，在法律上该离婚协议是没有成立的。

本案离婚协议是属于婚内离婚协议，所谓婚内离婚协议，是指男女双方在婚姻关系存续期间，以解除婚姻关系为基本目的，并就财产分割及子女抚养问题达成的协议。在双方未能在婚姻登记机关登记离婚的情况下，该协议没有生效，对双方当事人均不产生法律约束力，其中关于子女抚养、财产分割的约定，不能当然作为人民法院处理离婚案件的直接依据。

第一千零八十八条 【离婚经济补偿】夫妻一方因抚育子女、照料老年人、协助另一方工作等负担较多义务的，离婚时有权向另一方请求补偿，另一方应当给予补偿。具体办法由双方协议；协议不成的，由人民法院判决。

注释 一方在家庭生活中付出较多义务，是指在婚姻关系存续期间，夫妻一方比另一方付出的抚育子女、照料老人、协助另一方工作等义务更多，对家庭的建设贡献较大。

双方婚姻关系已经解除，是发生经济补偿责任的必要条件。如果没有发生离婚的事实，不发生经济补偿义务。

付出较多义务的一方有权提出进行经济补偿的请求。经济补偿的数额，应当由双方协商解决。协商不成的，向法院起诉，由人民法院判决。人民法院判决时，应考虑请求权人付出义务的大小，请求权人因此受到损失和另一方从中受益的情况，综合确定。

参见 《妇女权益保障法》第68条

第一千零八十九条 【离婚时夫妻共同债务的清偿】离婚时，

夫妻共同债务应当共同偿还。共同财产不足清偿或者财产归各自所有的，由双方协议清偿；协议不成的，由人民法院判决。

> **注释** 1. 夫妻共同债务应由夫妻共同清偿，即以共同财产清偿。方法是：（1）从夫妻共有财产中先清偿夫妻共同债务，然后再对剩余的夫妻共有财产进行分割，即先清偿、后分割的办法；（2）先分割、后清偿，即先分割共同财产和共同债务，然后各自以各自分得的财产清偿分得的债务。
>
> 2. 共同财产不足清偿或者财产归各自所有的，由双方协议，按照协议约定的方法进行清偿。
>
> 3. 双方协议不成的，向法院起诉，由人民法院依法判决。

> **参见** 《民法典》第 1060、1064 条

第一千零九十条 【离婚经济帮助】离婚时，如果一方生活困难，有负担能力的另一方应当给予适当帮助。具体办法由双方协议；协议不成的，由人民法院判决。

> **注释** 提供适当帮助的办法，应当由双方当事人协议，协议不成时，由人民法院判决。

第一千零九十一条 【离婚损害赔偿】有下列情形之一，导致离婚的，无过错方有权请求损害赔偿：

（一）重婚；

（二）与他人同居；

（三）实施家庭暴力；

（四）虐待、遗弃家庭成员；

（五）有其他重大过错。

> **注释** 离婚过错损害赔偿，是指夫妻一方因为过错实施法律规定的违法行为，妨害婚姻关系和家庭关系，导致夫妻离婚，过错方应当承担的损害赔偿责任。承担本条规定的损害赔偿责任的主体，为离婚诉讼当事人中无过错方的配偶。损害赔偿包括物质损害赔偿和精神损害赔偿。涉及精神损害赔偿的，适用《最高人民法院关于确定民事侵权精神损害赔偿责任若干问题的解释》的有关规定。人

民法院判决不准离婚的案件，对于当事人基于本条提出的损害赔偿请求，不予支持。

夫以妻擅自中止妊娠侵犯其生育权为由请求损害赔偿的，人民法院不予支持。

夫妻一方擅自处分共同所有的房屋造成另一方损失，离婚时另一方请求赔偿损失的，人民法院应予支持。

在婚姻关系存续期间，当事人不起诉离婚而单独依据该条规定提起损害赔偿请求的，人民法院不予受理。

参见 《民法典》第1183条；《最高人民法院关于适用〈中华人民共和国民法典〉婚姻家庭编的解释（一）》第23、28、86—90条；《最高人民法院关于确定民事侵权精神损害赔偿责任若干问题的解释》

案例 1. 周某诉张某离婚后损害责任纠纷案（2015年12月4日最高人民法院公布49起婚姻家庭纠纷典型案例）

案件适用要点： 在离婚后发现被告的婚姻存续期间的出轨行为，请求精神损害赔偿的，人民法院依法予以支持。

2. 张某诉程某身体权纠纷案（2015年12月4日最高人民法院公布49起婚姻家庭纠纷典型案例）

案件适用要点： 本案为家庭暴力的受害者在离婚后如何请求保护人身损害赔偿指明了道路。本案中张某在婚姻关系存续期间对程某的家庭暴力行为提起过刑事附带民事诉讼，获得了部分赔偿。在离婚后，对家庭暴力造成的人身损害再一次提起了民事诉讼，其赔偿请求也得到了终审人民法院的支持。根据本案，因家庭暴力造成的损害，当刑事附带民事判决不能囊括全部受害人应得的人身损害赔偿，对于没有对受害人进行赔偿的部分，受害人有权另行提起民事诉讼。

第一千零九十二条 【一方侵害夫妻财产的处理规则】 夫妻一方隐藏、转移、变卖、毁损、挥霍夫妻共同财产，或者伪造夫妻共同债务企图侵占另一方财产的，在离婚分割夫妻共同财产时，对该方可以少分或者不分。离婚后，另一方发现有上述行为的，可以向人民法院提起诉讼，请求再次分割夫妻共同财产。

注释 分割夫妻共同财产，首先是在离婚时进行分割。在分割夫妻共同财产中，如发现存在下列事由的，可以少分或者不分：（1）夫妻一方隐藏、转移、变卖、毁损、挥霍夫妻共同财产；（2）伪造夫妻共同债务企图侵占另一方财产。

如果是在离婚并实际分割了夫妻共同财产后，发现了上述情形的，当事人产生再次分割夫妻共同财产的请求权。当事人请求再次分割夫妻共同财产的，人民法院应当受理，并且按照查清的事实，对属于夫妻共同财产的部分进行再次分割。

当事人依据本条的规定向人民法院提起诉讼，请求再次分割夫妻共同财产的诉讼时效期间为 3 年，从当事人发现之日起计算。

参见 《最高人民法院关于适用〈中华人民共和国民法典〉婚姻家庭编的解释（一）》第 83、84 条

案例 李某诉孙某离婚后财产纠纷案（2015 年 12 月 4 日最高人民法院公布 49 起婚姻家庭纠纷典型案例）

案件适用要点： 李某在离婚后发现前夫孙某现住房是孙某在双方婚姻关系存续期间购买，孙某在离婚时对该房屋进行了隐瞒。虽然双方在离婚协议中有"男方经营的公司，所有的汽车等财产，离婚后属男方"的约定，但在房产价值远大于汽车的常识背景下，以"等"字涵盖房屋，违背常理，故法院认定该房为双方婚姻关系存续期间购买，应属于双方共同财产，并依法进行了分割。

......

第六编 继 承

第一章 一般规定

第一千一百一十九条 【继承编的调整范围】本编调整因继承产生的民事关系。

注释 《民法典》第 124 条规定，自然人依法享有继承权。自然人合法的私有财产，可以依法继承。

继承是指继承人对死者生前的财产权利和义务的承受，又称为财产继承，即自然人死亡时，其遗留的个人合法财产归死者生前在法定范围内指定的或者法定的亲属承受的民事法律关系。在继承法律关系中，生前享有的财产因其死亡而移转给他人的死者为被继承人，被继承人死亡时遗留的个人合法财产为遗产，依法承受被继承人遗产的法定范围内的人为继承人。以继承人继承遗产的方式为标准，可以将继承分为遗嘱继承和法定继承，这是对继承的基本分类。

参见 《宪法》第13条；《妇女权益保障法》第58条

第一千一百二十条 【继承权的保护】国家保护自然人的继承权。

第一千一百二十一条 【继承的开始时间和死亡时间的推定】继承从被继承人死亡时开始。

相互有继承关系的数人在同一事件中死亡，难以确定死亡时间的，推定没有其他继承人的人先死亡。都有其他继承人，辈份不同的，推定长辈先死亡；辈份相同的，推定同时死亡，相互不发生继承。

第一千一百二十二条 【遗产的范围】遗产是自然人死亡时遗留的个人合法财产。

依照法律规定或者根据其性质不得继承的遗产，不得继承。

第一千一百二十三条 【法定继承、遗嘱继承、遗赠和遗赠扶养协议的效力】继承开始后，按照法定继承办理；有遗嘱的，按照遗嘱继承或者遗赠办理；有遗赠扶养协议的，按照协议办理。

第一千一百二十四条 【继承和遗赠的接受和放弃】继承开始后，继承人放弃继承的，应当在遗产处理前，以书面形式作出放弃继承的表示；没有表示的，视为接受继承。

受遗赠人应当在知道受遗赠后六十日内，作出接受或者放弃受遗赠的表示；到期没有表示的，视为放弃受遗赠。

第一千一百二十五条 【继承权的丧失】继承人有下列行为之一的，丧失继承权：

（一）故意杀害被继承人；

（二）为争夺遗产而杀害其他继承人；

（三）遗弃被继承人，或者虐待被继承人情节严重；

（四）伪造、篡改、隐匿或者销毁遗嘱，情节严重；

（五）以欺诈、胁迫手段迫使或者妨碍被继承人设立、变更或者撤回遗嘱，情节严重。

继承人有前款第三项至第五项行为，确有悔改表现，被继承人表示宽恕或者事后在遗嘱中将其列为继承人的，该继承人不丧失继承权。

受遗赠人有本条第一款规定行为的，丧失受遗赠权。

第二章　法定继承

第一千一百二十六条　【继承权男女平等原则】继承权男女平等。

> **注释**　在法定继承中，继承权男女平等，是继承权平等原则的核心和基本表现。继承权男女平等的含义是：（1）男女具有平等的继承权，不因性别差异而有所不同。（2）夫妻在继承上有平等的权利，有相互继承遗产的权利，如夫妻一方死亡后另一方再婚的，有权处分所继承的财产，任何人不得干涉。（3）在继承人的范围和法定继承的顺序上，男女亲等相同，父系亲与母系亲平等。（4）在代位继承中，男女有平等的代位继承权，适用于父系的代位继承，同样适用于母系。

第一千一百二十七条　【继承人的范围及继承顺序】遗产按照下列顺序继承：

（一）第一顺序：配偶、子女、父母；

（二）第二顺序：兄弟姐妹、祖父母、外祖父母。

继承开始后，由第一顺序继承人继承，第二顺序继承人不继承；没有第一顺序继承人继承的，由第二顺序继承人继承。

本编所称子女，包括婚生子女、非婚生子女、养子女和有扶养关系的继子女。

本编所称父母，包括生父母、养父母和有扶养关系的继父母。

本编所称兄弟姐妹，包括同父母的兄弟姐妹、同父异母或者同母异父的兄弟姐妹、养兄弟姐妹、有扶养关系的继兄弟姐妹。

注释　本条规定了两个继承顺序：（1）配偶、子女、父母为第一顺序法定继承人。其中，配偶是指因合法的婚姻关系而确立夫妻身份的男女双方；子女包括婚生子女、非婚生子女、养子女、有扶养关系的继子女；父母，包括生父母、养父母和有扶养关系的继父母。丧偶儿媳对公婆，丧偶女婿对岳父母尽了主要赡养义务的，作为第一顺序继承人。（2）兄弟姐妹、祖父母、外祖父母为第二顺序法定继承人。其中，兄弟姐妹包括同父母的兄弟姐妹、同父异母或者同母异父的兄弟姐妹、养兄弟姐妹、有扶养关系的继兄弟姐妹。

第一千一百二十八条　**【代位继承】**被继承人的子女先于被继承人死亡的，由被继承人的子女的直系晚辈血亲代位继承。

被继承人的兄弟姐妹先于被继承人死亡的，由被继承人的兄弟姐妹的子女代位继承。

代位继承人一般只能继承被代位继承人有权继承的遗产份额。

案例　苏某甲诉李某田等法定继承纠纷案［人民法院贯彻实施民法典典型案例（第一批）］

案件适用要点：本案是适用《民法典》关于侄甥代位继承制度的典型案例。当事人一致确认苏某泉生前未立遗嘱，也未立遗赠扶养协议，故苏某泉的遗产应由其继承人按照法定继承办理。苏某甲系苏某泉姐姐苏某乙的养子女，在苏某乙先于苏某泉死亡且苏某泉的遗产无人继承又无人受遗赠的情况下，根据《最高人民法院关于适用〈中华人民共和国民法典〉时间效力的若干规定》第14条，适用《民法典》第1128条第2款和第3款的规定，苏某甲有权作为苏某泉的法定继承人继承苏某泉的遗产。

第一千一百二十九条　**【丧偶儿媳、女婿的继承权】**丧偶儿媳对公婆，丧偶女婿对岳父母，尽了主要赡养义务的，作为第一顺序继承人。

第一千一百三十条　**【遗产分配规则】**同一顺序继承人继承遗产的份额，一般应当均等。

对生活有特殊困难又缺乏劳动能力的继承人，分配遗产时，应当予以照顾。

对被继承人尽了主要扶养义务或者与被继承人共同生活的继承人，分配遗产时，可以多分。

有扶养能力和有扶养条件的继承人，不尽扶养义务的，分配遗产时，应当不分或者少分。

继承人协商同意的，也可以不均等。

第一千一百三十一条 　**【酌情分得遗产权】**对继承人以外的依靠被继承人扶养的人，或者继承人以外的对被继承人扶养较多的人，可以分给适当的遗产。

参见 　《最高人民法院关于适用〈中华人民共和国民法典〉继承编的解释（一）》第20、21、41条

第一千一百三十二条 　**【继承的处理方式】**继承人应当本着互谅互让、和睦团结的精神，协商处理继承问题。遗产分割的时间、办法和份额，由继承人协商确定；协商不成的，可以由人民调解委员会调解或者向人民法院提起诉讼。

参见 　《人民调解法》

……

第一千一百四十一条 　**【必留份】**遗嘱应当为缺乏劳动能力又没有生活来源的继承人保留必要的遗产份额。

注释 　必留份是指被继承人在立遗嘱处分自己的遗产时，必须依法留给特定继承人，不得自由处分的遗产份额。本条规定的遗嘱应当为缺乏劳动能力又没有生活来源的继承人保留必要的遗产份额，就是必留份。继承人是否缺乏劳动能力又没有生活来源，应当按遗嘱生效时该继承人的具体情况而定。

遗嘱非法处分必留份的，该部分遗嘱内容无效。

参见 　《最高人民法院关于适用〈中华人民共和国民法典〉继承编的解释（一）》第31条

案例 1. 孟甲与孟乙等遗嘱继承纠纷上诉案［辽宁省辽河油田中级人民法院（2008）油民一终字第4号民事判决书］

案件适用要点：遗嘱中未对缺乏劳动能力又无生活来源的继承人保留必要的遗产份额，该遗嘱涉及的财产部分无效。

2. 陈某某、陈某祥与陈某英等遗嘱继承纠纷案（2016年5月14日最高人民法院公布10起残疾人权益保障典型案例）

案件适用要点：残疾人的继承权依法不受侵犯。本案中陈某某虽身体有严重残疾，但作为出嫁女，其父母在处分遗产时，并未坚持当地民间传统中将房产只传男不传女的习惯，将案涉部分房产以遗嘱的形式明确由身体有残疾的陈某某继承。人民法院通过判决的形式依法确认了遗嘱的效力，切实保护了陈某某的财产继承权，为陈某某日后的生活所需提供了坚实的物质保障。

......

第一千一百五十四条 【按法定继承办理】有下列情形之一的，遗产中的有关部分按照法定继承办理：

（一）遗嘱继承人放弃继承或者受遗赠人放弃受遗赠；

（二）遗嘱继承人丧失继承权或者受遗赠人丧失受遗赠权；

（三）遗嘱继承人、受遗赠人先于遗嘱人死亡或者终止；

（四）遗嘱无效部分所涉及的遗产；

（五）遗嘱未处分的遗产。

第一千一百五十五条 【胎儿预留份】遗产分割时，应当保留胎儿的继承份额。胎儿娩出时是死体的，保留的份额按照法定继承办理。

注释 保留胎儿的继承份额，就是在计算参与遗产分割的人数时，应该将胎儿列入计算范围。需要注意的是，这里的继承份额既包括法定继承的继承份额，也包括遗嘱继承时的份额。在法定继承时，如果胎儿在继承人范围和顺序之内，应当按照法定或者协商确定的分割原则、比例计算胎儿的应继承遗产份额。在遗嘱继承时，如果遗嘱中明确哪些遗产属于受孕之胎儿的，那么在分割遗产时，就应将此部分遗产予以保留，而不得以胎儿尚未出生为由予以瓜分。

胎儿娩出时是死体的，其包括继承的权利能力在内的所有权利能力都溯及地消灭，则为其保留的份额按照法定继承办理，即由被继承人的法定继承人继承。

案例 李某、郭某阳诉郭某和、童某某继承纠纷案（最高人民法院指导案例 50 号）

案件适用要点： 夫妻关系存续期间，双方一致同意利用他人的精子进行人工授精并使女方受孕后，男方反悔，而女方坚持生出该子女的，不论该子女是否在夫妻关系存续期间出生，都应视为夫妻双方的婚生子女。

如果夫妻一方所订立的遗嘱中没有为胎儿保留遗产份额，因违反法律规定，该部分遗嘱内容无效。分割遗产时，应当为胎儿保留继承份额。

第一千一百五十六条 **【遗产分割】** 遗产分割应当有利于生产和生活需要，不损害遗产的效用。

不宜分割的遗产，可以采取折价、适当补偿或者共有等方法处理。

参见 《最高人民法院关于适用〈中华人民共和国民法典〉继承编的解释（一）》第 42 条

第一千一百五十七条 **【再婚时对所继承遗产的处分】** 夫妻一方死亡后另一方再婚的，有权处分所继承的财产，任何组织或者个人不得干涉。

注释 本条是关于夫妻一方死亡另一方再婚仍有权处分所继承遗产的规定。夫妻有相互继承遗产的权利。当一方死亡后，另一方与他人再婚的，并不能改变其所继承的遗产成为自己的财产的性质，因而有权处分自己所继承的财产。

……

第一千一百五十九条 **【遗产分割时的义务】** 分割遗产，应当清偿被继承人依法应当缴纳的税款和债务；但是，应当为缺乏劳动能力又没有生活来源的继承人保留必要的遗产。

注释 本条中关于应当为缺乏劳动能力又没有生活来源的继承人保留必要的遗产的规定，可从以下几个方面理解：首先，需要保留的前提是遗产可能不足以清偿债务和缴纳税款。其次，保留遗产指向的对象是缺乏劳动能力又没有生活来源的继承人。作出保留必须同时满足四个条件：（1）获得保留遗产的人必须是继承人，继承人以外的人不能享有此权利。（2）继承人缺乏劳动能力。缺乏劳动能力是指因无法参与生产劳动而获得经济收入维持生计。缺乏劳动能力必须是客观原因造成的无法劳动，而不是继承人主观上不愿意就业造成的。（3）继承人没有生活来源。没有生活来源就是继承人无法通过自身劳动获取收入养活自己，或者没有其他经济收入用以维持生计。（4）保留的是必要的遗产。就是维持其正常生活所需的必要的遗产，而不是全部遗产或者要确保其过超出一般人正常生活的奢侈生活。

保留必要遗产具有优先于税款支付和债务偿还的效力，只要被继承人的遗产可能不足以清偿所欠税款和债务，就必须予以保留。

······

政治权利

中华人民共和国宪法（节录）

（1982年12月4日第五届全国人民代表大会第五次会议通过　1982年12月4日全国人民代表大会公告公布施行　根据1988年4月12日第七届全国人民代表大会第一次会议通过的《中华人民共和国宪法修正案》、1993年3月29日第八届全国人民代表大会第一次会议通过的《中华人民共和国宪法修正案》、1999年3月15日第九届全国人民代表大会第二次会议通过的《中华人民共和国宪法修正案》、2004年3月14日第十届全国人民代表大会第二次会议通过的《中华人民共和国宪法修正案》和2018年3月11日第十三届全国人民代表大会第一次会议通过的《中华人民共和国宪法修正案》修正）

……

第三十三条　【公民权】 凡具有中华人民共和国国籍的人都是中华人民共和国公民。

中华人民共和国公民在法律面前一律平等。

国家尊重和保障人权。

任何公民享有宪法和法律规定的权利，同时必须履行宪法和法律规定的义务。

……

第四十八条　【男女平等】 中华人民共和国妇女在政治的、经济的、文化的、社会的和家庭的生活等各方面享有同男子平等的权利。

国家保护妇女的权利和利益，实行男女同工同酬，培养和选拔妇女干部。

第四十九条　【婚姻家庭制度】婚姻、家庭、母亲和儿童受国家的保护。

夫妻双方有实行计划生育的义务。

父母有抚养教育未成年子女的义务，成年子女有赡养扶助父母的义务。

禁止破坏婚姻自由，禁止虐待老人、妇女和儿童。

中华人民共和国全国人民代表大会和地方各级人民代表大会选举法（节录）

（1979 年 7 月 1 日第五届全国人民代表大会第二次会议通过　根据 1982 年 12 月 10 日第五届全国人民代表大会第五次会议《关于修改〈中华人民共和国全国人民代表大会和地方各级人民代表大会选举法〉的若干规定的决议》第一次修正　根据 1986 年 12 月 2 日第六届全国人民代表大会常务委员会第十八次会议《关于修改〈中华人民共和国全国人民代表大会和地方各级人民代表大会选举法〉的决定》第二次修正　根据 1995 年 2 月 28 日第八届全国人民代表大会常务委员会第十二次会议《关于修改〈中华人民共和国全国人民代表大会和地方各级人民代表大会选举法〉的决定》第三次修正　根据 2004 年 10 月 27 日第十届全国人民代表大会常务委员会第十二次会议《关于修改〈中华人民共和国全国人民代表大会和地方各级人民代表大会选举法〉的决定》第四次修正　根据 2010 年 3 月 14 日第十一届全国人民代表大会第三次会议《关于修改〈中华人民共和国全国人民代表大会和地方各级人民代表大会选举法〉的决定》第

五次修正 根据 2015 年 8 月 29 日第十二届全国人民代表大会常务委员会第十六次会议《关于修改〈中华人民共和国地方各级人民代表大会和地方各级人民政府组织法〉、〈中华人民共和国全国人民代表大会和地方各级人民代表大会选举法〉、〈中华人民共和国全国人民代表大会和地方各级人民代表大会代表法〉的决定》第六次修正 根据 2020 年 10 月 17 日第十三届全国人民代表大会常务委员会第二十二次会议《关于修改〈中华人民共和国全国人民代表大会和地方各级人民代表大会选举法〉的决定》第七次修正）

......

第七条 【人大代表的广泛性】全国人民代表大会和地方各级人民代表大会的代表应当具有广泛的代表性，应当有适当数量的基层代表，特别是工人、农民和知识分子代表；应当有适当数量的妇女代表，并逐步提高妇女代表的比例。

全国人民代表大会和归侨人数较多地区的地方人民代表大会，应当有适当名额的归侨代表。

旅居国外的中华人民共和国公民在县级以下人民代表大会代表选举期间在国内的，可以参加原籍地或者出国前居住地的选举。

中华人民共和国地方各级人民代表大会和地方各级人民政府组织法（节录）

（1979 年 7 月 1 日第五届全国人民代表大会第二次会议通过 1979 年 7 月 4 日公布 自 1980 年 1 月 1 日起施行 根据 1982 年 12 月 10 日第五届全国人民代表大会第五次会议《关于修改〈中华人民共和国地方各级人民代表大会和地方各级人民政府组织法〉的若干规定的决议》第一次修正 根

据 1986 年 12 月 2 日第六届全国人民代表大会常务委员会第十八次会议《关于修改〈中华人民共和国地方各级人民代表大会和地方各级人民政府组织法〉的决定》第二次修正 根据 1995 年 2 月 28 日第八届全国人民代表大会常务委员会第十二次会议《关于修改〈中华人民共和国地方各级人民代表大会和地方各级人民政府组织法〉的决定》第三次修正 根据 2004 年 10 月 27 日第十届全国人民代表大会常务委员会第十二次会议《关于修改〈中华人民共和国地方各级人民代表大会和地方各级人民政府组织法〉的决定》第四次修正 根据 2015 年 8 月 29 日第十二届全国人民代表大会常务委员会第十六次会议《关于修改〈中华人民共和国地方各级人民代表大会和地方各级人民政府组织法〉、〈中华人民共和国全国人民代表大会和地方各级人民代表大会选举法〉、〈中华人民共和国全国人民代表大会和地方各级人民代表大会代表法〉的决定》第五次修正 根据 2022 年 3 月 11 日第十三届全国人民代表大会第五次会议《关于修改〈中华人民共和国地方各级人民代表大会和地方各级人民政府组织法〉的决定》第六次修正)

······

第十一条 县级以上的地方各级人民代表大会行使下列职权:

(一)在本行政区域内,保证宪法、法律、行政法规和上级人民代表大会及其常务委员会决议的遵守和执行,保证国家计划和国家预算的执行;

(二)审查和批准本行政区域内的国民经济和社会发展规划纲要、计划和预算及其执行情况的报告,审查监督政府债务,监督本级人民政府对国有资产的管理;

(三)讨论、决定本行政区域内的政治、经济、教育、科学、文化、卫生、生态环境保护、自然资源、城乡建设、民政、社会保障、民族等工作的重大事项和项目;

(四)选举本级人民代表大会常务委员会的组成人员;

（五）选举省长、副省长，自治区主席、副主席，市长、副市长，州长、副州长，县长、副县长，区长、副区长；

（六）选举本级监察委员会主任、人民法院院长和人民检察院检察长；选出的人民检察院检察长，须报经上一级人民检察院检察长提请该级人民代表大会常务委员会批准；

（七）选举上一级人民代表大会代表；

（八）听取和审议本级人民代表大会常务委员会的工作报告；

（九）听取和审议本级人民政府和人民法院、人民检察院的工作报告；

（十）改变或者撤销本级人民代表大会常务委员会的不适当的决议；

（十一）撤销本级人民政府的不适当的决定和命令；

（十二）保护社会主义的全民所有的财产和劳动群众集体所有的财产，保护公民私人所有的合法财产，维护社会秩序，保障公民的人身权利、民主权利和其他权利；

（十三）保护各种经济组织的合法权益；

（十四）铸牢中华民族共同体意识，促进各民族广泛交往交流交融，保障少数民族的合法权利和利益；

（十五）保障宪法和法律赋予妇女的男女平等、同工同酬和婚姻自由等各项权利。

第十二条 乡、民族乡、镇的人民代表大会行使下列职权：

（一）在本行政区域内，保证宪法、法律、行政法规和上级人民代表大会及其常务委员会决议的遵守和执行；

（二）在职权范围内通过和发布决议；

（三）根据国家计划，决定本行政区域内的经济、文化事业和公共事业的建设计划和项目；

（四）审查和批准本行政区域内的预算和预算执行情况的报告，监督本级预算的执行，审查和批准本级预算的调整方案，审查和批准本级决算；

（五）决定本行政区域内的民政工作的实施计划；

（六）选举本级人民代表大会主席、副主席；

（七）选举乡长、副乡长，镇长、副镇长；

（八）听取和审议乡、民族乡、镇的人民政府的工作报告；

（九）听取和审议乡、民族乡、镇的人民代表大会主席团的工作报告；

（十）撤销乡、民族乡、镇的人民政府的不适当的决定和命令；

（十一）保护社会主义的全民所有的财产和劳动群众集体所有的财产，保护公民私人所有的合法财产，维护社会秩序，保障公民的人身权利、民主权利和其他权利；

（十二）保护各种经济组织的合法权益；

（十三）铸牢中华民族共同体意识，促进各民族广泛交往交流交融，保障少数民族的合法权利和利益；

（十四）保障宪法和法律赋予妇女的男女平等、同工同酬和婚姻自由等各项权利。

少数民族聚居的乡、民族乡、镇的人民代表大会在行使职权的时候，可以依照法律规定的权限采取适合民族特点的具体措施。

……

第七十三条　县级以上的地方各级人民政府行使下列职权：

（一）执行本级人民代表大会及其常务委员会的决议，以及上级国家行政机关的决定和命令，规定行政措施，发布决定和命令；

（二）领导所属各工作部门和下级人民政府的工作；

（三）改变或者撤销所属各工作部门的不适当的命令、指示和下级人民政府的不适当的决定、命令；

（四）依照法律的规定任免、培训、考核和奖惩国家行政机关工作人员；

（五）编制和执行国民经济和社会发展规划纲要、计划和预算，管理本行政区域内的经济、教育、科学、文化、卫生、体育、城乡建设等事业和生态环境保护、自然资源、财政、民政、社会保障、公安、民族事务、司法行政、人口与计划生育等行政工作；

（六）保护社会主义的全民所有的财产和劳动群众集体所有的财

产，保护公民私人所有的合法财产，维护社会秩序，保障公民的人身权利、民主权利和其他权利；

（七）履行国有资产管理职责；

（八）保护各种经济组织的合法权益；

（九）铸牢中华民族共同体意识，促进各民族广泛交往交流交融，保障少数民族的合法权利和利益，保障少数民族保持或者改革自己的风俗习惯的自由，帮助本行政区域内的民族自治地方依照宪法和法律实行区域自治，帮助各少数民族发展政治、经济和文化的建设事业；

（十）保障宪法和法律赋予妇女的男女平等、同工同酬和婚姻自由等各项权利；

（十一）办理上级国家行政机关交办的其他事项。

……

第七十六条　乡、民族乡、镇的人民政府行使下列职权：

（一）执行本级人民代表大会的决议和上级国家行政机关的决定和命令，发布决定和命令；

（二）执行本行政区域内的经济和社会发展计划、预算，管理本行政区域内的经济、教育、科学、文化、卫生、体育等事业和生态环境保护、财政、民政、社会保障、公安、司法行政、人口与计划生育等行政工作；

（三）保护社会主义的全民所有的财产和劳动群众集体所有的财产，保护公民私人所有的合法财产，维护社会秩序，保障公民的人身权利、民主权利和其他权利；

（四）保护各种经济组织的合法权益；

（五）铸牢中华民族共同体意识，促进各民族广泛交往交流交融，保障少数民族的合法权利和利益，保障少数民族保持或者改革自己的风俗习惯的自由；

（六）保障宪法和法律赋予妇女的男女平等、同工同酬和婚姻自由等各项权利；

（七）办理上级人民政府交办的其他事项。

……

中华人民共和国
村民委员会组织法（节录）

(1998 年 11 月 4 日第九届全国人民代表大会常务委员会第五次会议通过　2010 年 10 月 28 日第十一届全国人民代表大会常务委员会第十七次会议修订　根据 2018 年 12 月 29 日第十三届全国人民代表大会常务委员会第七次会议《关于修改〈中华人民共和国村民委员会组织法〉〈中华人民共和国城市居民委员会组织法〉的决定》修正)

……

第六条　【村民委员会的组成】村民委员会由主任、副主任和委员共三至七人组成。

村民委员会成员中，应当有妇女成员，多民族村民居住的村应当有人数较少的民族的成员。

对村民委员会成员，根据工作情况，给予适当补贴。

……

第九条　【村民委员会的社会职能】村民委员会应当宣传宪法、法律、法规和国家的政策，教育和推动村民履行法律规定的义务、爱护公共财产，维护村民的合法权益，发展文化教育，普及科技知识，促进男女平等，做好计划生育工作，促进村与村之间的团结、互助，开展多种形式的社会主义精神文明建设活动。

村民委员会应当支持服务性、公益性、互助性社会组织依法开展活动，推动农村社区建设。

多民族村民居住的村，村民委员会应当教育和引导各民族村民增进团结、互相尊重、互相帮助。

……

第二十五条 **【村民代表会议的组成和产生】**人数较多或者居住分散的村，可以设立村民代表会议，讨论决定村民会议授权的事项。村民代表会议由村民委员会成员和村民代表组成，村民代表应当占村民代表会议组成人员的五分之四以上，妇女村民代表应当占村民代表会议组成人员的三分之一以上。

村民代表由村民按每五户至十五户推选一人，或者由各村民小组推选若干人。村民代表的任期与村民委员会的任期相同。村民代表可以连选连任。

村民代表应当向其推选户或者村民小组负责，接受村民监督。

注释 关于村民代表会议中妇女代表的比例，法律明确要求妇女村民代表应当占村民代表会议组成人员的1/3以上。我国农村地区长期以来受男尊女卑思想影响比较大，男女受教育程度差别较大，农村妇女的家庭和社会地位相对较低，对社会事务的参与程度相对较弱。法律明确规定妇女代表在村民代表会议中的比例，有利于推动农村妇女参与管理社会事务，增强农村妇女参政议政意识。特别是随着农村人口流动加大，大量男性青壮劳动力外出打工、经商，在农村留守老人、留守妇女、留守儿童现象普遍，妇女成为农村村务管理的重要力量，法律应当对妇女在村民自治中的作用予以充分保障。

......

人身和人格权益

中华人民共和国刑法（节录）

（1979 年 7 月 1 日第五届全国人民代表大会第二次会议通过 1997 年 3 月 14 日第八届全国人民代表大会第五次会议修订 根据 1998 年 12 月 29 日第九届全国人民代表大会常务委员会第六次会议通过的《全国人民代表大会常务委员会关于惩治骗购外汇、逃汇和非法买卖外汇犯罪的决定》、1999 年 12 月 25 日第九届全国人民代表大会常务委员会第十三次会议通过的《中华人民共和国刑法修正案》、2001 年 8 月 31 日第九届全国人民代表大会常务委员会第二十三次会议通过的《中华人民共和国刑法修正案（二）》、2001 年 12 月 29 日第九届全国人民代表大会常务委员会第二十五次会议通过的《中华人民共和国刑法修正案（三）》、2002 年 12 月 28 日第九届全国人民代表大会常务委员会第三十一次会议通过的《中华人民共和国刑法修正案（四）》、2005 年 2 月 28 日第十届全国人民代表大会常务委员会第十四次会议通过的《中华人民共和国刑法修正案（五）》、2006 年 6 月 29 日第十届全国人民代表大会常务委员会第二十二次会议通过的《中华人民共和国刑法修正案（六）》、2009 年 2 月 28 日第十一届全国人民代表大会常务委员会第七次会议通过的《中华人民共和国刑法修正案（七）》、2009 年 8 月 27 日第十一届全国人民代表大会常务委员会第十次会议通过的《全国人民代表大会常务委员会关于修改部分法律的决定》、2011 年 2 月 25 日第十一届全国人民代表大会常务委员会第十九次会议通过的

《中华人民共和国刑法修正案（八）》、2015 年 8 月 29 日第十二届全国人民代表大会常务委员会第十六次会议通过的《中华人民共和国刑法修正案（九）》、2017 年 11 月 4 日第十二届全国人民代表大会常务委员会第三十次会议通过的《中华人民共和国刑法修正案（十）》和 2020 年 12 月 26 日第十三届全国人民代表大会常务委员会第二十四次会议通过的《中华人民共和国刑法修正案（十一）》修正)①

......

第十七条　【刑事责任年龄】已满十六周岁的人犯罪，应当负刑事责任。

已满十四周岁不满十六周岁的人，犯故意杀人、故意伤害致人重伤或者死亡、强奸、抢劫、贩卖毒品、放火、爆炸、投放危险物质罪的，应当负刑事责任。

已满十二周岁不满十四周岁的人，犯故意杀人、故意伤害罪，致人死亡或者以特别残忍手段致人重伤造成严重残疾，情节恶劣，经最高人民检察院核准追诉的，应当负刑事责任。

对依照前三款规定追究刑事责任的不满十八周岁的人，应当从轻或者减轻处罚。

因不满十六周岁不予刑事处罚的，责令其父母或者其他监护人加以管教；在必要的时候，依法进行专门矫治教育。

注释　刑事责任年龄，就是法律规定的应当对自己犯罪行为负刑事责任的年龄。只有达到法定年龄的人实施了犯罪行为，才能追究其刑事责任。对于没有达到法定年龄的人，即使实施了危害社会的行为，也不负刑事责任。

根据本条第 1 款的规定，实施犯罪行为的人负刑事责任的年龄是满 16 周岁，即凡年满 16 周岁的人，实施了刑法规定的任何一种

① 刑法、历次刑法修正案、涉及修改刑法的决定的施行日期，分别依据各法律所规定的施行日期确定。

犯罪行为，都应当负刑事责任。第2款是关于相对负刑事责任年龄段的规定，即在这个年龄段中的行为人不是实施了任何犯罪都负刑事责任。根据本款的规定，已满14周岁不满16周岁的人，只有实施故意杀人、故意伤害致人重伤或者死亡、强奸、抢劫、贩卖毒品、放火、爆炸、投放危险物质犯罪的，才负刑事责任。需要注意的是，这里所规定的8种犯罪，是指具体犯罪行为而不是具体罪名。第3款是2020年修正案新增规定，规定了已满12周岁不满14周岁的人，犯故意杀人、故意伤害罪，致人死亡或者以特别残忍手段致人重伤造成严重残疾，情节恶劣，经最高人民检察院核准追诉的，应当负刑事责任。第4款是关于对未成年人犯罪处罚原则的规定。根据本款的规定，对已满12周岁不满18周岁的人犯罪，应当从轻或者减轻处罚。

参见 《最高人民检察院关于"骨龄鉴定"能否作为确定刑事责任年龄证据使用的批复》；《预防未成年人犯罪法》

......

第二十条 **【正当防卫】** 为了使国家、公共利益、本人或者他人的人身、财产和其他权利免受正在进行的不法侵害，而采取的制止不法侵害的行为，对不法侵害人造成损害的，属于正当防卫，不负刑事责任。

正当防卫明显超过必要限度造成重大损害的，应当负刑事责任，但是应当减轻或者免除处罚。

对正在进行行凶、杀人、抢劫、强奸、绑架以及其他严重危及人身安全的暴力犯罪，采取防卫行为，造成不法侵害人伤亡的，不属于防卫过当，不负刑事责任。

案例 1. 张某某正当防卫案（最高人民法院指导案例144号）

案件适用要点： 对于使用致命性凶器攻击他人要害部位，严重危及他人人身安全的行为，应当认定为刑法第20条第3款规定的"行凶"，可以适用特殊防卫的有关规定。对于多人共同实施不法侵害，部分不法侵害人已被制伏，但其他不法侵害人仍在继续实施侵害的，仍然可以进行防卫。

2. 于某故意伤害案（最高人民法院指导案例 93 号）

案件适用要点： 对正在进行的非法限制他人人身自由的行为，应当认定为刑法第 20 条第 1 款规定的"不法侵害"，可以进行正当防卫。对非法限制他人人身自由并伴有侮辱、轻微殴打的行为，不应当认定为刑法第 20 条第 3 款规定的"严重危及人身安全的暴力犯罪"。

判断防卫是否过当，应当综合考虑不法侵害的性质、手段、强度、危害程度，以及防卫行为的性质、时机、手段、强度、所处环境和损害后果等情节。对非法限制他人人身自由并伴有侮辱、轻微殴打，且并不十分紧迫的不法侵害，进行防卫致人死亡重伤的，应当认定为刑法第 20 条第 2 款规定的"明显超过必要限度造成重大损害"。防卫过当案件，如系因被害人实施严重贬损他人人格尊严或者亵渎人伦的不法侵害引发的，量刑时对此应予充分考虑，以确保司法裁判既经得起法律检验，也符合社会公平正义观念。

参见 《最高人民法院、最高人民检察院、公安部关于依法适用正当防卫制度的指导意见》

……

第四十九条 【死刑适用对象的限制】犯罪的时候不满十八周岁的人和审判的时候怀孕的妇女，不适用死刑。

审判的时候已满七十五周岁的人，不适用死刑，但以特别残忍手段致人死亡的除外。

注释 关于死刑适用对象的限制，主要包括三类人，且这三类人各自禁止适用死刑的时间标准不同：

不满 18 周岁的未成年人不适用死刑。该"不满 18 周岁"是以犯罪时为准。犯罪时不满 18 周岁，即使审判时已满 18 周岁的，也不适用死刑。不适用死刑，包括不适用死刑立即执行与死刑缓期 2 年执行。18 周岁应从生日的第 2 天起计算。

怀孕的妇女不适用死刑。该"怀孕的妇女"是以审判时"怀孕"为准。"审判的时候"并不仅限于法院审理阶段，而是从羁押到执行的整个刑事诉讼过程。此外注意，在审判期间怀孕的妇女，即使流产（包括自然流产和人工流产），也不适用死刑。同样，不适用死刑，包括不适用死刑立即执行与死刑缓期 2 年执行。

审判的时候已满 75 周岁的人不适用死刑。这是《刑法修正案（八）》新增的内容。根据本条第 2 款规定，如果已满 75 周岁的人以特别残忍手段致人死亡，亦可以适用死刑。

第五十条　【死缓变更】判处死刑缓期执行的，在死刑缓期执行期间，如果没有故意犯罪，二年期满以后，减为无期徒刑；如果确有重大立功表现，二年期满以后，减为二十五年有期徒刑；如果故意犯罪，情节恶劣的，报请最高人民法院核准后执行死刑；对于故意犯罪未执行死刑的，死刑缓期执行的期间重新计算，并报最高人民法院备案。

对被判处死刑缓期执行的累犯以及因故意杀人、强奸、抢劫、绑架、放火、爆炸、投放危险物质或者有组织的暴力性犯罪被判处死刑缓期执行的犯罪分子，人民法院根据犯罪情节等情况可以同时决定对其限制减刑。

……

第五十六条　【剥夺政治权利的附加、独立适用】对于危害国家安全的犯罪分子应当附加剥夺政治权利；对于故意杀人、强奸、放火、爆炸、投毒、抢劫等严重破坏社会秩序的犯罪分子，可以附加剥夺政治权利。

独立适用剥夺政治权利的，依照本法分则的规定。

……

第七十二条　【缓刑的适用条件】对于被判处拘役、三年以下有期徒刑的犯罪分子，同时符合下列条件的，可以宣告缓刑，对其中不满十八周岁的人、怀孕的妇女和已满七十五周岁的人，应当宣告缓刑：

（一）犯罪情节较轻；

（二）有悔罪表现；

（三）没有再犯罪的危险；

（四）宣告缓刑对所居住社区没有重大不良影响。

宣告缓刑，可以根据犯罪情况，同时禁止犯罪分子在缓刑考验期限内从事特定活动，进入特定区域、场所，接触特定的人。

被宣告缓刑的犯罪分子，如果被判处附加刑，附加刑仍须执行。

注释 适用缓刑的条件有：一是对象条件，为被判处拘役或3年以下有期徒刑的犯罪分子。二是实质条件：犯罪情节较轻；有悔罪表现；没有再犯罪的危险；宣告缓刑对所居住的社区没有重大不良影响。三是禁止条件，即犯罪分子不得为累犯或犯罪集团的首要分子。

案例 董某某、宋某某抢劫案（最高人民法院指导案例14号）

案件适用要点：对判处管制或者宣告缓刑的未成年被告人，可以根据其犯罪的具体情况以及禁止事项与所犯罪行的关联程度，对其适用"禁止令"。对于未成年人因上网诱发犯罪的，可以禁止其在一定期限内进入网吧等特定场所。

……

第八十一条 【假释的适用条件】被判处有期徒刑的犯罪分子，执行原判刑期二分之一以上，被判处无期徒刑的犯罪分子，实际执行十三年以上，如果认真遵守监规，接受教育改造，确有悔改表现，没有再犯罪的危险的，可以假释。如果有特殊情况，经最高人民法院核准，可以不受上述执行刑期的限制。

对累犯以及因故意杀人、强奸、抢劫、绑架、放火、爆炸、投放危险物质或者有组织的暴力性犯罪被判处十年以上有期徒刑、无期徒刑的犯罪分子，不得假释。

对犯罪分子决定假释时，应当考虑其假释后对所居住社区的影响。

注释 本条第1款规定的"特殊情况"，是指有国家政治、国防、外交等方面特殊需要的情况。

本条第2款规定了不得假释的情形。需要注意的是，因该款情形和犯罪被判处死刑缓期执行的罪犯，被减为无期徒刑、有期徒刑后，也不得假释。

对下列罪犯适用假释时可以依法从宽掌握：（1）过失犯罪的罪

犯、中止犯罪的罪犯、被胁迫参加犯罪的罪犯;(2)因防卫过当或者紧急避险过当而被判处有期徒刑以上刑罚的罪犯;(3)犯罪时未满18周岁的罪犯;(4)基本丧失劳动能力、生活难以自理,假释后生活确有着落的老年罪犯、患严重疾病罪犯或者身体残疾罪犯;(5)服刑期间改造表现特别突出的罪犯;(6)具有其他可以从宽假释情形的罪犯。罪犯既符合法定减刑条件,又符合法定假释条件的,可以优先适用假释。

> **参见** 《最高人民法院关于办理减刑、假释案件具体应用法律的规定》;《最高人民法院关于贯彻宽严相济刑事政策的若干意见》;《最高人民法院关于减刑、假释案件审理程序的规定》

······

第二百三十六条 【强奸罪】 以暴力、胁迫或者其他手段强奸妇女的,处三年以上十年以下有期徒刑。

奸淫不满十四周岁的幼女的,以强奸论,从重处罚。

强奸妇女、奸淫幼女,有下列情形之一的,处十年以上有期徒刑、无期徒刑或者死刑:

(一)强奸妇女、奸淫幼女情节恶劣的;

(二)强奸妇女、奸淫幼女多人的;

(三)在公共场所当众强奸妇女、奸淫幼女的;

(四)二人以上轮奸的;

(五)奸淫不满十周岁的幼女或者造成幼女伤害的;

(六)致使被害人重伤、死亡或者造成其他严重后果的。

> **注释** 强奸罪,是指违背妇女意志,使用暴力、胁迫或者其他手段,强行与其发生性行为或者奸淫幼女的行为。判断与妇女发生性关系是否违背妇女的意志,要结合性关系发生的时间、周围环境、妇女的性格、体质等各种因素进行综合分析,不能将妇女抗拒作为违背其意愿的唯一要件。对于有的被害妇女由于害怕等原因而不敢反抗、失去反抗能力的,也应认定是违背了妇女的真实意愿。同无责任能力的妇女发生性关系的,由于这些妇女无法正常表达自己的真实意愿,因此无论其是否"同意",均构成强奸妇女罪。本

罪的犯罪主体一般是男子，教唆、帮助男子强奸妇女的女子，也可以成为强奸罪的共犯。注意强奸行为被其他犯罪所包容的情形：在拐卖妇女的犯罪过程中，奸淫被拐卖的妇女的，强奸行为被拐卖妇女罪所包容，适用更重的法定刑。

奸淫幼女，是指与不满14周岁的幼女发生性关系的行为。构成本罪应具有两个要件：（1）被害人是不满14周岁的幼女；（2）有奸淫幼女的行为。不论行为人采用什么手段，也不论幼女是否同意，只要与幼女发生了性关系，就构成本罪。依照本款的规定，奸淫不满14周岁的幼女的，以强奸论，从重处罚。《刑法修正案（十一）》进一步规定了奸淫不满10周岁幼女或者造成幼女伤害的，可处10年以上有期徒刑、无期徒刑或者死刑。

知道或者应当知道对方是不满14周岁的幼女，而实施奸淫等性侵害行为的，应当认定行为人"明知"对方是幼女。对于不满12周岁的被害人实施奸淫等性侵害行为的，应当认定行为人"明知"对方是幼女。对于已满12周岁不满14周岁的被害人，从其身体发育状况、言谈举止、衣着特征、生活作息规律等观察可能是幼女，而实施奸淫等性侵害行为的，应当认定行为人"明知"对方是幼女。

以金钱财物等方式引诱幼女与自己发生性关系的；知道或者应当知道幼女被他人强迫卖淫而仍与其发生性关系的，均以强奸罪论处。

第二百三十六条之一　【负有照护职责人员性侵罪】对已满十四周岁不满十六周岁的未成年女性负有监护、收养、看护、教育、医疗等特殊职责的人员，与该未成年女性发生性关系的，处三年以下有期徒刑；情节恶劣的，处三年以上十年以下有期徒刑。

有前款行为，同时又构成本法第二百三十六条规定之罪的，依照处罚较重的规定定罪处罚。

第二百三十七条　【强制猥亵、侮辱罪】以暴力、胁迫或者其他方法强制猥亵他人或者侮辱妇女的，处五年以下有期徒刑或者拘役。

聚众或者在公共场所当众犯前款罪的，或者有其他恶劣情节的，处五年以上有期徒刑。

【猥亵儿童罪】 猥亵儿童的，处五年以下有期徒刑；有下列情形之一的，处五年以上有期徒刑：

（一）猥亵儿童多人或者多次的；

（二）聚众猥亵儿童的，或者在公共场所当众猥亵儿童，情节恶劣的；

（三）造成儿童伤害或者其他严重后果的；

（四）猥亵手段恶劣或者有其他恶劣情节的。

> **注释** 猥亵，是指以满足性刺激为目的，进行性交以外的淫秽行为。需注意的是，强制猥亵罪的对象包括年满14周岁的男性。本条中的妇女，是指14周岁以上的女性；儿童，是指不满14周岁的男童或女童。猥亵儿童罪中的猥亵行为可以是强制性的，也可以是非强制性的。

第二百三十八条 **【非法拘禁罪】** 非法拘禁他人或者以其他方法非法剥夺他人人身自由的，处三年以下有期徒刑、拘役、管制或者剥夺政治权利。具有殴打、侮辱情节的，从重处罚。

犯前款罪，致人重伤的，处三年以上十年以下有期徒刑；致人死亡的，处十年以上有期徒刑。使用暴力致人伤残、死亡的，依照本法第二百三十四条、第二百三十二条的规定定罪处罚。

为索取债务非法扣押、拘禁他人的，依照前两款的规定处罚。

国家机关工作人员利用职权犯前三款罪的，依照前三款的规定从重处罚。

> **注释** 非法拘禁罪，是指故意非法拘禁他人或者以其他方法非法剥夺他人人身自由的行为。行为人为索取高利贷、赌债等法律不予保护的债务，非法扣押、拘禁他人的，依照本条的规定定罪处罚。

> **参见** 《最高人民法院关于对为索取法律不予保护的债务非法拘禁他人行为如何定罪问题的解释》

第二百三十九条 **【绑架罪】** 以勒索财物为目的绑架他人的，

或者绑架他人作为人质的，处十年以上有期徒刑或者无期徒刑，并处罚金或者没收财产；情节较轻的，处五年以上十年以下有期徒刑，并处罚金。

犯前款罪，杀害被绑架人的，或者故意伤害被绑架人，致人重伤、死亡的，处无期徒刑或者死刑，并处没收财产。

以勒索财物为目的偷盗婴幼儿的，依照前两款的规定处罚。

注释　本条第1款是关于绑架罪的构成及其处刑的规定：(1)"以勒索财物为目的的绑架他人的"勒索型绑架，即通常说的"绑票"或者"掳人勒赎"。"勒索财物"是指行为人在绑架他人以后，以不答应要求就杀害或伤害人质相威胁，勒令与人质有特殊关系的人于指定时间，以特定方式，在指定地点交付一定数量的金钱或财物。在勒索型绑架犯罪中，犯罪既遂与否的实质标准是看绑架行为是否实施，从而使被害人丧失行动自由并受到行为人的实际支配。至于勒索财物的行为是否来得及实施，以及虽实施了勒索行为，但由于行为人意志以外的原因而未达到勒索财物的目的，都不影响勒索型绑架既遂的成立。勒索财物目的是否实现仅是一个量刑加以考虑的情节。(2)绑架他人作为人质的情形是指行为人实施绑架行为是为了要求对方作出妥协、让步或满足某种要求，有时还具有政治目的。绑架行为作为一种持续性犯罪，犯罪既遂以后所造成的不法状态在一段时间内仍然延续，会给被害人造成长期的身心折磨和伤害。应当注意的是，以出卖为目的，使用暴力、胁迫或者麻醉方法绑架妇女、儿童的行为不属于本条所规定的绑架罪的范围，而应当依照本法第240条关于拐卖妇女、儿童犯罪的规定处罚。

第2款是关于对绑架罪加重处罚的规定。"杀害被绑架人"即通常说的"撕票"，是指以剥夺被绑架人生命为目的的实施的各种行为。"杀害"只需要行为人有杀人的故意及行为，并不要求"杀死"被绑架人的结果。"杀害"既可以是积极作为也可以是消极不作为。积极作为指以杀害为目的，将被绑架人抛入深潭或水库中让其溺毙等情形；消极不作为，指以杀害为目的，将被绑架人抛弃在人迹罕至的地方等待其冻饿死等情形。实践中，杀害被绑架人未遂的情况时有发生。对于被绑架人基于各种原因最终生还的，并不影响"杀害"行为的认定。此外，本款还规定了"故意伤害被绑架人，致人重伤、死亡的"加重处罚情形。这里规定的"故意伤害"是指以伤害被绑架人的身体为目的实施各种行为。"致人重伤、死亡"，是指造成被绑架人重伤、死亡的结果。依照本款规定，故意伤害被绑架人，致人重伤、死亡的，处无期徒刑或者死刑。需要注意的是，这里的故意伤害被绑架人的行为应与被绑架人重伤、死亡的加重结果具有直接因果关系，两者仅具有间接关系的，如行为人实施故意伤害行为，被绑架人自杀而造成重伤或死亡结果的，可依本条第 1 款的规定处罚。此外，对行为人过失造成被绑架人重伤、死亡后果的，可以依照第 1 款规定，最高处以无期徒刑。

司法实践中，应当注意行为人为索要债务而实施"绑架"行为的问题。这里涉及了绑架罪与非法拘禁罪的区别。"索财型"绑架罪与"索债型"非法拘禁罪都实施了剥夺他人的人身自由并向他人索要财物的行为，但两罪主要有以下三方面区别：一是行为人非法限制他人人身自由的主观目的不同。绑架罪以勒索财物为目的，对财物无因而索；索要债务的非法拘禁行为，索债是事出有因。二是行为人侵犯的客体不同。"索财型"绑架罪侵犯的是复杂客体，即他人的人身权利和财产权利；"索债型"非法拘禁罪侵犯的客体是简单客体，即他人的人身权利。三是危险性不同。绑架罪需以暴力、胁迫等犯罪方法，对被害人的健康、生命有较大的危害；非法拘禁在实施扣押、拘禁他人的过程中也可能出现捆绑、推搡、殴打等行为，但更多的是侵害他人的人身自由，而非他人的生命健康。

参见 《最高人民法院关于对在绑架过程中以暴力、胁迫等手段当场劫取被害人财物的行为如何适用法律问题的答复》

案例 罗某绑架、强奸案（四川省高级人民法院〔2010〕川刑复字第 113 号）

案件适用要点：被告人为勒索财物而绑架他人，在索取赎金过程中以为对方已经报警而欲撕票，对被绑架人实施勒颈、土埋、刀刺等手段，以为被绑架人死亡后逃离现场，虽然被绑架人苏醒被救后经鉴定只受到轻伤，但被告人在绑架中杀害被绑架人的主观故意十分明显，且采取了多种杀人手段，未造成被绑架人死亡系被告人意志以外的原因所致。因此，被告人的行为符合绑架罪中"杀害被绑架人"的加重情形，对被告人应当适用死刑。鉴于客观上并未造成被绑架人死亡的后果，对其判处死刑，可不立即执行。

第二百四十条 【拐卖妇女、儿童罪】拐卖妇女、儿童的，处五年以上十年以下有期徒刑，并处罚金；有下列情形之一的，处十年以上有期徒刑或者无期徒刑，并处罚金或者没收财产；情节特别严重的，处死刑，并处没收财产：

（一）拐卖妇女、儿童集团的首要分子；

（二）拐卖妇女、儿童三人以上的；

（三）奸淫被拐卖的妇女的；

（四）诱骗、强迫被拐卖的妇女卖淫或者将被拐卖的妇女卖给他人迫使其卖淫的；

（五）以出卖为目的，使用暴力、胁迫或者麻醉方法绑架妇女、儿童的；

（六）以出卖为目的，偷盗婴幼儿的；

（七）造成被拐卖的妇女、儿童或者其亲属重伤、死亡或者其他严重后果的；

（八）将妇女、儿童卖往境外的。

拐卖妇女、儿童是指以出卖为目的，有拐骗、绑架、收买、贩卖、接送、中转妇女、儿童的行为之一的。

注释 本罪的对象仅限妇女、儿童，不包括已满14周岁的男子。其中的"妇女"，是指已满14周岁的女性，既包括具有中国国籍的妇女，也包括具有外国国籍和无国籍的妇女。被拐卖的外国妇女没有身份证明的，不影响对犯罪分子的定罪处罚。"儿童"，是指不满14周岁的男童或女童。

注意拐卖妇女罪的规定存在包容犯的情况，即在拐卖妇女的犯罪过程中，行为人又强奸被拐卖的妇女的，或者引诱、强迫被拐卖的妇女卖淫的，仅定拐卖妇女罪一罪，适用更重的法定刑。

本罪是一个选择性罪名，只要实施上述一种行为的，就构成本罪，同时实施上述几种行为的，或者既拐卖妇女，又拐卖儿童的，只构成一个罪，不实行数罪并罚。收买被拐卖的妇女、儿童后又出卖的，构成拐卖妇女、儿童罪。

参见　《最高人民法院关于审理拐卖妇女案件适用法律有关问题的解释》；《最高人民法院、最高人民检察院、公安部、司法部关于依法惩治拐卖妇女儿童犯罪的意见》；《最高人民法院关于审理拐卖妇女儿童犯罪案件具体应用法律若干问题的解释》

第二百四十一条　**【收买被拐卖的妇女、儿童罪】**收买被拐卖的妇女、儿童的，处三年以下有期徒刑、拘役或者管制。

收买被拐卖的妇女，强行与其发生性关系的，依照本法第二百三十六条的规定定罪处罚。

收买被拐卖的妇女、儿童，非法剥夺、限制其人身自由或者有伤害、侮辱等犯罪行为的，依照本法的有关规定定罪处罚。

收买被拐卖的妇女、儿童，并有第二款、第三款规定的犯罪行为的，依照数罪并罚的规定处罚。

收买被拐卖的妇女、儿童又出卖的，依照本法第二百四十条的规定定罪处罚。

收买被拐卖的妇女、儿童，对被买儿童没有虐待行为，不阻碍对其进行解救的，可以从轻处罚；按照被买妇女的意愿，不阻碍其返回原居住地的，可以从轻或者减轻处罚。

第二百四十二条　**【妨害公务罪】**以暴力、威胁方法阻碍国家机关工作人员解救被收买的妇女、儿童的，依照本法第二百七十七条的规定定罪处罚。

【聚众阻碍解救被收买的妇女、儿童罪】聚众阻碍国家机关工作人员解救被收买的妇女、儿童的首要分子，处五年以下有期徒刑或者拘役；其他参与者使用暴力、威胁方法的，依照前款的规定处罚。

……

第二百四十五条　**【非法搜查罪　非法侵入住宅罪】**非法搜查

他人身体、住宅，或者非法侵入他人住宅的，处三年以下有期徒刑或者拘役。

司法工作人员滥用职权，犯前款罪的，从重处罚。

第二百四十六条　【侮辱罪　诽谤罪】以暴力或者其他方法公然侮辱他人或者捏造事实诽谤他人，情节严重的，处三年以下有期徒刑、拘役、管制或者剥夺政治权利。

前款罪，告诉的才处理，但是严重危害社会秩序和国家利益的除外。

通过信息网络实施第一款规定的行为，被害人向人民法院告诉，但提供证据确有困难的，人民法院可以要求公安机关提供协助。

> **注释**　侮辱罪，是指使用暴力或者其他方法公然贬低他人人格，破坏他人名誉，情节严重的行为。诽谤罪，是指捏造并散布虚构的事实，损害他人人格和名誉，情节严重的行为。侮辱罪、诽谤罪都是告诉才处理，但严重危害社会秩序和国家利益的除外。
>
> 侮辱罪与诽谤罪的主体、主观方面、客体等基本相同，二者不同点在于犯罪的客观方面：侮辱的方法可以用暴力方法，而诽谤不可能用暴力方法；侮辱表现为公然对被害人进行嘲弄、辱骂等令人难堪、损害人格尊严的行为，并不是捏造有损他人名誉的事实，而诽谤则必须是捏造有损于他人名誉的事实并加以散布的行为；侮辱行为必须是"公然"地进行，即当着公众之面进行，而诽谤则可以是私下的，但只要使第三人或公众知道的方式散布捏造的事实即可构成。
>
> 侮辱罪与强制猥亵、侮辱妇女罪的区别：关键在于行为人的动机。强制猥亵、侮辱妇女罪具有满足性刺激的动机，而侮辱罪的行为人没有该动机。
>
> **参见**　《最高人民法院、最高人民检察院关于办理利用信息网络实施诽谤等刑事案件适用法律若干问题的解释》
>
> ……

第二百五十七条　【暴力干涉婚姻自由罪】以暴力干涉他人婚姻自由的，处二年以下有期徒刑或者拘役。

犯前款罪，致使被害人死亡的，处二年以上七年以下有期徒刑。

第一款罪，告诉的才处理。

> **注释**　婚姻自由，是我国公民享有的一项重要权利。婚姻自由包括结婚自由和离婚自由。暴力干涉婚姻自由罪，是指以暴力手段干涉他人行使结婚自由或离婚自由权利的行为。"暴力干涉"是构成本罪的重要特征，没有使用暴力的，不构成本罪。所谓"暴力"，是指使用殴打、捆绑、禁闭等手段，使被害人不敢、不能行使婚姻自由权利。
>
> 本条第 2 款中"致使被害人死亡的"，是指在实施暴力干涉他人婚姻自由的行为过程中致被害人死亡，或者被害人因婚姻自由权无法行使而自杀的情形。如果行为人在暴力干涉他人婚姻自由过程中故意实施杀害或伤害行为致使被害人死亡的，应当按照故意杀人罪追究刑事责任。
>
> 本罪是告诉才处理的案件，但"致使被害人死亡的"除外。

第二百五十八条　【重婚罪】有配偶而重婚的，或者明知他人有配偶而与之结婚的，处二年以下有期徒刑或者拘役。

> **注释**　应当注意行为人前后两次婚姻都是法定婚的，是典型的重婚罪，如果前一次是法定婚，后一次是事实婚，也以重婚论。前一次是事实婚，后一次是法定婚或前后两次都是事实婚的，不构成重婚罪。
>
> 所谓"事实婚"，是指男女双方没有进行结婚登记而对外以夫妻名义长期共同生活，并且其他人也以为他们是夫妻关系的情形。

第二百五十九条　【破坏军婚罪】明知是现役军人的配偶而与之同居或者结婚的，处三年以下有期徒刑或者拘役。

利用职权、从属关系，以胁迫手段奸淫现役军人的妻子的，依照本法第二百三十六条的规定定罪处罚。

第二百六十条　【虐待罪】虐待家庭成员，情节恶劣的，处二年以下有期徒刑、拘役或者管制。

犯前款罪，致使被害人重伤、死亡的，处二年以上七年以下有期徒刑。

第一款罪，告诉的才处理，但被害人没有能力告诉，或者因受到强制、威吓无法告诉的除外。

> **注释** 本罪的犯罪主体与犯罪对象必须是共同生活的同一家庭的成员。客观方面的行为方式表现为对共同生活的家庭成员经常以打骂、捆绑、冻饿、有病不给治、强迫超体力劳作、限制自由或侮辱、咒骂、讥讽、凌辱人格等方式，从肉体上或者精神上摧残、折磨的行为。虐待行为必须具有经常性、一贯性。构成本罪还必须要求"情节恶劣"，所谓"情节恶劣"主要是指虐待手段凶狠残忍、虐待动机卑鄙、虐待时间长、虐待老人、孩子、重病患者、残疾人或者虐待多人、因虐待激起民愤等情形。
>
> 本条第2款中"致使被害人重伤、死亡的"，是指在实施虐待行为过程中致被害人重伤、死亡，或者被害人不堪受虐而自杀的情形。如果行为人故意造成被害人重伤或死亡，应当按照故意伤害罪或故意杀人罪追究刑事责任。
>
> 本罪是告诉才处理的案件。所谓"告诉才处理"，是指被害人告诉才处理。但本条第3款同时规定，对于属于被害人没有能力告诉，或者因受到强制、威吓无法告诉的情形，应按照公诉案件处理，由人民检察院提起公诉，而不属于《刑法》第98条规定的代为告诉的情形。

第二百六十条之一 【虐待被监护、看护人罪】对未成年人、老年人、患病的人、残疾人等负有监护、看护职责的人虐待被监护、看护的人，情节恶劣的，处三年以下有期徒刑或者拘役。

单位犯前款罪的，对单位判处罚金，并对其直接负责的主管人员和其他直接责任人员，依照前款的规定处罚。

有第一款行为，同时构成其他犯罪的，依照处罚较重的规定定罪处罚。

> **参见** 《最高人民法院关于审理走私、非法经营、非法使用兴奋剂刑事案件适用法律若干问题的解释》第3条

第二百六十一条 【遗弃罪】对于年老、年幼、患病或者其他没有独立生活能力的人，负有扶养义务而拒绝扶养，情节恶劣的，处五年以下有期徒刑、拘役或者管制。

注释 关于本条中的"情节恶劣"如何理解的问题，《最高人民法院、最高人民检察院、公安部、司法部关于依法办理家庭暴力犯罪案件的意见》中列举了一些常见的情形：对被害人长期不予照顾、不提供生活来源；驱赶、逼迫被害人离家，致使被害人流离失所或者生存困难；遗弃患严重疾病或者生活不能自理的被害人；遗弃致使被害人身体严重损害或者造成其他严重后果等情形。

......

第三百条 【组织、利用会道门、邪教组织、利用迷信破坏法律实施罪】组织、利用会道门、邪教组织或者利用迷信破坏国家法律、行政法规实施的，处三年以上七年以下有期徒刑，并处罚金；情节特别严重的，处七年以上有期徒刑或者无期徒刑，并处罚金或者没收财产；情节较轻的，处三年以下有期徒刑、拘役、管制或者剥夺政治权利，并处或者单处罚金。

【组织、利用会道门、邪教组织、利用迷信致人重伤、死亡罪】组织、利用会道门、邪教组织或者利用迷信蒙骗他人，致人重伤、死亡的，依照前款的规定处罚。

犯第一款罪又有奸淫妇女、诈骗财物等犯罪行为的，依照数罪并罚的规定处罚。

参见 《最高人民法院、最高人民检察院关于办理组织、利用邪教组织破坏法律实施等刑事案件适用法律若干问题的解释》

第三百零一条 【聚众淫乱罪】聚众进行淫乱活动的，对首要分子或者多次参加的，处五年以下有期徒刑、拘役或者管制。

【引诱未成年人聚众淫乱罪】引诱未成年人参加聚众淫乱活动的，依照前款的规定从重处罚。

......

第三百五十八条 【组织卖淫罪】【强迫卖淫罪】组织、强迫他人卖淫的，处五年以上十年以下有期徒刑，并处罚金；情节严重的，处十年以上有期徒刑或者无期徒刑，并处罚金或者没收财产。

组织、强迫未成年人卖淫的，依照前款的规定从重处罚。

犯前两款罪，并有杀害、伤害、强奸、绑架等犯罪行为的，依照数罪并罚的规定处罚。

【协助组织卖淫罪】为组织卖淫的人招募、运送人员或者有其他协助组织他人卖淫行为的，处五年以下有期徒刑，并处罚金；情节严重的，处五年以上十年以下有期徒刑，并处罚金。

第三百五十九条　**【引诱、容留、介绍卖淫罪】**引诱、容留、介绍他人卖淫的，处五年以下有期徒刑、拘役或者管制，并处罚金；情节严重的，处五年以上有期徒刑，并处罚金。

【引诱幼女卖淫罪】引诱不满十四周岁的幼女卖淫的，处五年以上有期徒刑，并处罚金。

第三百六十条　**【传播性病罪】**明知自己患有梅毒、淋病等严重性病卖淫、嫖娼的，处五年以下有期徒刑、拘役或者管制，并处罚金。

第三百六十一条　**【利用本单位条件犯罪的定罪及处罚规定】**旅馆业、饮食服务业、文化娱乐业、出租汽车业等单位的人员，利用本单位的条件，组织、强迫、引诱、容留、介绍他人卖淫的，依照本法第三百五十八条、第三百五十九条的规定定罪处罚。

前款所列单位的主要负责人，犯前款罪的，从重处罚。

第三百六十二条　**【为违法犯罪分子通风报信的定罪及处罚】**旅馆业、饮食服务业、文化娱乐业、出租汽车业等单位的人员，在公安机关查处卖淫、嫖娼活动时，为违法犯罪分子通风报信，情节严重的，依照本法第三百一十条的规定定罪处罚。

……

第三百六十五条　**【组织淫秽表演罪】**组织进行淫秽表演的，处三年以下有期徒刑、拘役或者管制，并处罚金；情节严重的，处三年以上十年以下有期徒刑，并处罚金。

......

第四百一十六条 【不解救被拐卖、绑架妇女、儿童罪】对被拐卖、绑架的妇女、儿童负有解救职责的国家机关工作人员，接到被拐卖、绑架的妇女、儿童及其家属的解救要求或者接到其他人的举报，而对被拐卖、绑架的妇女、儿童不进行解救，造成严重后果的，处五年以下有期徒刑或者拘役。

【阻碍解救被拐卖、绑架妇女、儿童罪】负有解救职责的国家机关工作人员利用职务阻碍解救的，处二年以上七年以下有期徒刑；情节较轻的，处二年以下有期徒刑或者拘役。

......

中华人民共和国刑事诉讼法（节录）

（1979 年 7 月 1 日第五届全国人民代表大会第二次会议通过 根据 1996 年 3 月 17 日第八届全国人民代表大会第四次会议《关于修改〈中华人民共和国刑事诉讼法〉的决定》第一次修正 根据 2012 年 3 月 14 日第十一届全国人民代表大会第五次会议《关于修改〈中华人民共和国刑事诉讼法〉的决定》第二次修正 根据 2018 年 10 月 26 日第十三届全国人民代表大会常务委员会第六次会议《关于修改〈中华人民共和国刑事诉讼法〉的决定》第三次修正）

......

第六条 【以事实为依据、以法律为准绳原则 平等适用法律原则】人民法院、人民检察院和公安机关进行刑事诉讼，必须依靠群众，必须以事实为根据，以法律为准绳。对于一切公民，在适用法律上一律平等，在法律面前，不允许有任何特权。

......

第六十七条 【取保候审的法定情形与执行】人民法院、人民检察院和公安机关对有下列情形之一的犯罪嫌疑人、被告人，可以取保候审：

（一）可能判处管制、拘役或者独立适用附加刑的；

（二）可能判处有期徒刑以上刑罚，采取取保候审不致发生社会危险性的；

（三）患有严重疾病、生活不能自理，怀孕或者正在哺乳自己婴儿的妇女，采取取保候审不致发生社会危险性的；

（四）羁押期限届满，案件尚未办结，需要采取取保候审的。

取保候审由公安机关执行。

> **注释**　人民法院、人民检察院和公安机关都有权决定对犯罪嫌疑人、被告人取保候审，但取保候审的执行机关只有一个，就是公安机关。
>
> 取保候审适用于犯罪行为轻微，犯罪嫌疑人、被告人社会危险性较小的情况。除了本条第 1 款第 1 项的规定外，其他适用取保候审强制措施的，均需要对行为人的社会危险性进行评价。

……

第七十四条　**【监视居住的法定情形与执行】**人民法院、人民检察院和公安机关对符合逮捕条件，有下列情形之一的犯罪嫌疑人、被告人，可以监视居住：

（一）患有严重疾病、生活不能自理的；

（二）怀孕或者正在哺乳自己婴儿的妇女；

（三）系生活不能自理的人的唯一扶养人；

（四）因为案件的特殊情况或者办理案件的需要，采取监视居住措施更为适宜的；

（五）羁押期限届满，案件尚未办结，需要采取监视居住措施的。

对符合取保候审条件，但犯罪嫌疑人、被告人不能提出保证人，也不交纳保证金的，可以监视居住。

监视居住由公安机关执行。

> **注释**　采取监视居住措施要同时符合以下两个方面的条件：

1. 符合逮捕条件。也就是说，对于可以采取监视居住措施的，是符合本法第81条规定的逮捕条件的犯罪嫌疑人、被告人。这一规定，明确了监视居住作为逮捕替代措施的性质。

2. 必须具有下列情形之一。本条第1款主要规定了五种情形：(1) 患有严重疾病、生活不能自理的。这里所说的"患有严重疾病"，主要是指病情严重，生命垂危、在羁押场所内容易导致传染、羁押场所的医疗条件无法治疗该种疾病需要出外就医、确需家属照料生活等情况。(2) 怀孕或者正在哺乳自己婴儿的妇女。(3) 系生活不能自理的人的唯一扶养人。扶养是指家庭成员以及亲属之间依据法律所进行的共同生活、互相照顾、互相帮助的权利和义务。(4) 因为案件的特殊情况或者办理案件的需要，采取监视居住措施更为适宜的。"案件的特殊情况"一般是指案件的性质、情节等表明虽然犯罪嫌疑人、被告人符合逮捕条件，但是采取更为轻缓的强制措施不致发生本法第79条规定的社会危险性，或者因为案件的特殊情况，对犯罪嫌疑人、被告人采取监视居住措施能够取得更好的社会效果的情形。(5) 羁押期限届满，案件尚未办结，需要采取监视居住措施的。这里规定的"羁押期限"，是指本法规定的侦查羁押、审查起诉、一审、二审的期限。

......

第一百三十二条 【对被害人、犯罪嫌疑人的人身检查】为了确定被害人、犯罪嫌疑人的某些特征、伤害情况或者生理状态，可以对人身进行检查，可以提取指纹信息，采集血液、尿液等生物样本。

犯罪嫌疑人如果拒绝检查，侦查人员认为必要的时候，可以强制检查。

检查妇女的身体，应当由女工作人员或者医师进行。

注释　"某些特征"，主要是指被害人、犯罪嫌疑人的体表特征，如相貌、皮肤颜色、特殊痕迹、机体有无缺损等。"伤害情况"，主要是指伤害的位置、程度、伤势形态等，实践中检查人身伤害情况多是针对被害人进行的。"生理状态"，主要是指有无生理缺陷，如智力发育情况，各种生理机能等。"必要的时候"，是指不进行强制检查，人身检查的任务无法完成，侦查活动无法正常进行，而经教育，犯罪嫌疑人仍拒不接受检查等。需要注意的是，强制性人身检查只适用于犯罪嫌疑人，对于被害人，如果其拒绝接受人身检查，侦查人员不得使用本条规定的强制检查措施。

......

第一百三十九条 **【搜查程序】** 在搜查的时候，应当有被搜查人或者他的家属，邻居或者其他见证人在场。

搜查妇女的身体，应当由女工作人员进行。

......

第二百六十二条 **【死刑的停止执行】** 下级人民法院接到最高人民法院执行死刑的命令后，应当在七日以内交付执行。但是发现有下列情形之一的，应当停止执行，并且立即报告最高人民法院，由最高人民法院作出裁定：

（一）在执行前发现判决可能有错误的；

（二）在执行前罪犯揭发重大犯罪事实或者有其他重大立功表现，可能需要改判的；

（三）罪犯正在怀孕。

前款第一项、第二项停止执行的原因消失后，必须报请最高人民法院院长再签发执行死刑的命令才能执行；由于前款第三项原因停止执行的，应当报请最高人民法院依法改判。

> **注释** 下级人民法院在接到执行死刑命令后、执行前，发现有下列情形之一的，应当暂停执行，并立即将请求停止执行死刑的报告和相关材料层报最高人民法院：（1）罪犯可能有其他犯罪的；（2）共同犯罪的其他犯罪嫌疑人到案，可能影响罪犯量刑的；（3）共同犯罪的其他罪犯被暂停或者停止执行死刑，可能影响罪犯量刑的；（4）罪犯揭发重大犯罪事实或者有其他重大立功表现，可能需要改判的；（5）罪犯怀孕的；（6）判决、裁定可能有影响定罪量刑的其他错误的。最高人民法院经审查，认为可能影响罪犯定罪量刑的，应当裁定停止执行死刑；认为不影响的，应当决定继续执行死刑。

......

第二百六十五条 【暂予监外执行的法定情形和决定程序】对被判处有期徒刑或者拘役的罪犯，有下列情形之一的，可以暂予监外执行：

（一）有严重疾病需要保外就医的；

（二）怀孕或者正在哺乳自己婴儿的妇女；

（三）生活不能自理，适用暂予监外执行不致危害社会的。

对被判处无期徒刑的罪犯，有前款第二项规定情形的，可以暂予监外执行。

对适用保外就医可能有社会危险性的罪犯，或者自伤自残的罪犯，不得保外就医。

对罪犯确有严重疾病，必须保外就医的，由省级人民政府指定的医院诊断并开具证明文件。

在交付执行前，暂予监外执行由交付执行的人民法院决定；在交付执行后，暂予监外执行由监狱或者看守所提出书面意见，报省级以上监狱管理机关或者设区的市一级以上公安机关批准。

注释 所谓"暂予监外执行"，是指对依照法律规定不适宜在监狱或者其他执行机关执行刑罚的罪犯，暂时采用不予关押的方式执行原判刑罚的变通方法。"可能有社会危险性"，包括可能再犯罪的，可能有打击报复等行为的以及可能有其他严重违法行为的。"自伤自残"，是指罪犯为逃避服刑，吞食异物、故意伤残自己肢体等。"省级人民政府指定的医院"，是指省级人民政府事先指定的医院，不能针对某一名罪犯临时指定医院诊断并开具证明文件。

......

第二百八十一条 【讯问、审判、询问未成年诉讼参与人的特别规定】对于未成年人刑事案件，在讯问和审判的时候，应当通知未成年犯罪嫌疑人、被告人的法定代理人到场。无法通知、法定代理人不能到场或者法定代理人是共犯的，也可以通知未成年犯罪嫌疑人、被告人的其他成年亲属，所在学校、单位、居住地基层组织或者未成年人保护组织的代表到场，并将有关情况记录在案。到场的法定代理人可以代为行使未成年犯罪嫌疑人、被告人的诉讼权利。

到场的法定代理人或者其他人员认为办案人员在讯问、审判中侵犯未成年人合法权益的，可以提出意见。讯问笔录、法庭笔录应当交给到场的法定代理人或者其他人员阅读或者向他宣读。

讯问女性未成年犯罪嫌疑人，应当有女工作人员在场。

审判未成年人刑事案件，未成年被告人最后陈述后，其法定代理人可以进行补充陈述。

询问未成年被害人、证人，适用第一款、第二款、第三款的规定。

……

中华人民共和国
治安管理处罚法（节录）

（2005年8月28日第十届全国人民代表大会常务委员会第十七次会议通过　根据2012年10月26日第十一届全国人民代表大会常务委员会第二十九次会议《关于修改〈中华人民共和国治安管理处罚法〉的决定》修正）

……

第二十一条　【应给予行政拘留处罚而不予执行的情形】违反治安管理行为人有下列情形之一，依照本法应当给予行政拘留处罚的，不执行行政拘留处罚：

（一）已满十四周岁不满十六周岁的；

（二）已满十六周岁不满十八周岁，初次违反治安管理的；

（三）七十周岁以上的；

（四）怀孕或者哺乳自己不满一周岁婴儿的。

注释 行为人的行为已经违反《治安管理处罚法》，而且《治安管理处罚法》对该行为规定了拘留的处罚，并且从违法行为人的违法情节、危害后果等方面考虑应当给予行政拘留处罚；只有对本条规定的 4 种情形下的违法主体才不适用拘留，除此之外应当执行；在本条 4 种情形下如对违反治安管理行为人，只规定了拘留的行政处罚，则对行为人不再追究处罚责任，如果行为人的违法行为，由法律规定了拘留之外的其他处罚，仍然要执行。此外，对这几类人不执行行政拘留，并不意味着不采取措施。根据《公安机关执行〈中华人民共和国治安管理处罚法〉有关问题的解释》第 5 条，被处罚人居住地公安派出所应当会同被处罚人所在单位、学校、家庭、居（村）民委员会、未成年人保护组织和有关社会团体进行帮教。

……

第四十条 【对恐怖表演、强迫劳动、限制人身自由行为的处罚】 有下列行为之一的，处十日以上十五日以下拘留，并处五百元以上一千元以下罚款；情节较轻的，处五日以上十日以下拘留，并处二百元以上五百元以下罚款：

（一）组织、胁迫、诱骗不满十六周岁的人或者残疾人进行恐怖、残忍表演的；

（二）以暴力、威胁或者其他手段强迫他人劳动的；

（三）非法限制他人人身自由、非法侵入他人住宅或者非法搜查他人身体的。

……

第四十二条 【对侵犯人身权利六项行为的处罚】 有下列行为之一的，处五日以下拘留或者五百元以下罚款；情节较重的，处五日以上十日以下拘留，可以并处五百元以下罚款：

（一）写恐吓信或者以其他方法威胁他人人身安全的；

（二）公然侮辱他人或者捏造事实诽谤他人的；

（三）捏造事实诬告陷害他人，企图使他人受到刑事追究或者受到治安管理处罚的；

（四）对证人及其近亲属进行威胁、侮辱、殴打或者打击报复的；

（五）多次发送淫秽、侮辱、恐吓或者其他信息，干扰他人正常生活的；

（六）偷窥、偷拍、窃听、散布他人隐私的。

第四十三条　【对殴打或故意伤害他人身体行为的处罚】 殴打他人的，或者故意伤害他人身体的，处五日以上十日以下拘留，并处二百元以上五百元以下罚款；情节较轻的，处五日以下拘留或者五百元以下罚款。

有下列情形之一的，处十日以上十五日以下拘留，并处五百元以上一千元以下罚款：

（一）结伙殴打、伤害他人的；

（二）殴打、伤害残疾人、孕妇、不满十四周岁的人或者六十周岁以上的人的；

（三）多次殴打、伤害他人或者一次殴打、伤害多人的。

注释　殴打、伤害他人的行为侵犯的客体是他人的身体权和健康权。身体权是自然人为维持身体的完整并支配其肢体、器官和其他组织的人格权。健康权是自然人以其器官乃至整体的功能利益为内容的人格权。所谓"殴打他人"，是指行为人公然打人，其行为方式主要是拳打脚踢，一般只是造成他人身体皮肉暂时的疼痛，被打的人并不一定会受伤。"故意伤害他人身体"是指非法损害他人身体健康的行为。伤害他人的形式是多种多样的，包括用石头、棍棒打人、驱使动物咬人、用针扎人、用开水烫人等。这种伤害行为已经给他人的身体造成了轻微伤害，但尚不够刑事处罚。注意，对违反本条第2款第2项规定行为的处罚，不要求行为人主观上必须明知殴打、伤害的对象为残疾人、孕妇、不满14周岁的人或者60周岁以上的人。

第四十四条　【对猥亵他人和在公共场所裸露身体行为的处罚】 猥亵他人的，或者在公共场所故意裸露身体，情节恶劣的，处五日以上十日以下拘留；猥亵智力残疾人、精神病人、不满十四周岁的人或者有其他严重情节的，处十日以上十五日以下拘留。

注释 ［猥亵］

猥亵，是指用抠摸、搂抱、舌舔、吸吮、手淫等行为刺激或者满足自己性欲或者挑起他人性欲的淫秽行为。被猥亵的对象既可能是女性，也可能是男性；既可能是对同性的猥亵，也可能是对异性的猥亵。行为侵犯的客体是他人的人格尊严，行为在客观方面表现为违背他人意志，使用暴力、威胁或其他手段猥亵他人。

［公共场所裸体行为］

只有对在公共场所故意赤身裸体、情节恶劣的行为，才加以处罚。这意味着即使在公共场所裸体，但如果情节不恶劣，本法不加以处罚。所谓情节恶劣，主要是指在公共场所的裸体行为超越道德的底线，造成了对他人的伤害。譬如，在公共场所大规模裸体，在公共场所裸体的行为给多人造成伤害，裸体行为中伴随威胁行为等。

第四十五条　【对虐待家庭成员、遗弃被扶养人行为的处罚】 有下列行为之一的，处五日以下拘留或者警告：

（一）虐待家庭成员，被虐待人要求处理的；

（二）遗弃没有独立生活能力的被扶养人的。

注释　［虐待家庭成员的行为］

虐待家庭成员，是指经常用打骂、冻饿、禁闭、强迫过度劳动、有病不给治疗等方法，摧残折磨家庭成员，情节尚不恶劣，尚不构成刑事犯罪的行为。虐待情节是否恶劣，应当根据以下几个方面认定：虐待行为持续的时间、虐待行为的次数、手段、后果的严重性等。这也是虐待行为与虐待罪的主要区别。但同时，对于一般家庭纠纷，如一两次的打骂、偶尔的不给吃饭、禁闭等，情节轻微，后果不严重，不构成本行为。注意，对此类行为的处罚必须以被虐待人提出处理要求为前提。

［遗弃行为］

遗弃，指对于年老、年幼、患病或者其他没有独立生活能力的人，负有扶养义务而拒绝扶养的行为。这里的扶养，指广义上的扶养，即包括抚养、赡养及狭义扶养。

……

第六十六条 【对卖淫、嫖娼行为的处罚】卖淫、嫖娼的,处十日以上十五日以下拘留,可以并处五千元以下罚款;情节较轻的,处五日以下拘留或者五百元以下罚款。

在公共场所拉客招嫖的,处五日以下拘留或者五百元以下罚款。

注释 卖淫、嫖娼是以金钱、财物为媒介,发生性关系的行为,包括手淫、口淫、鸡奸等行为。客观上,卖淫嫖娼的行为可以发生在异性之间,也可以发生在同性之间,发生性行为的方式也有多种。但是要注意将此行为区别于一般娱乐业、饮食服务业等一些场所为了招揽生意,引诱、组织一些女子同顾客进行一些下流的举动和行为,但是没有发生性关系,对这些行为就不应当按照卖淫嫖娼处理。

拉客招嫖行为,是指行为人在公共场所,如宾馆、饭店、娱乐场所、街道等区域,以语言挑逗或者肢体动作强拉硬拽等方式,意图使他人嫖娼的行为。构成该行为需要同时满足3个条件:公共场所、拉客、招嫖。

第六十七条 【对引诱、容留、介绍卖淫行为的处罚】引诱、容留、介绍他人卖淫的,处十日以上十五日以下拘留,可以并处五千元以下罚款;情节较轻的,处五日以下拘留或者五百元以下罚款。

注释 引诱他人卖淫,是指行为人为了达到某种目的,以金钱诱惑或者通过宣扬腐朽生活方式等手段,诱使没有卖淫习性的人从事卖淫活动的行为。介绍他人卖淫,指行为人为了获取非法利益,在卖淫者与嫖娼者之间牵线搭桥,使卖淫者与嫖客相识并进行卖淫嫖娼活动的行为。容留他人卖淫,指行为人出于故意为卖淫嫖娼者的卖淫、嫖娼活动提供场所,使该活动得以进行的行为。

第六十八条 【对传播淫秽信息行为的处罚】制作、运输、复制、出售、出租淫秽的书刊、图片、影片、音像制品等淫秽物品或者利用计算机信息网络、电话以及其他通讯工具传播淫秽信息的,处十日以上十五日以下拘留,可以并处三千元以下罚款;情节较轻的,处五日以下拘留或者五百元以下罚款。

注释 传播淫秽信息的行为侵犯的客体是社会管理秩序和良好的社会风尚。其行为方式呈现出多样化的趋势，如利用网站、网络论坛（BBS）、聊天室、留言版、电子广告栏等计算机信息网络，或利用固定电话及其他通讯工具传播淫秽信息。

第六十九条 【对组织、参与淫秽活动的处罚】有下列行为之一的，处十日以上十五日以下拘留，并处五百元以上一千元以下罚款：

（一）组织播放淫秽音像的；

（二）组织或者进行淫秽表演的；

（三）参与聚众淫乱活动的。

明知他人从事前款活动，为其提供条件的，依照前款的规定处罚。

注释 组织播放淫秽音像，是指播放淫秽电影、录像、幻灯片、录音带、激光唱片、存储有淫秽内容的计算机软件等音像制品，并召集多人观看、收听的行为。这里要追究的是组织多人观看淫秽音像的播放者，而不是向个人播放淫秽音像制品或者参与观看的人。行为人组织播放行为并不是以营利为目的，其具体目的在认定本行为时并不考虑。另外，如果行为人播放淫秽物品给自己看而没有组织他人观看，不构成本行为。

组织淫秽表演，是指组织他人当众进行淫秽性的表演。组织行为是指策划表演的过程，即纠集、招募、雇佣表演者，寻找、租用表演场地，招揽群众等组织演出的行为。进行淫秽表演，是指自己参与具体的淫秽表演。所谓淫秽表演，主要是指跳脱衣舞、裸体舞、性交表演、手淫口淫等表演。

聚众淫乱，是指在组织者或首要分子的组织、纠集下，多人聚集在一起进行淫乱活动，如进行性交表演、聚众奸宿等。因其会造成非常不良的社会影响，伤风败俗，扰乱正常的社会管理秩序，所以应予惩罚。本行为处罚的对象是聚众淫乱活动的参加者，行为人参与的次数不能超过 3 次，超过的则构成犯罪，对于组织者，只要有组织行为即构成犯罪。

......

第七十四条 【对服务行业人员通风报信行为的处罚】旅馆业、饮食服务业、文化娱乐业、出租汽车业等单位的人员，在公安机关查处吸毒、赌博、卖淫、嫖娼活动时，为违法犯罪行为人通风报信的，处十日以上十五日以下拘留。

注释 本条规定的公安机关查处的违法行为的范围具有特定性，即只有在公安机关查处吸毒、赌博、卖淫、嫖娼活动时通风报信的，才依照本条规定处罚，为其他违法犯罪活动通风报信的，不按照本条规定处罚。另外，对于行为人仅给予拘留处罚，不得进行罚款处罚或者以罚代拘。

......

第八十七条 【检查时应遵守的程序】公安机关对与违反治安管理行为有关的场所、物品、人身可以进行检查。检查时，人民警察不得少于二人，并应当出示工作证件和县级以上人民政府公安机关开具的检查证明文件。对确有必要立即进行检查的，人民警察经出示工作证件，可以当场检查，但检查公民住所应当出示县级以上人民政府公安机关开具的检查证明文件。

检查妇女的身体，应当由女性工作人员进行。

注释 检查，是公安机关及其人民警察办理治安案件时对场所、物品以及人身进行检验查看的一项调查取证的强制性措施。这项权力的行使涉及公民的人身权利和财产权利，所以必须严格依法进行。既要依法定的权限进行，又要按照法定的方式和程序实施。本条针对实施检查时人民警察的人数、检查时所需的证明性文件、当场检查的条件以及针对妇女的身体进行检查时的特殊要求规定了相关的程序。现简述如下：

1. 检查的对象仅限于与违反治安管理行为有关的场所、物品和人身，对于与违反治安管理行为无关的场所、物品、人身不可检查。

2. 检查的人数要求。检查时，人民警察不得少于2人。这样规定一方面是出于对人民警察人身安全的考虑，另一方面则是为了防止人民警察在检查时违法行使职权。

3. 检查的证件要求。在一般情况下，人民警察只须出示工作证件和检查证明文件即可进行检查，但存在两种特殊情况：第一，对"确有必要立即进行检查的"，只须出示工作证件即可检查，而不需要开具检查证明文件。"确有必要"一般是指情况紧急，如不立即检查则可能发生危险或其他较严重后果的情况，如违法行为人身上可能带有爆炸物品等。第二，无论在何种情况下，检查公民的住所时都应当有检查证明文件并出示。这是对公民住所的特殊保护。注意，检查证明文件只能由县级以上公安机关开具。

4. 检查人员的要求。检查妇女的身体，只能由女性工作人员进行。这是对妇女权益的保护。

……

中华人民共和国母婴保健法

（1994 年 10 月 27 日第八届全国人民代表大会常务委员会第十次会议通过　根据 2009 年 8 月 27 日第十一届全国人民代表大会常务委员会第十次会议《关于修改部分法律的决定》第一次修正　根据 2017 年 11 月 4 日第十二届全国人民代表大会常务委员会第三十次会议《关于修改〈中华人民共和国会计法〉等十一部法律的决定》第二次修正）

第一章　总　　则

第一条　为了保障母亲和婴儿健康，提高出生人口素质，根据宪法，制定本法。

第二条　国家发展母婴保健事业，提供必要条件和物质帮助，使母亲和婴儿获得医疗保健服务。

国家对边远贫困地区的母婴保健事业给予扶持。

第三条　各级人民政府领导母婴保健工作。

母婴保健事业应当纳入国民经济和社会发展计划。

第四条 国务院卫生行政部门主管全国母婴保健工作，根据不同地区情况提出分级分类指导原则，并对全国母婴保健工作实施监督管理。

国务院其他有关部门在各自职责范围内，配合卫生行政部门做好母婴保健工作。

第五条 国家鼓励、支持母婴保健领域的教育和科学研究，推广先进、实用的母婴保健技术，普及母婴保健科学知识。

第六条 对在母婴保健工作中做出显著成绩和在母婴保健科学研究中取得显著成果的组织和个人，应当给予奖励。

第二章　婚前保健

第七条 医疗保健机构应当为公民提供婚前保健服务。

婚前保健服务包括下列内容：

（一）婚前卫生指导：关于性卫生知识、生育知识和遗传病知识的教育；

（二）婚前卫生咨询：对有关婚配、生育保健等问题提供医学意见；

（三）婚前医学检查：对准备结婚的男女双方可能患影响结婚和生育的疾病进行医学检查。

第八条 婚前医学检查包括对下列疾病的检查：

（一）严重遗传性疾病；

（二）指定传染病；

（三）有关精神病。

经婚前医学检查，医疗保健机构应当出具婚前医学检查证明。

第九条 经婚前医学检查，对患指定传染病在传染期内或者有关精神病在发病期内的，医师应当提出医学意见；准备结婚的男女双方应当暂缓结婚。

第十条 经婚前医学检查，对诊断患医学上认为不宜生育的严重遗传性疾病的，医师应当向男女双方说明情况，提出医学意见；经男女双方同意，采取长效避孕措施或者施行结扎手术后不生育的，可以结婚。但《中华人民共和国婚姻法》规定禁止结婚的除外。

第十一条 接受婚前医学检查的人员对检查结果持有异议的，可以申请医学技术鉴定，取得医学鉴定证明。

第十二条 男女双方在结婚登记时，应当持有婚前医学检查证明或者医学鉴定证明。

第十三条 省、自治区、直辖市人民政府根据本地区的实际情况，制定婚前医学检查制度实施办法。

省、自治区、直辖市人民政府对婚前医学检查应当规定合理的收费标准，对边远贫困地区或者交费确有困难的人员应当给予减免。

第三章 孕产期保健

第十四条 医疗保健机构应当为育龄妇女和孕产妇提供孕产期保健服务。

孕产期保健服务包括下列内容：

（一）母婴保健指导：对孕育健康后代以及严重遗传性疾病和碘缺乏病等地方病的发病原因、治疗和预防方法提供医学意见；

（二）孕妇、产妇保健：为孕妇、产妇提供卫生、营养、心理等方面的咨询和指导以及产前定期检查等医疗保健服务；

（三）胎儿保健：为胎儿生长发育进行监护，提供咨询和医学指导；

（四）新生儿保健：为新生儿生长发育、哺乳和护理提供医疗保健服务。

第十五条 对患严重疾病或者接触致畸物质，妊娠可能危及孕妇生命安全或者可能严重影响孕妇健康和胎儿正常发育的，医疗保健机构应当予以医学指导。

第十六条 医师发现或者怀疑患严重遗传性疾病的育龄夫妻，应当提出医学意见。育龄夫妻应当根据医师的医学意见采取相应的措施。

第十七条 经产前检查，医师发现或者怀疑胎儿异常的，应当对孕妇进行产前诊断。

第十八条 经产前诊断，有下列情形之一的，医师应当向夫妻双方说明情况，并提出终止妊娠的医学意见：

（一）胎儿患严重遗传性疾病的；

（二）胎儿有严重缺陷的；

（三）因患严重疾病，继续妊娠可能危及孕妇生命安全或者严重危害孕妇健康的。

第十九条 依照本法规定施行终止妊娠或者结扎手术，应当经本人同意，并签署意见。本人无行为能力的，应当经其监护人同意，并签署意见。

依照本法规定施行终止妊娠或者结扎手术的，接受免费服务。

第二十条 生育过严重缺陷患儿的妇女再次妊娠前，夫妻双方应当到县级以上医疗保健机构接受医学检查。

第二十一条 医师和助产人员应当严格遵守有关操作规程，提高助产技术和服务质量，预防和减少产伤。

第二十二条 不能住院分娩的孕妇应当由经过培训、具备相应接生能力的接生人员实行消毒接生。

第二十三条 医疗保健机构和从事家庭接生的人员按照国务院卫生行政部门的规定，出具统一制发的新生儿出生医学证明；有产妇和婴儿死亡以及新生儿出生缺陷情况的，应当向卫生行政部门报告。

第二十四条 医疗保健机构为产妇提供科学育儿、合理营养和母乳喂养的指导。

医疗保健机构对婴儿进行体格检查和预防接种，逐步开展新生儿疾病筛查、婴儿多发病和常见病防治等医疗保健服务。

第四章 技术鉴定

第二十五条 县级以上地方人民政府可以设立医学技术鉴定组

170

织，负责对婚前医学检查、遗传病诊断和产前诊断结果有异议的进行医学技术鉴定。

第二十六条　从事医学技术鉴定的人员，必须具有临床经验和医学遗传学知识，并具有主治医师以上的专业技术职务。

医学技术鉴定组织的组成人员，由卫生行政部门提名，同级人民政府聘任。

第二十七条　医学技术鉴定实行回避制度。凡与当事人有利害关系，可能影响公正鉴定的人员，应当回避。

第五章　行政管理

第二十八条　各级人民政府应当采取措施，加强母婴保健工作，提高医疗保健服务水平，积极防治由环境因素所致严重危害母亲和婴儿健康的地方性高发性疾病，促进母婴保健事业的发展。

第二十九条　县级以上地方人民政府卫生行政部门管理本行政区域内的母婴保健工作。

第三十条　省、自治区、直辖市人民政府卫生行政部门指定的医疗保健机构负责本行政区域内的母婴保健监测和技术指导。

第三十一条　医疗保健机构按照国务院卫生行政部门的规定，负责其职责范围内的母婴保健工作，建立医疗保健工作规范，提高医学技术水平，采取各种措施方便人民群众，做好母婴保健服务工作。

第三十二条　医疗保健机构依照本法规定开展婚前医学检查、遗传病诊断、产前诊断以及施行结扎手术和终止妊娠手术的，必须符合国务院卫生行政部门规定的条件和技术标准，并经县级以上地方人民政府卫生行政部门许可。

严禁采用技术手段对胎儿进行性别鉴定，但医学上确有需要的除外。

第三十三条　从事本法规定的遗传病诊断、产前诊断的人员，必须经过省、自治区、直辖市人民政府卫生行政部门的考核，并取得相应的合格证书。

从事本法规定的婚前医学检查、施行结扎手术和终止妊娠手术的人员，必须经过县级以上地方人民政府卫生行政部门的考核，并取得相应的合格证书。

第三十四条 从事母婴保健工作的人员应当严格遵守职业道德，为当事人保守秘密。

第六章 法律责任

第三十五条 未取得国家颁发的有关合格证书的，有下列行为之一，县级以上地方人民政府卫生行政部门应当予以制止，并可以根据情节给予警告或者处以罚款：

（一）从事婚前医学检查、遗传病诊断、产前诊断或者医学技术鉴定的；

（二）施行终止妊娠手术的；

（三）出具本法规定的有关医学证明的。

上款第（三）项出具的有关医学证明无效。

第三十六条 未取得国家颁发的有关合格证书，施行终止妊娠手术或者采取其他方法终止妊娠，致人死亡、残疾、丧失或者基本丧失劳动能力的，依照刑法有关规定追究刑事责任。

第三十七条 从事母婴保健工作的人员违反本法规定，出具有关虚假医学证明或者进行胎儿性别鉴定的，由医疗保健机构或者卫生行政部门根据情节给予行政处分；情节严重的，依法取消执业资格。

第七章 附 则

第三十八条 本法下列用语的含义：

指定传染病，是指《中华人民共和国传染病防治法》中规定的艾滋病、淋病、梅毒、麻风病以及医学上认为影响结婚和生育的其他传染病。

严重遗传性疾病，是指由于遗传因素先天形成，患者全部或者部分丧失自主生活能力，后代再现风险高，医学上认为不宜生育的遗传性疾病。

有关精神病，是指精神分裂症、躁狂抑郁型精神病以及其他重型精神病。

产前诊断，是指对胎儿进行先天性缺陷和遗传性疾病的诊断。

第三十九条 本法自 1995 年 6 月 1 日起施行。

中华人民共和国
母婴保健法实施办法

（2001 年 6 月 20 日中华人民共和国国务院令第 308 号公布 根据 2017 年 11 月 17 日《国务院关于修改部分行政法规的决定》第一次修订 根据 2022 年 3 月 29 日《国务院关于修改和废止部分行政法规的决定》第二次修订 根据 2023 年 7 月 20 日《国务院关于修改和废止部分行政法规的决定》第三次修订）

第一章 总 则

第一条 根据《中华人民共和国母婴保健法》（以下简称母婴保健法），制定本办法。

第二条 在中华人民共和国境内从事母婴保健服务活动的机构及其人员应当遵守母婴保健法和本办法。

第三条 母婴保健技术服务主要包括下列事项：

（一）有关母婴保健的科普宣传、教育和咨询；

（二）婚前医学检查；

（三）产前诊断和遗传病诊断；

（四）助产技术；

（五）实施医学上需要的节育手术；

（六）新生儿疾病筛查；

（七）有关生育、节育、不育的其他生殖保健服务。

第四条 公民享有母婴保健的知情选择权。国家保障公民获得适宜的母婴保健服务的权利。

第五条 母婴保健工作以保健为中心，以保障生殖健康为目的，实行保健和临床相结合，面向群体、面向基层和预防为主的方针。

第六条 各级人民政府应当将母婴保健工作纳入本级国民经济和社会发展计划，为母婴保健事业的发展提供必要的经济、技术和物质条件，并对少数民族地区、贫困地区的母婴保健事业给予特殊支持。

县级以上地方人民政府根据本地区的实际情况和需要，可以设立母婴保健事业发展专项资金。

第七条 国务院卫生行政部门主管全国母婴保健工作，履行下列职责：

（一）制定母婴保健法及本办法的配套规章和技术规范；

（二）按照分级分类指导的原则，制定全国母婴保健工作发展规划和实施步骤；

（三）组织推广母婴保健及其他生殖健康的适宜技术；

（四）对母婴保健工作实施监督。

第八条 县级以上各级人民政府财政、公安、民政、教育、人力资源社会保障等部门应当在各自职责范围内，配合同级卫生行政部门做好母婴保健工作。

第二章　婚前保健

第九条 母婴保健法第七条所称婚前卫生指导，包括下列事项：

（一）有关性卫生的保健和教育；

（二）新婚避孕知识及计划生育指导；

（三）受孕前的准备、环境和疾病对后代影响等孕前保健知识；

（四）遗传病的基本知识；

（五）影响婚育的有关疾病的基本知识；

（六）其他生殖健康知识。

医师进行婚前卫生咨询时，应当为服务对象提供科学的信息，对可能产生的后果进行指导，并提出适当的建议。

第十条　在实行婚前医学检查的地区，准备结婚的男女双方在办理结婚登记前，应当到医疗、保健机构进行婚前医学检查。

第十一条　从事婚前医学检查的医疗、保健机构，由其所在地县级人民政府卫生行政部门进行审查；符合条件的，在其《医疗机构执业许可证》上注明。

第十二条　申请从事婚前医学检查的医疗、保健机构应当具备下列条件：

（一）分别设置专用的男、女婚前医学检查室，配备常规检查和专科检查设备；

（二）设置婚前生殖健康宣传教育室；

（三）具有符合条件的进行男、女婚前医学检查的执业医师。

第十三条　婚前医学检查包括询问病史、体格及相关检查。

婚前医学检查应当遵守婚前保健工作规范并按照婚前医学检查项目进行。婚前保健工作规范和婚前医学检查项目由国务院卫生行政部门规定。

第十四条　经婚前医学检查，医疗、保健机构应当向接受婚前医学检查的当事人出具婚前医学检查证明。

婚前医学检查证明应当列明是否发现下列疾病：

（一）在传染期内的指定传染病；

（二）在发病期内的有关精神病；

（三）不宜生育的严重遗传性疾病；

（四）医学上认为不宜结婚的其他疾病。

发现前款第（一）项、第（二）项、第（三）项疾病的，医师应当向当事人说明情况，提出预防、治疗以及采取相应医学措施的建议。当事人依据医生的医学意见，可以暂缓结婚，也可以自愿采用长效避孕措施或者结扎手术；医疗、保健机构应当为其治疗提供医学咨询和医疗服务。

第十五条 经婚前医学检查，医疗、保健机构不能确诊的，应当转到设区的市级以上人民政府卫生行政部门指定的医疗、保健机构确诊。

第十六条 在实行婚前医学检查的地区，婚姻登记机关在办理结婚登记时，应当查验婚前医学检查证明或者母婴保健法第十一条规定的医学鉴定证明。

第三章　孕产期保健

第十七条 医疗、保健机构应当为育龄妇女提供有关避孕、节育、生育、不育和生殖健康的咨询和医疗保健服务。

医师发现或者怀疑育龄夫妻患有严重遗传性疾病的，应当提出医学意见；限于现有医疗技术水平难以确诊的，应当向当事人说明情况。育龄夫妻可以选择避孕、节育、不孕等相应的医学措施。

第十八条 医疗、保健机构应当为孕产妇提供下列医疗保健服务：

（一）为孕产妇建立保健手册（卡），定期进行产前检查；

（二）为孕产妇提供卫生、营养、心理等方面的医学指导与咨询；

（三）对高危孕妇进行重点监护、随访和医疗保健服务；

（四）为孕产妇提供安全分娩技术服务；

（五）定期进行产后访视，指导产妇科学喂养婴儿；

（六）提供避孕咨询指导和技术服务；

（七）对产妇及其家属进行生殖健康教育和科学育儿知识教育；

（八）其他孕产期保健服务。

第十九条 医疗、保健机构发现孕妇患有下列严重疾病或者接触物理、化学、生物等有毒、有害因素，可能危及孕妇生命安全或者可能严重影响孕妇健康和胎儿正常发育的，应当对孕妇进行医学

176

指导和下列必要的医学检查：

（一）严重的妊娠合并症或者并发症；

（二）严重的精神性疾病；

（三）国务院卫生行政部门规定的严重影响生育的其他疾病。

第二十条 孕妇有下列情形之一的，医师应当对其进行产前诊断：

（一）羊水过多或者过少的；

（二）胎儿发育异常或者胎儿有可疑畸形的；

（三）孕早期接触过可能导致胎儿先天缺陷的物质的；

（四）有遗传病家族史或者曾经分娩过先天性严重缺陷婴儿的；

（五）初产妇年龄超过 35 周岁的。

第二十一条 母婴保健法第十八条规定的胎儿的严重遗传性疾病、胎儿的严重缺陷、孕妇患继续妊娠可能危及其生命健康和安全的严重疾病目录，由国务院卫生行政部门规定。

第二十二条 生育过严重遗传性疾病或者严重缺陷患儿的，再次妊娠前，夫妻双方应当按照国家有关规定到医疗、保健机构进行医学检查。医疗、保健机构应当向当事人介绍有关遗传性疾病的知识，给予咨询、指导。对诊断患有医学上认为不宜生育的严重遗传性疾病的，医师应当向当事人说明情况，并提出医学意见。

第二十三条 严禁采用技术手段对胎儿进行性别鉴定。

对怀疑胎儿可能为伴性遗传病，需要进行性别鉴定的，由省、自治区、直辖市人民政府卫生行政部门指定的医疗、保健机构按照国务院卫生行政部门的规定进行鉴定。

第二十四条 国家提倡住院分娩。医疗、保健机构应当按照国务院卫生行政部门制定的技术操作规范，实施消毒接生和新生儿复苏，预防产伤及产后出血等产科并发症，降低孕产妇及围产儿发病率、死亡率。

没有条件住院分娩的，应当由经过培训、具备相应接生能力的家庭接生人员接生。

高危孕妇应当在医疗、保健机构住院分娩。

县级人民政府卫生行政部门应当加强对家庭接生人员的培训、技术指导和监督管理。

第四章　婴儿保健

第二十五条　医疗、保健机构应当按照国家有关规定开展新生儿先天性、遗传性代谢病筛查、诊断、治疗和监测。

第二十六条　医疗、保健机构应当按照规定进行新生儿访视，建立儿童保健手册（卡），定期对其进行健康检查，提供有关预防疾病、合理膳食、促进智力发育等科学知识，做好婴儿多发病、常见病防治等医疗保健服务。

第二十七条　医疗、保健机构应当按照规定的程序和项目对婴儿进行预防接种。

婴儿的监护人应当保证婴儿及时接受预防接种。

第二十八条　国家推行母乳喂养。医疗、保健机构应当为实施母乳喂养提供技术指导，为住院分娩的产妇提供必要的母乳喂养条件。

医疗、保健机构不得向孕产妇和婴儿家庭宣传、推荐母乳代用品。

第二十九条　母乳代用品产品包装标签应当在显著位置标明母乳喂养的优越性。

母乳代用品生产者、销售者不得向医疗、保健机构赠送产品样品或者以推销为目的有条件地提供设备、资金和资料。

第三十条　妇女享有国家规定的产假。有不满1周岁婴儿的妇女，所在单位应当在劳动时间内为其安排一定的哺乳时间。

第五章　技术鉴定

第三十一条　母婴保健医学技术鉴定委员会分为省、市、县三级。

母婴保健医学技术鉴定委员会成员应当符合下列任职条件：

（一）县级母婴保健医学技术鉴定委员会成员应当具有主治医师以上专业技术职务；

（二）设区的市级和省级母婴保健医学技术鉴定委员会成员应当具有副主任医师以上专业技术职务。

第三十二条 当事人对婚前医学检查、遗传病诊断、产前诊断结果有异议，需要进一步确诊的，可以自接到检查或者诊断结果之日起 15 日内向所在地县级或者设区的市级母婴保健医学技术鉴定委员会提出书面鉴定申请。

母婴保健医学技术鉴定委员会应当自接到鉴定申请之日起 30 日内作出医学技术鉴定意见，并及时通知当事人。

当事人对鉴定意见有异议的，可以自接到鉴定意见通知书之日起 15 日内向上一级母婴保健医学技术鉴定委员会申请再鉴定。

第三十三条 母婴保健医学技术鉴定委员会进行医学鉴定时须有 5 名以上相关专业医学技术鉴定委员会成员参加。

鉴定委员会成员应当在鉴定结论上署名；不同意见应当如实记录。鉴定委员会根据鉴定结论向当事人出具鉴定意见书。

母婴保健医学技术鉴定管理办法由国务院卫生行政部门制定。

第六章　监督管理

第三十四条 县级以上地方人民政府卫生行政部门负责本行政区域内的母婴保健监督管理工作，履行下列监督管理职责：

（一）依照母婴保健法和本办法以及国务院卫生行政部门规定的条件和技术标准，对从事母婴保健工作的机构和人员实施许可，并核发相应的许可证书；

（二）对母婴保健法和本办法的执行情况进行监督检查；

（三）对违反母婴保健法和本办法的行为，依法给予行政处罚；

（四）负责母婴保健工作监督管理的其他事项。

第三十五条 从事遗传病诊断、产前诊断的医疗、保健机构和人员，须经省、自治区、直辖市人民政府卫生行政部门许可；但是，从事产前诊断中产前筛查的医疗、保健机构，须经县级人民政府卫生行政部门许可。

从事婚前医学检查的医疗、保健机构和人员，须经县级人民政府卫生行政部门许可。

从事助产技术服务、结扎手术和终止妊娠手术的医疗、保健机构和人员，须经县级人民政府卫生行政部门许可，并取得相应的合格证书。

第三十六条 卫生监督人员在执行职务时，应当出示证件。

卫生监督人员可以向医疗、保健机构了解情况，索取必要的资料，对母婴保健工作进行监督、检查，医疗、保健机构不得拒绝和隐瞒。

卫生监督人员对医疗、保健机构提供的技术资料负有保密的义务。

第三十七条 医疗、保健机构应当根据其从事的业务，配备相应的人员和医疗设备，对从事母婴保健工作的人员加强岗位业务培训和职业道德教育，并定期对其进行检查、考核。

医师和助产人员（包括家庭接生人员）应当严格遵守有关技术操作规范，认真填写各项记录，提高助产技术和服务质量。

助产人员的管理，按照国务院卫生行政部门的规定执行。

从事母婴保健工作的执业医师应当依照母婴保健法的规定取得相应的资格。

第三十八条 医疗、保健机构应当按照国务院卫生行政部门的规定，对托幼园、所卫生保健工作进行业务指导。

第三十九条 国家建立孕产妇死亡、婴儿死亡和新生儿出生缺陷监测、报告制度。

第七章 罚 则

第四十条 医疗、保健机构或者人员未取得母婴保健技术许可，擅自从事婚前医学检查、遗传病诊断、产前诊断、终止妊娠手术和医学技术鉴定或者出具有关医学证明的，由卫生行政部门给予警告，责令停止违法行为，没收违法所得；违法所得 5000 元以上的，并处违法所得 3 倍以上 5 倍以下的罚款；没有违法所得或者违法所得不足 5000 元的，并处 5000 元以上 2 万元以下的罚款。

第四十一条　从事母婴保健技术服务的人员出具虚假医学证明文件的，依法给予行政处分；有下列情形之一的，由原发证部门撤销相应的母婴保健技术执业资格或者医师执业证书：

（一）因延误诊治，造成严重后果的；

（二）给当事人身心健康造成严重后果的；

（三）造成其他严重后果的。

第四十二条　违反本办法规定进行胎儿性别鉴定的，由卫生行政部门给予警告，责令停止违法行为；对医疗、保健机构直接负责的主管人员和其他直接责任人员，依法给予行政处分。进行胎儿性别鉴定两次以上的或者以营利为目的进行胎儿性别鉴定的，并由原发证机关撤销相应的母婴保健技术执业资格或者医师执业证书。

第八章　附　　则

第四十三条　婚前医学检查证明的格式由国务院卫生行政部门规定。

第四十四条　母婴保健法及本办法所称的医疗、保健机构，是指依照《医疗机构管理条例》取得卫生行政部门医疗机构执业许可的各级各类医疗机构。

第四十五条　本办法自公布之日起施行。

中华人民共和国
未成年人保护法（节录）

（1991年9月4日第七届全国人民代表大会常务委员会第二十一次会议通过 2006年12月29日第十届全国人民代表大会常务委员会第二十五次会议第一次修订 根据2012年10月26日第十一届全国人民代表大会常务委员会第二十九次会议《关于修改〈中华人民共和国未成年人保护法〉的决定》修正 2020年10月17日第十三届全国人民代表大会常务委员会第二十二次会议第二次修订 2020年10月17日中华人民共和国主席令第57号公布 自2021年6月1日起施行）

……

第三条 【未成年人平等享有权利】国家保障未成年人的生存权、发展权、受保护权、参与权等权利。

未成年人依法平等地享有各项权利，不因本人及其父母或者其他监护人的民族、种族、性别、户籍、职业、宗教信仰、教育程度、家庭状况、身心健康状况等受到歧视。

……

第十条 【群团组织及社会组织的职责】共产主义青年团、妇女联合会、工会、残疾人联合会、关心下一代工作委员会、青年联合会、学生联合会、少年先锋队以及其他人民团体、有关社会组织，应当协助各级人民政府及其有关部门、人民检察院、人民法院做好未成年人保护工作，维护未成年人合法权益。

……

第十七条 【监护禁止行为】未成年人的父母或者其他监护人

不得实施下列行为：

（一）虐待、遗弃、非法送养未成年人或者对未成年人实施家庭暴力；

（二）放任、教唆或者利用未成年人实施违法犯罪行为；

（三）放任、唆使未成年人参与邪教、迷信活动或者接受恐怖主义、分裂主义、极端主义等侵害；

（四）放任、唆使未成年人吸烟（含电子烟，下同）、饮酒、赌博、流浪乞讨或者欺凌他人；

（五）放任或者迫使应当接受义务教育的未成年人失学、辍学；

（六）放任未成年人沉迷网络，接触危害或者可能影响其身心健康的图书、报刊、电影、广播电视节目、音像制品、电子出版物和网络信息等；

（七）放任未成年人进入营业性娱乐场所、酒吧、互联网上网服务营业场所等不适宜未成年人活动的场所；

（八）允许或者迫使未成年人从事国家规定以外的劳动；

（九）允许、迫使未成年人结婚或者为未成年人订立婚约；

（十）违法处分、侵吞未成年人的财产或者利用未成年人牟取不正当利益；

（十一）其他侵犯未成年人身心健康、财产权益或者不依法履行未成年人保护义务的行为。

注释 ［不得允许、迫使未成年人结婚或者为未成年人订立婚约］

父母或者其他监护人允许、迫使未成年人结婚或者为未成年人订立婚约，违反了结婚实质要件中的婚姻自由原则和法定婚龄要求，也不符合结婚形式要件的要求，属于无效婚姻。

参见 《最高人民法院、最高人民检察院、公安部、民政部关于依法处理监护人侵害未成年人权益行为若干问题的意见》

......

第二十二条 【临时照护及禁止未成年人单独生活】未成年人

的父母或者其他监护人因外出务工等原因在一定期限内不能完全履行监护职责的，应当委托具有照护能力的完全民事行为能力人代为照护；无正当理由的，不得委托他人代为照护。

未成年人的父母或者其他监护人在确定被委托人时，应当综合考虑其道德品质、家庭状况、身心健康状况、与未成年人生活情感上的联系等情况，并听取有表达意愿能力未成年人的意见。

具有下列情形之一的，不得作为被委托人：

（一）曾实施性侵害、虐待、遗弃、拐卖、暴力伤害等违法犯罪行为；

（二）有吸毒、酗酒、赌博等恶习；

（三）曾拒不履行或者长期怠于履行监护、照护职责；

（四）其他不适宜担任被委托人的情形。

……

第二十四条　【父母离婚对未成年子女的义务】 未成年人的父母离婚时，应当妥善处理未成年子女的抚养、教育、探望、财产等事宜，听取有表达意愿能力未成年人的意见。不得以抢夺、藏匿未成年子女等方式争夺抚养权。

未成年人的父母离婚后，不直接抚养未成年子女的一方应当依照协议、人民法院判决或者调解确定的时间和方式，在不影响未成年人学习、生活的情况下探望未成年子女，直接抚养的一方应当配合，但被人民法院依法中止探望权的除外。

参见　《民法典》第 1076、1078、1084、1086 条

……

第四十条　【防治性侵害、性骚扰】 学校、幼儿园应当建立预防性侵害、性骚扰未成年人工作制度。对性侵害、性骚扰未成年人等违法犯罪行为，学校、幼儿园不得隐瞒，应当及时向公安机关、教育行政部门报告，并配合相关部门依法处理。

学校、幼儿园应当对未成年人开展适合其年龄的性教育，提高未成年人防范性侵害、性骚扰的自我保护意识和能力。对遭受性侵

害、性骚扰的未成年人，学校、幼儿园应当及时采取相关的保护措施。

注释　学校、幼儿园应当建立性侵害、性骚扰处置预案，明确相关岗位的职责，定期开展性侵害、性骚扰问题的排查，加强对学生宿舍特别是女生宿舍的管理，对于未成年人出现学习成绩突然下滑、精神恍惚、无故旷课等异常情况的，要及时了解情况，排查是否存在被性侵害、性骚扰等问题。学校、幼儿园要通过开展家访、召开家长会等方式，提醒未成年人的父母或者其他监护人切实履行监护责任，特别是做好未成年人离校、离园后的监护工作，加强对留守未成年人、困境未成年人等重点人群的保护。学校、幼儿园要将师德教育、法治教育纳入教职员工培训内容及考核范围，采取多种方式对教职员工进行禁止性侵害、性骚扰未成年人方面的教育，使教职员工充分认识到性侵害、性骚扰等行为应当承担的法律责任，自觉遵守职业操守，防微杜渐守住行为的底线。

对于教职员工发生性侵害、性骚扰等侵害未成年人的违法犯罪行为，要建立零容忍制度，不得包庇和隐瞒。根据《教师法》的规定，教师品行不良、侮辱学生，影响恶劣的，由所在的学校、其他教育机构或者教育行政部门给予行政处分或者解聘。因此，对于教职员工实施性骚扰行为，尚不构成违反治安管理处罚的，学校要依照校规校纪给予相应的处分，情节严重的，要报教育行政部门给予处分，及时解聘实施性骚扰的员工；一旦发现教职员工实施性侵害行为的，学校应当及时向公安机关、教育行政部门报告，并配合公安机关、教育部门依法处理，并及时解聘实施性侵害的员工。

对未成年人开展适合其年龄的性教育。性教育是包括性知识、性健康、性道德、预防和拒绝不安全的性行为，预防侵害、性骚扰等方面的教育。学校、幼儿园要根据不同成长阶段未成年人年龄特点，开展有针对性的教育。要让幼儿园阶段的未成年人了解自己的身体，懂得男女的生理区别，知道不能让外人触碰身体的敏感部位等；要让小学阶段的未成年人了解应对性侵害、性骚扰的一般方法，提高自我保护能力；要让初中年级的未成年人学习应对性侵害、性骚扰等突发事件的基本技能；要让高中年级的未成年人学习健康的异性交往方式，学会用恰当的方法保护自己，当遭受性侵害、性骚扰时，要用法律武器保护自己。学校还应当通过案例加强警示教育，强化规则意识，明确法律底线，引导未成年学生确立正确的性观念，不得对他人实施性侵害、性骚扰等行为。

不论未成年人遭受的性侵害、性骚扰是发生在校园内，还是校园外，学校、幼儿园发现后都要对未成年人及时采取相关的保护措施，给未成年人进行专业的心理辅导，帮助他们及时走出心理阴影。对因性侵害造成身体伤害需要就医的未成年人，学校要给予必要的帮助；对于经济出现困难的未成年人，学校要联系民政部门给予必要的社会救助。学校应当根据未成年人受到性侵害、性骚扰的具体情况，采取一定阶段单独教学、转班、转学等方式来保护遭受性侵害、性骚扰未成年人的隐私权，防止有关性侵害、性骚扰的信息扩散，使遭受性侵害、性骚扰的未成年人受到二次伤害。

......

第五十四条　【禁止严重侵犯未成年人权益的行为】禁止拐卖、绑架、虐待、非法收养未成年人，禁止对未成年人实施性侵害、性骚扰。

禁止胁迫、引诱、教唆未成年人参加黑社会性质组织或者从事违法犯罪活动。

禁止胁迫、诱骗、利用未成年人乞讨。

注释　［禁止对未成年人实施性侵害］

常见的对未成年人实施的性侵害有强奸、强制猥亵等行为。其中强奸，是指行为人违背妇女意志使用暴力、胁迫或者其他手段，强行与妇女发生性交的行为。如果受害人是不满 14 周岁的幼女，则不论被害人是否同意，只要与幼女发生性关系即构成强奸罪。强制猥亵 14 周岁以上不满 18 周岁的未成年女性，构成强制猥亵妇女罪。强制猥亵妇女，是指违背妇女的意愿，采取暴力、胁迫或者其他方法，强制以脱光衣服、抠摸等淫秽下流的手段猥亵妇女。对不满 14

周岁的儿童实施猥亵行为的，构成猥亵儿童罪。这里说的猥亵，主要是指以抠摸、指奸、鸡奸等淫秽下流的手段猥亵儿童的行为。考虑到不满 14 周岁的儿童的认知能力，尤其是对性的认识能力很欠缺，为了保护儿童的身心健康，构成猥亵儿童罪并不要求以暴力、胁迫或者其他方法强制进行，只要对儿童实施了猥亵行为，就构成猥亵儿童罪。

[禁止对未成年人实施性骚扰]

针对未成年人的性侵犯行为种类逐渐增多，原条文中规定的"性侵害"已不足以涵盖对未成年人的性侵犯行为，2020 年修订时回应社会关切，增加规定禁止对未成年人实施性骚扰。性骚扰行为会影响受骚扰者的学习、工作和生活，侵害人格尊严、自由。《妇女权益保障法》第 23 条规定，禁止违背妇女意愿，以言语、文字、图像、肢体行为等方式对其实施性骚扰。《民法典》第 1010 条规定，违背他人意愿，以言语、文字、图像、肢体行为等方式对他人实施性骚扰的，受害人有权依法请求行为人承担民事责任。对未成年人实施的性骚扰一般包括以下条件：（1）性骚扰的对象一般是中高年龄的未成年人。年龄较小的未成年人尚未形成性的意识，无法识别性骚扰行为，也难以对性骚扰行为有明确的意愿表达，或者产生厌恶、反感等情绪，对其进行的性侵犯行为一般认定为性侵害。（2）性骚扰的对象不分性别。既可以是男性，也可以是女性。（3）行为与性有关。行为人具有性意图，以获取性方面的生理或者心理满足为目的。（4）行为一般具有明确的针对性。性骚扰行为所针对的对象是具体的、明确的。（5）行为人主观上一般是故意的。

[禁止胁迫、引诱、教唆未成年人从事违法犯罪活动]

胁迫、引诱、教唆未成年人从事违法犯罪活动的，应当承担相应的法律责任。《刑法》第 29 条第 1 款规定，教唆他人犯罪的，应当按照他在共同犯罪中所起的作用处罚，教唆不满 18 周岁的人犯罪的应当从重处罚。第 262 条之二规定，组织未成年人进行盗窃、诈骗、抢夺、敲诈勒索等违反治安管理活动的，处 3 年以下有期徒刑或者拘役，并处罚金；情节严重的，处 3 年以上 7 年以下有期徒刑，并处罚金。第 301 条、第 347 条和第 353 条规定，引诱未成年人参加聚众淫乱活动的，利用、教唆未成年人走私、贩卖、运输、制造毒品或者向未成年人出售毒品的，引诱、教唆、欺骗或者强迫未成年人吸食、注射毒品的，从重处罚。

参见　《刑法》第29、236、236条之一、237、239、240、260、262条之一、262条之二、301、347、353条；《民法典》第1010条；《最高人民法院、最高人民检察院、公安部、司法部关于依法严惩利用未成年人实施黑恶势力犯罪的意见》

......

第六十二条　【从业查询】密切接触未成年人的单位招聘工作人员时，应当向公安机关、人民检察院查询应聘者是否具有性侵害、虐待、拐卖、暴力伤害等违法犯罪记录；发现其具有前述行为记录的，不得录用。

密切接触未成年人的单位应当每年定期对工作人员是否具有上述违法犯罪记录进行查询。通过查询或者其他方式发现其工作人员具有上述行为的，应当及时解聘。

......

第九十八条　【违法犯罪人员信息查询系统】国家建立性侵害、虐待、拐卖、暴力伤害等违法犯罪人员信息查询系统，向密切接触未成年人的单位提供免费查询服务。

注释　本条是2020年修订新增加的内容。在立法过程中的考虑主要是：2020年修订在"社会保护"一章中创设了密切接触未成年人行业的从业查询及禁止制度。该制度的运行需要国家公权力机关的配合，本法规定国家建立性侵害、虐待、拐卖、暴力伤害等违法犯罪人员信息查询系统，为密切接触未成年人的单位免费提供查询服务的法定责任，确保新创设的制度可操作、能落实。

......

第一百零一条　【专门机构、专门人员及评价考核标准】公安机关、人民检察院、人民法院和司法行政部门应当确定专门机构或者指定专门人员，负责办理涉及未成年人案件。办理涉及未成年人案件的人员应当经过专门培训，熟悉未成年人身心特点。专门机构或者专门人员中，应当有女性工作人员。

公安机关、人民检察院、人民法院和司法行政部门应当对上述机构和人员实行与未成年人保护工作相适应的评价考核标准。

……

第一百零七条 　**【继承权、受遗赠权和受抚养权保护】**人民法院审理继承案件，应当依法保护未成年人的继承权和受遗赠权。

人民法院审理离婚案件，涉及未成年子女抚养问题的，应当尊重已满八周岁未成年子女的真实意愿，根据双方具体情况，按照最有利于未成年子女的原则依法处理。

> **注释**　男女平等地享有继承权。自然人有无继承权与性别没有任何关系，继承顺序不因男女而有区别，适用于男性的继承顺序同样适用于女性。在继承份额上，如果没有法律规定的多分、少分或者不分遗产的情形，同一顺序的继承人继承遗产的份额，一般应当均等，不以男女性别不同作为划分遗产的依据。实践中，一些地区由于传统习俗等原因，存在女性未成年人继承权未得到充分保护的现象，应依法予以纠正。
>
> **参见**　《民法典》第 1084、1124、1127、1128、1130、1033、1141、1152、1155 条

……

第一百一十一条 　**【特定未成年被害人司法保护】**公安机关、人民检察院、人民法院应当与其他有关政府部门、人民团体、社会组织互相配合，对遭受性侵害或者暴力伤害的未成年被害人及其家庭实施必要的心理干预、经济救助、法律援助、转学安置等保护措施。

> **注释**　性侵害和暴力伤害对未成年人及其家庭往往会造成经济、生活、心理等方面的严重影响。作为办案机关的公安机关、人民检察院、人民法院，有责任也有义务会同有关方面对这部分未成年人及其家庭采取特殊的保护措施。本条是新增加的内容，主要明

确了对遭受性侵害或者暴力伤害的未成年被害人及其家庭进行保护的义务主体，以及具体的经济救助等保护措施。

根据有关规定，未成年被害人具备特定情形、符合特定条件的，办案机关应当告知未成年被害人及其法定代理人或者其他近亲属有权申请司法救助，这些情形和条件主要包括：受到犯罪侵害急需救治，无力承担医疗救治费用的；因遭受犯罪侵害导致受伤或者财产遭受重大损失，造成生活困难或者学业难以为继的；赔偿责任人死亡或者没有赔偿能力，不能履行赔偿责任，或者虽履行部分赔偿责任，但不足以解决未成年被害人生活困难的；办案机关认为应当救助的其他情形。

未成年被害人及其法定代理人或者其他近亲属提出司法救助申请的，办案部门应当及时将有关材料转交负责经济救助的部门办理。对于符合救助条件但未成年被害人及其法定代理人或者其他近亲属未提出申请的，办案部门可以主动启动救助程序，收集相关材料，提出救助意见，移送负责经济救助的部门办理。办案部门还可以根据未成年被害人的特殊困难及本地实际情况，协调有关部门按照社会救助相关规定进行救助。未成年被害人家庭符合最低生活保障条件或者本人未满16周岁，符合特困供养人员条件的，办案部门可以帮助未成年被害人向有关部门提出申请。

第一百一十二条　【同步录音录像等保护措施】公安机关、人民检察院、人民法院办理未成年人遭受性侵害或者暴力伤害案件，在询问未成年被害人、证人时，应当采取同步录音录像等措施，尽量一次完成；未成年被害人、证人是女性的，应当由女性工作人员进行。

注释　为尽量避免不同办案机关及部门对未成年被害人、证人多次询问，避免未成年被害人、证人重复犯罪场景，造成二次伤害，在修改《未成年人保护法》时新增本条规定，明确了对部分案件未成年被害人、证人进行询问时，应当采取同步录音录像等措施。同时，明确规定询问遭受性侵害的女性未成年被害人，应当由女性工作人员进行。

......

全国人民代表大会常务委员会
关于严惩拐卖、绑架妇女、
儿童的犯罪分子的决定

（1991 年 9 月 4 日第七届全国人民代表大会常务委员会
第二十一次会议通过　根据 2009 年 8 月 27 日第十一届全国
人民代表大会常务委员会第十次会议《关于修改部分法律
的决定》修正）

为了严惩拐卖、绑架妇女、儿童的犯罪分子，保护妇女、儿童
的人身安全，维护社会治安秩序，对刑法有关规定作如下补充
修改：

一、拐卖妇女、儿童的，处五年以上十年以下有期徒刑，并处
一万元以下罚金；有下列情形之一的，处十年以上有期徒刑或者无
期徒刑，并处一万元以下罚金或者没收财产；情节特别严重的，处
死刑，并处没收财产：

（一）拐卖妇女、儿童集团的首要分子；

（二）拐卖妇女、儿童三人以上的；

（三）奸淫被拐卖的妇女的；

（四）诱骗、强迫被拐卖的妇女卖淫或者将被拐卖的妇女卖给他
人迫使其卖淫的；

（五）造成被拐卖的妇女、儿童或者其亲属重伤、死亡或者其他
严重后果的；

（六）将妇女、儿童卖往境外的。

拐卖妇女、儿童是指以出卖为目的，有拐骗、收买、贩卖、接
送、中转妇女、儿童的行为之一的。

二、以出卖为目的，使用暴力、胁迫或者麻醉方法绑架妇女、

儿童的，处十年以上有期徒刑或者无期徒刑，并处一万元以下罚金或者没收财产；情节特别严重的，处死刑，并处没收财产。

以出卖或者勒索财物为目的，偷盗婴幼儿的，依照本条第一款的规定处罚。

以勒索财物为目的绑架他人的，依照本条第一款的规定处罚。

三、严禁收买被拐卖、绑架的妇女、儿童。收买被拐卖、绑架的妇女、儿童的，处三年以下有期徒刑、拘役或者管制。

收买被拐卖、绑架的妇女，强行与其发生性关系的，依照刑法关于强奸罪的规定处罚。

收买被拐卖、绑架的妇女、儿童，非法剥夺、限制其人身自由或者有伤害、侮辱、虐待等犯罪行为的，依照刑法的有关规定处罚。

收买被拐卖、绑架的妇女、儿童，并有本条第二款、第三款规定的犯罪行为的，依照刑法关于数罪并罚的规定处罚。

收买被拐卖、绑架的妇女、儿童又出卖的，依照本决定第一条的规定处罚。

收买被拐卖、绑架的妇女、儿童，按照被买妇女的意愿，不阻碍其返回原居住地的，对被买儿童没有虐待行为，不阻碍对其进行解救的，可以不追究刑事责任。

四、任何个人或者组织不得阻碍对被拐卖、绑架的妇女、儿童的解救，并不得向被拐卖、绑架的妇女、儿童及其家属或者解救人索要收买妇女、儿童的费用和生活费用，对已经索取的收买妇女、儿童的费用和生活费用，予以追回。

以暴力、威胁办法阻碍国家工作人员解救被收买的妇女、儿童的，依照刑法第一百五十七条的规定处罚；协助转移、隐藏或者以其他方法阻碍国家工作人员解救被收买的妇女、儿童，未使用暴力、威胁方法的，依照治安管理处罚法的规定处罚。

聚众阻碍国家工作人员解救被收买的妇女、儿童的首要分子，处五年以下有期徒刑或者拘役；其他参与者，依照本条第二款的规定处罚。

五、各级人民政府对被拐卖、绑架的妇女、儿童负有解救职责，解救工作由公安机关会同有关部门负责执行。负有解救职责的国家工作人员接到被拐卖、绑架的妇女、儿童及其家属的解救要求或者接到其他人的举报，而对被拐卖、绑架的妇女、儿童不进行解救，造成严重后果的，依照刑法第一百八十七条的规定处罚；情节较轻的，予以行政处分。

负有解救职责的国家工作人员利用职务阻碍解救的，处二年以上七年以下有期徒刑；情节较轻的，处二年以下有期徒刑或者拘役。

六、拐卖、绑架妇女、儿童的非法所得予以没收。

罚没收入一律上缴国库。

七、本决定自公布之日起施行。

全国人民代表大会常务委员会
关于严禁卖淫嫖娼的决定

(1991年9月4日第七届全国人民代表大会常务委员会第二十一次会议通过 根据2009年8月27日第十一届全国人民代表大会常务委员会第十次会议《关于修改部分法律的决定》修正)

为了严禁卖淫、嫖娼，严惩组织、强迫、引诱、容留、介绍他人卖淫的犯罪分子，维护社会治安秩序和良好的社会风气，对刑法有关规定作如下补充修改：

一、组织他人卖淫的，处十年以上有期徒刑或者无期徒刑，并处一万元以下罚金或者没收财产；情节特别严重的，处死刑，并处没收财产。

协助组织他人卖淫的，处三年以上十年以下有期徒刑，并处1

万元以下罚金；情节严重的，处十年以上有期徒刑，并处一万元以下罚金或者没收财产。

二、强迫他人卖淫的，处五年以上十年以下有期徒刑，并处一万元以下罚金；有下列情形之一的，处十年以上有期徒刑或者无期徒刑，并处一万元以下罚金或者没收财产；情节特别严重的，处死刑，并处没收财产：

（一）强迫不满十四岁的幼女卖淫的；

（二）强迫多人卖淫或者多次强迫他人卖淫的；

（三）强奸后迫使卖淫的；

（四）造成被强迫卖淫的人重伤、死亡或者其他严重后果的。

三、引诱、容留、介绍他人卖淫的，处五年以下有期徒刑或者拘役，并处五千元以下罚金；情节严重的，处五年以上有期徒刑，并处一万元以下罚金；情节较轻的，依照《中华人民共和国治安管理处罚法》的规定处罚。

引诱不满十四岁的幼女卖淫的，依照本决定第二条关于强迫不满十四岁的幼女卖淫的规定处罚。

四、卖淫、嫖娼的，依照《中华人民共和国治安管理处罚法》的规定处罚。

对卖淫、嫖娼的，可以由公安机关会同有关部门强制集中进行法律、道德教育和生产劳动，使之改掉恶习。期限为六个月至二年。具体办法由国务院规定。

因卖淫、嫖娼被公安机关处理后又卖淫、嫖娼的，实行劳动教养，并由公安机关处五千元以下罚款。

对卖淫、嫖娼的，一律强制进行性病检查。对患有性病的，进行强制治疗。*

---

* 该条第 2 款、第 4 款，以及据此实行的收容教育制度已被《全国人民代表大会常务委员会关于废止有关收容教育法律规定和制度的决定》（2019 年 12 月 28 日）废止。该条第 3 款规定的劳动教养制度已被《全国人民代表大会常务委员会关于废止有关劳动教养法律规定的决定》（2013 年 12 月 28 日）废止。

194

五、明知自己患有梅毒、淋病等严重性病卖淫、嫖娼的，处五年以下有期徒刑、拘役或者管制，并处五千元以下罚金。

嫖宿不满十四岁的幼女的，依照刑法关于强奸罪的规定处罚。

六、旅馆业、饮食服务业、文化娱乐业、出租汽车业等单位的人员，利用本单位的条件，组织、强迫、引诱、容留、介绍他人卖淫的，依照本决定第一条、第二条、第三条的规定处罚。

前款所列单位的主要负责人，有前款规定的行为的，从重处罚。

七、旅馆业、饮食服务业、文化娱乐业、出租汽车业等单位，对发生在本单位的卖淫、嫖娼活动，放任不管、不采取措施制止的，由公安机关处一万元以上十万元以下罚款，并可以责令其限期整顿、停业整顿，经整顿仍不改正的，由工商行政主管部门吊销营业执照；对直接负责的主管人员和其他直接责任人员，由本单位或者上级主管部门予以行政处分，由公安机关处一千元以下罚款。

八、旅馆业、饮食服务业、文化娱乐业、出租汽车业等单位的负责人和职工，在公安机关查处卖淫、嫖娼活动时，隐瞒情况或者为违法犯罪分子通风报信的，依照刑法第一百六十二条的规定处罚。

九、有查禁卖淫、嫖娼活动职责的国家工作人员，为使违法犯罪分子逃避处罚，向其通风报信、提供便利的，依照刑法第一百八十八条的规定处罚。

犯前款罪，事前与犯罪分子通谋的，以共同犯罪论处。

十、组织、强迫、引诱、容留、介绍他人卖淫以及卖淫的非法所得予以没收。

罚没收入一律上缴国库。

十一、本决定自公布之日起施行。

最高人民法院关于审理
拐卖妇女儿童犯罪案件具体
应用法律若干问题的解释

（2016 年 11 月 14 日最高人民法院审判委员会第 1699
次会议通过　2016 年 12 月 21 日最高人民法院公告公布
自 2017 年 1 月 1 日起施行　法释〔2016〕28 号）

为依法惩治拐卖妇女、儿童犯罪，切实保障妇女、儿童的合法
权益，维护家庭和谐与社会稳定，根据刑法有关规定，结合司法实
践，现就审理此类案件具体应用法律的若干问题解释如下：

第一条　对婴幼儿采取欺骗、利诱等手段使其脱离监护人或者
看护人的，视为刑法第二百四十条第一款第（六）项规定的"偷盗
婴幼儿"。

第二条　医疗机构、社会福利机构等单位的工作人员以非法获
利为目的，将所诊疗、护理、抚养的儿童出卖给他人的，以拐卖儿
童罪论处。

第三条　以介绍婚姻为名，采取非法扣押身份证件、限制人身自
由等方式，或者利用妇女人地生疏、语言不通、孤立无援等境况，违
背妇女意志，将其出卖给他人的，应当以拐卖妇女罪追究刑事责任。

以介绍婚姻为名，与被介绍妇女串通骗取他人钱财，数额较大
的，应当以诈骗罪追究刑事责任。

第四条　在国家机关工作人员排查来历不明儿童或者进行解救
时，将所收买的儿童藏匿、转移或者实施其他妨碍解救行为，经说
服教育仍不配合的，属于刑法第二百四十一条第六款规定的"阻碍
对其进行解救"。

第五条　收买被拐卖的妇女，业已形成稳定的婚姻家庭关系，

196

解救时被买妇女自愿继续留在当地共同生活的，可以视为"按照被买妇女的意愿，不阻碍其返回原居住地"。

第六条 收买被拐卖的妇女、儿童后又组织、强迫卖淫或者组织乞讨、进行违反治安管理活动等构成其他犯罪的，依照数罪并罚的规定处罚。

第七条 收买被拐卖的妇女、儿童，又以暴力、威胁方法阻碍国家机关工作人员解救被收买的妇女、儿童，或者聚众阻碍国家机关工作人员解救被收买的妇女、儿童，构成妨害公务罪、聚众阻碍解救被收买的妇女、儿童罪的，依照数罪并罚的规定处罚。

第八条 出于结婚目的收买被拐卖的妇女，或者出于抚养目的收买被拐卖的儿童，涉及多名家庭成员、亲友参与的，对其中起主要作用的人员应当依法追究刑事责任。

第九条 刑法第二百四十条、第二百四十一条规定的儿童，是指不满十四周岁的人。其中，不满一周岁的为婴儿，一周岁以上不满六周岁的为幼儿。

第十条 本解释自 2017 年 1 月 1 日起施行。

最高人民法院关于审理拐卖妇女
案件适用法律有关问题的解释

（1999 年 12 月 23 日最高人民法院审判委员会第 1094 次会议通过 2000 年 1 月 3 日最高人民法院公告公布 自 2000 年 1 月 25 日起施行 法释〔2000〕1 号）

为依法惩治拐卖妇女的犯罪行为，根据刑法和刑事诉讼法的有关规定，现就审理拐卖妇女案件具体适用法律的有关问题解释如下：

第一条 刑法第二百四十条规定的拐卖妇女罪中的"妇女"，既包括具有中国国籍的妇女，也包括具有外国国籍和无国籍的妇女。

被拐卖的外国妇女没有身份证明的，不影响对犯罪分子的定罪处罚。

第二条 外国人或者无国籍人拐卖外国妇女到我国境内被查获的，应当根据刑法第六条的规定，适用我国刑法定罪处罚。

第三条 对于外国籍被告人身份无法查明或者其国籍国拒绝提供有关身份证明，人民检察院根据刑事诉讼法第一百二十八条第二款的规定起诉的案件，人民法院应当依法受理。

最高人民法院、最高人民检察院、公安部、司法部关于依法惩治拐卖妇女儿童犯罪的意见

（2010 年 3 月 15 日 法发〔2010〕7 号）

为加大对妇女、儿童合法权益的司法保护力度，贯彻落实《中国反对拐卖妇女儿童行动计划（2008—2012）》，根据刑法、刑事诉讼法等相关法律及司法解释的规定，最高人民法院、最高人民检察院、公安部、司法部就依法惩治拐卖妇女、儿童犯罪提出如下意见：

一、总体要求

1. 依法加大打击力度，确保社会和谐稳定。自 1991 年全国范围内开展打击拐卖妇女、儿童犯罪专项行动以来，侦破并依法处理了一大批拐卖妇女、儿童犯罪案件，犯罪分子受到依法严惩。2008 年，全国法院共审结拐卖妇女、儿童犯罪案件 1353 件，比 2007 年上升 9.91%；判决发生法律效力的犯罪分子 2161 人，同比增长 11.05%，其中，被判处五年以上有期徒刑、无期徒刑至死刑的 1319 人，同比增长 10.1%，重刑率为 61.04%，高出同期全部刑事案件重刑率 45.27 个百分点。2009 年，全国法院共审结拐卖妇女、儿童犯罪案件 1636 件，比 2008 年上升 20.9%；判决发生法律效力的犯罪分子

2413 人，同比增长 11.7%，其中被判处五年以上有期徒刑、无期徒刑至死刑的 1475 人，同比增长 11.83%。

但是，必须清醒地认识到，由于种种原因，近年来，拐卖妇女、儿童犯罪在部分地区有所上升的势头仍未得到有效遏制。此类犯罪严重侵犯被拐卖妇女、儿童的人身权利，致使许多家庭骨肉分离，甚至家破人亡，严重危害社会和谐稳定。人民法院、人民检察院、公安机关、司法行政机关应当从维护人民群众切身利益、确保社会和谐稳定的大局出发，进一步依法加大打击力度，坚决有效遏制拐卖妇女、儿童犯罪的上升势头。

2. 注重协作配合，形成有效合力。人民法院、人民检察院、公安机关应当各司其职，各负其责，相互支持，相互配合，共同提高案件办理的质量与效率，保证办案的法律效果与社会效果的统一；司法行政机关应当切实做好有关案件的法律援助工作，维护当事人的合法权益。各地司法机关要统一思想认识，进一步加强涉案地域协调和部门配合，努力形成依法严惩拐卖妇女、儿童犯罪的整体合力。

3. 正确贯彻政策，保证办案效果。拐卖妇女、儿童犯罪往往涉及多人、多个环节，要根据宽严相济刑事政策和罪责刑相适应的刑法基本原则，综合考虑犯罪分子在共同犯罪中的地位、作用及人身危险性的大小，依法准确量刑。对于犯罪集团的首要分子、组织策划者、多次参与者、拐卖多人者或者具有累犯等从严、从重处罚情节的，必须重点打击，坚决依法严惩。对于罪行严重，依法应当判处重刑乃至死刑的，坚决依法判处。要注重铲除"买方市场"，从源头上遏制拐卖妇女、儿童犯罪。对于收买被拐卖的妇女、儿童，依法应当追究刑事责任的，坚决依法追究。同时，对于具有从宽处罚情节的，要在综合考虑犯罪事实、性质、情节和危害程度的基础上，依法从宽，体现政策，以分化瓦解犯罪，鼓励犯罪人悔过自新。

二、管　辖

4. 拐卖妇女、儿童犯罪案件依法由犯罪地的司法机关管辖。拐卖妇女、儿童犯罪的犯罪地包括拐出地、中转地、拐入地以及拐卖活动的途经地。如果由犯罪嫌疑人、被告人居住地的司法机关管辖更为适宜的，可以由犯罪嫌疑人、被告人居住地的司法机关管辖。

5. 几个地区的司法机关都有权管辖的，一般由最先受理的司法机关管辖。犯罪嫌疑人、被告人或者被拐卖的妇女、儿童人数较多，涉及多个犯罪地的，可以移送主要犯罪地或者主要犯罪嫌疑人、被告人居住地的司法机关管辖。

6. 相对固定的多名犯罪嫌疑人、被告人分别在拐出地、中转地、拐入地实施某一环节的犯罪行为，犯罪所跨地域较广，全案集中管辖有困难的，可以由拐出地、中转地、拐入地的司法机关对不同犯罪分子分别实施的拐出、中转和拐入犯罪行为分别管辖。

7. 对管辖权发生争议的，争议各方应当本着有利于迅速查清犯罪事实，及时解救被拐卖的妇女、儿童，以及便于起诉、审判的原则，在法定期间内尽快协商解决；协商不成的，报请共同的上级机关确定管辖。

正在侦查中的案件发生管辖权争议的，在上级机关作出管辖决定前，受案机关不得停止侦查工作。

三、立　　案

8. 具有下列情形之一，经审查，符合管辖规定的，公安机关应当立即以刑事案件立案，迅速开展侦查工作：

（1）接到拐卖妇女、儿童的报案、控告、举报的；

（2）接到儿童失踪或者已满十四周岁不满十八周岁的妇女失踪报案的；

（3）接到已满十八周岁的妇女失踪，可能被拐卖的报案的；

（4）发现流浪、乞讨的儿童可能系被拐卖的；

（5）发现有收买被拐卖妇女、儿童行为，依法应当追究刑事责任的；

（6）表明可能有拐卖妇女、儿童犯罪事实发生的其他情形的。

9. 公安机关在工作中发现犯罪嫌疑人或者被拐卖的妇女、儿童，不论案件是否属于自己管辖，都应当首先采取紧急措施。经审查，属于自己管辖的，依法立案侦查；不属于自己管辖的，及时移送有管辖权的公安机关处理。

10. 人民检察院要加强对拐卖妇女、儿童犯罪案件的立案监督，确保有案必立、有案必查。

四、证　据

11. 公安机关应当依照法定程序，全面收集能够证实犯罪嫌疑人有罪或者无罪、犯罪情节轻重的各种证据。

要特别重视收集、固定买卖妇女、儿童犯罪行为交易环节中钱款的存取证明、犯罪嫌疑人的通话清单、乘坐交通工具往来有关地方的票证、被拐卖儿童的DNA鉴定结论、有关监控录像、电子信息等客观性证据。

取证工作应当及时，防止时过境迁，难以弥补。

12. 公安机关应当高度重视并进一步加强DNA数据库的建设和完善。对失踪儿童的父母，或者疑似被拐卖的儿童，应当及时采集血样进行检验，通过全国DNA数据库，为查获犯罪，帮助被拐卖的儿童及时回归家庭提供科学依据。

13. 拐卖妇女、儿童犯罪所涉地区的办案单位应当加强协作配合。需要到异地调查取证的，相关司法机关应当密切配合；需要进一步补充查证的，应当积极支持。

五、定　性

14. 犯罪嫌疑人、被告人参与拐卖妇女、儿童犯罪活动的多个环节，只有部分环节的犯罪事实查证清楚、证据确实、充分的，可以对该环节的犯罪事实依法予以认定。

15. 以出卖为目的强抢儿童，或者捡拾儿童后予以出卖，符合刑法第二百四十条第二款规定的，应当以拐卖儿童罪论处。

以抚养为目的偷盗婴幼儿或者拐骗儿童，之后予以出卖的，以拐卖儿童罪论处。

16. 以非法获利为目的，出卖亲生子女的，应当以拐卖妇女、儿童罪论处。

17. 要严格区分借送养之名出卖亲生子女与民间送养行为的界限。区分的关键在于行为人是否具有非法获利的目的。应当通过审查将子女"送"人的背景和原因、有无收取钱财及收取钱财的多少、对方是否具有抚养目的及有无抚养能力等事实，综合判断行为人是否具有非法获利的目的。

具有下列情形之一的，可以认定属于出卖亲生子女，应当以拐卖妇女、儿童罪论处：

（1）将生育作为非法获利手段，生育后即出卖子女的；

（2）明知对方不具有抚养目的，或者根本不考虑对方是否具有抚养目的，为收取钱财将子女"送"给他人的；

（3）为收取明显不属于"营养费"、"感谢费"的巨额钱财将子女"送"给他人的；

（4）其他足以反映行为人具有非法获利目的的"送养"行为的。

不是出于非法获利目的，而是迫于生活困难，或者受重男轻女思想影响，私自将没有独立生活能力的子女送给他人抚养，包括收取少量"营养费"、"感谢费"的，属于民间送养行为，不能以拐卖妇女、儿童罪论处。对私自送养导致子女身心健康受到严重损害，或者具有其他恶劣情节，符合遗弃罪特征的，可以遗弃罪论处；情节显著轻微危害不大的，可由公安机关依法予以行政处罚。

18. 将妇女拐卖给有关场所，致使被拐卖的妇女被迫卖淫或者从事其他色情服务的，以拐卖妇女罪论处。

有关场所的经营管理人员事前与拐卖妇女的犯罪人通谋的，对该经营管理人员以拐卖妇女罪的共犯论处；同时构成拐卖妇女罪和组织卖淫罪的，择一重罪论处。

19. 医疗机构、社会福利机构等单位的工作人员以非法获利为目的，将所诊疗、护理、抚养的儿童贩卖给他人的，以拐卖儿童罪论处。

20. 明知是被拐卖的妇女、儿童而收买，具有下列情形之一的，以收买被拐卖的妇女、儿童罪论处；同时构成其他犯罪的，依照数罪并罚的规定处罚：

（1）收买被拐卖的妇女后，违背被收买妇女的意愿，阻碍其返回原居住地的；

（2）阻碍对被收买妇女、儿童进行解救的；

（3）非法剥夺、限制被收买妇女、儿童的人身自由，情节严重，或者对被收买妇女、儿童有强奸、伤害、侮辱、虐待等行为的；

（4）所收买的妇女、儿童被解救后又再次收买，或者收买多名被拐卖的妇女、儿童的；

（5）组织、诱骗、强迫被收买的妇女、儿童从事乞讨、苦役，或者盗窃、传销、卖淫等违法犯罪活动的；

（6）造成被收买妇女、儿童或者其亲属重伤、死亡以及其他严重后果的；

（7）具有其他严重情节的。

被追诉前主动向公安机关报案或者向有关单位反映，愿意让被收买妇女返回原居住地，或者将被收买儿童送回其家庭，或者将被收买妇女、儿童交给公安、民政、妇联等机关、组织，没有其他严重情节的，可以不追究刑事责任。

六、共同犯罪

21. 明知他人拐卖妇女、儿童，仍然向其提供被拐卖妇女、儿童的健康证明、出生证明或者其他帮助的，以拐卖妇女、儿童罪的共犯论处。

明知他人收买被拐卖的妇女、儿童，仍然向其提供被收买妇女、儿童的户籍证明、出生证明或者其他帮助的，以收买被拐卖的妇女、儿童罪的共犯论处，但是，收买人未被追究刑事责任的除外。

认定是否"明知"，应当根据证人证言、犯罪嫌疑人、被告人及其同案人供述和辩解，结合提供帮助的人次，以及是否明显违反相关规章制度、工作流程等，予以综合判断。

22. 明知他人系拐卖儿童的"人贩子"，仍然利用从事诊疗、福利救助等工作的便利或者了解被拐卖方情况的条件，居间介绍的，以拐卖儿童罪的共犯论处。

23. 对于拐卖妇女、儿童犯罪的共犯，应当根据各被告人在共同犯罪中的分工、地位、作用，参与拐卖的人数、次数，以及分赃数额等，准确区分主从犯。

对于组织、领导、指挥拐卖妇女、儿童的某一个或者某几个犯罪环节，或者积极参与实施拐骗、绑架、收买、贩卖、接送、中转妇女、儿童等犯罪行为，起主要作用的，应当认定为主犯。

对于仅提供被拐卖妇女、儿童信息或者相关证明文件，或者进行居间介绍，起辅助或者次要作用，没有获利或者获利较少的，一般可认定为从犯。

对于各被告人在共同犯罪中的地位、作用区别不明显的，可以不区分主从犯。

七、一罪与数罪

24. 拐卖妇女、儿童，又奸淫被拐卖的妇女、儿童，或者诱骗、强迫被拐卖的妇女、儿童卖淫的，以拐卖妇女、儿童罪处罚。

25. 拐卖妇女、儿童，又对被拐卖的妇女、儿童实施故意杀害、伤害、猥亵、侮辱等行为，构成其他犯罪的，依照数罪并罚的规定处罚。

26. 拐卖妇女、儿童或者收买被拐卖的妇女、儿童，又组织、教唆被拐卖、收买的妇女、儿童进行犯罪的，以拐卖妇女、儿童罪或者收买被拐卖的妇女、儿童罪与其所组织、教唆的罪数罪并罚。

27. 拐卖妇女、儿童或者收买被拐卖的妇女、儿童，又组织、教唆被拐卖、收买的未成年妇女、儿童进行盗窃、诈骗、抢夺、敲诈勒索等违反治安管理活动的，以拐卖妇女、儿童罪或者收买被拐卖的妇女、儿童罪与组织未成年人进行违反治安管理活动罪数罪并罚。

八、刑罚适用

28. 对于拐卖妇女、儿童犯罪集团的首要分子，情节严重的主犯，累犯，偷盗婴幼儿、强抢儿童情节严重，将妇女、儿童卖往境外情节严重，拐卖妇女、儿童多人多次、造成伤亡后果，或者具有其他严重情节的，依法从重处罚；情节特别严重的，依法判处死刑。

拐卖妇女、儿童，并对被拐卖的妇女、儿童实施故意杀害、伤害、猥亵、侮辱等行为，数罪并罚决定执行的刑罚应当依法体现从严。

29. 对于拐卖妇女、儿童的犯罪分子，应当注重依法适用财产刑，并切实加大执行力度，以强化刑罚的特殊预防与一般预防效果。

30. 犯收买被拐卖的妇女、儿童罪，对被收买妇女、儿童实施违法犯罪活动或者将其作为牟利工具的，处罚时应当依法体现从严。

收买被拐卖的妇女、儿童，对被收买妇女、儿童没有实施摧残、虐待行为或者与其已形成稳定的婚姻家庭关系，但仍应依法追究刑事责任的，一般应当从轻处罚；符合缓刑条件的，可以依法适用缓刑。

收买被拐卖的妇女、儿童，犯罪情节轻微的，可以依法免予刑事处罚。

31. 多名家庭成员或者亲友共同参与出卖亲生子女，或者"买人为妻"、"买人为子"构成收买被拐卖的妇女、儿童罪的，一般应当在综合考察犯意提起、各行为人在犯罪中所起作用等情节的基础上，依法追究其中罪责较重者的刑事责任。对于其他情节显著轻微危害不大，不认为是犯罪的，依法不追究刑事责任；必要时可以由公安机关予以行政处罚。

32. 具有从犯、自首、立功等法定从宽处罚情节的，依法从轻、减轻或者免除处罚。

对被拐卖的妇女、儿童没有实施摧残、虐待等违法犯罪行为，或者能够协助解救被拐卖的妇女、儿童，或者具有其他酌定从宽处罚情节的，可以依法酌情从轻处罚。

33. 同时具有从严和从宽处罚情节的，要在综合考察拐卖妇女、儿童的手段、拐卖妇女、儿童或者收买被拐卖妇女、儿童的人次、危害后果以及被告人主观恶性、人身危险性等因素的基础上，结合当地此类犯罪发案情况和社会治安状况，决定对被告人总体从严或者从宽处罚。

九、涉外犯罪

34. 要进一步加大对跨国、跨境拐卖妇女、儿童犯罪的打击力度。加强双边或者多边"反拐"国际交流与合作，加强对被跨国、跨境拐卖的妇女、儿童的救助工作。依照我国缔结或者参加的国际条约的规定，积极行使所享有的权利，履行所承担的义务，及时请求或者提供各项司法协助，有效遏制跨国、跨境拐卖妇女、儿童犯罪。

最高人民法院关于对怀孕妇女在羁押期间自然流产审判时是否可以适用死刑问题的批复

（1998 年 8 月 4 日最高人民法院审判委员会第 1010 次会议通过　1998 年 8 月 7 日最高人民法院公告公布　自 1998 年 8 月 13 日起施行　法释〔1998〕18 号）

河北省高级人民法院：

你院冀高法〔1998〕40 号《关于审判时对怀孕妇女在公安预审羁押期间自然流产，是否适用死刑的请示》收悉。经研究，答复如下：

206

怀孕妇女因涉嫌犯罪在羁押期间自然流产后，又因同一事实被起诉、交付审判的，应当视为"审判的时候怀孕的妇女"，依法不适用死刑。

此复。

国务院关于设立3岁以下婴幼儿照护个人所得税专项附加扣除的通知

（2022年3月19日　国办发〔2022〕8号）

为贯彻落实《中共中央 国务院关于优化生育政策促进人口长期均衡发展的决定》，依据《中华人民共和国个人所得税法》有关规定，国务院决定，设立3岁以下婴幼儿照护个人所得税专项附加扣除。现将有关事项通知如下：

一、纳税人照护3岁以下婴幼儿子女的相关支出，按照每个婴幼儿每月1000元的标准定额扣除。

二、父母可以选择由其中一方按扣除标准的100%扣除，也可以选择由双方分别按扣除标准的50%扣除，具体扣除方式在一个纳税年度内不能变更。

三、3岁以下婴幼儿照护个人所得税专项附加扣除涉及的保障措施和其他事项，参照《个人所得税专项附加扣除暂行办法》有关规定执行。

四、3岁以下婴幼儿照护个人所得税专项附加扣除自2022年1月1日起实施。

禁止非医学需要的胎儿性别鉴定和选择性别人工终止妊娠的规定

(2016年3月28日国家卫生和计划生育委员会、国家工商行政管理总局、国家食品药品监督管理总局令第9号公布 自2016年5月1日起施行)

第一条 为了贯彻计划生育基本国策，促进出生人口性别结构平衡，促进人口均衡发展，根据《中华人民共和国人口与计划生育法》、《中华人民共和国母婴保健法》等法律法规，制定本规定。

第二条 非医学需要的胎儿性别鉴定和选择性别人工终止妊娠，是指除经医学诊断胎儿可能为伴性遗传病等需要进行胎儿性别鉴定和选择性别人工终止妊娠以外，所进行的胎儿性别鉴定和选择性别人工终止妊娠。

第三条 禁止任何单位或者个人实施非医学需要的胎儿性别鉴定和选择性别人工终止妊娠。

禁止任何单位或者个人介绍、组织孕妇实施非医学需要的胎儿性别鉴定和选择性别人工终止妊娠。

第四条 各级卫生计生行政部门和食品药品监管部门应当建立查处非医学需要的胎儿性别鉴定和选择性别人工终止妊娠违法行为的协作机制和联动执法机制，共同实施监督管理。

卫生计生行政部门和食品药品监管部门应当按照各自职责，制定胎儿性别鉴定、人工终止妊娠以及相关药品和医疗器械等管理制度。

第五条 县级以上卫生计生行政部门履行以下职责：

（一）监管并组织、协调非医学需要的胎儿性别鉴定和选择性别人工终止妊娠的查处工作；

（二）负责医疗卫生机构及其从业人员的执业准入和相关医疗器械使用监管，以及相关法律法规、执业规范的宣传培训等工作；

（三）负责人口信息管理系统的使用管理，指导医疗卫生机构及时准确地采集新生儿出生、死亡等相关信息；

（四）法律、法规、规章规定的涉及非医学需要的胎儿性别鉴定和选择性别人工终止妊娠的其他事项。

第六条 县级以上工商行政管理部门（包括履行工商行政管理职责的市场监督管理部门，下同）对含有胎儿性别鉴定和人工终止妊娠内容的广告实施监管，并依法查处违法行为。

第七条 食品药品监管部门依法对与胎儿性别鉴定和人工终止妊娠相关的药品和超声诊断仪、染色体检测专用设备等医疗器械的生产、销售和使用环节的产品质量实施监管，并依法查处相关违法行为。

第八条 禁止非医学需要的胎儿性别鉴定和选择性别人工终止妊娠的工作应当纳入计划生育目标管理责任制。

第九条 符合法定生育条件，除下列情形外，不得实施选择性别人工终止妊娠：

（一）胎儿患严重遗传性疾病的；

（二）胎儿有严重缺陷的；

（三）因患严重疾病，继续妊娠可能危及孕妇生命安全或者严重危害孕妇健康的；

（四）法律法规规定的或医学上认为确有必要终止妊娠的其他情形。

第十条 医学需要的胎儿性别鉴定，由省、自治区、直辖市卫生计生行政部门批准设立的医疗卫生机构按照国家有关规定实施。

实施医学需要的胎儿性别鉴定，应当由医疗卫生机构组织 3 名以上具有临床经验和医学遗传学知识，并具有副主任医师以上的专业技术职称的专家集体审核。经诊断，确需人工终止妊娠的，应当出具医学诊断报告，并由医疗卫生机构通报当地县级卫生计生行政部门。

第十一条　医疗卫生机构应当在工作场所设置禁止非医学需要的胎儿性别鉴定和选择性别人工终止妊娠的醒目标志；医务人员应当严格遵守有关法律法规和超声诊断、染色体检测、人工终止妊娠手术管理等相关制度。

第十二条　实施人工终止妊娠手术的机构应当在手术前登记、查验受术者身份证明信息，并及时将手术实施情况通报当地县级卫生计生行政部门。

第十三条　医疗卫生机构发生新生儿死亡的，应当及时出具死亡证明，并向当地县级卫生计生行政部门报告。

新生儿在医疗卫生机构以外地点死亡的，监护人应当及时向当地乡（镇）人民政府、街道办事处卫生计生工作机构报告；乡（镇）人民政府、街道办事处卫生计生工作机构应当予以核查，并向乡镇卫生院或社区卫生服务中心通报有关信息。

第十四条　终止妊娠药品目录由国务院食品药品监管部门会同国务院卫生计生行政部门制定发布。

药品生产、批发企业仅能将终止妊娠药品销售给药品批发企业或者获准施行终止妊娠手术的医疗卫生机构。药品生产、批发企业销售终止妊娠药品时，应当按照药品追溯有关规定，严格查验购货方资质，并做好销售记录。禁止药品零售企业销售终止妊娠药品。

终止妊娠的药品，仅限于在获准施行终止妊娠手术的医疗卫生机构的医师指导和监护下使用。

经批准实施人工终止妊娠手术的医疗卫生机构应当建立真实、完整的终止妊娠药品购进记录，并为终止妊娠药品使用者建立完整档案。

第十五条　医疗器械销售企业销售超声诊断仪、染色体检测专用设备等医疗器械，应当核查购买者的资质，验证机构资质并留存复印件，建立真实、完整的购销记录；不得将超声诊断仪、染色体检测专用设备等医疗器械销售给不具有相应资质的机构和个人。

第十六条　医疗卫生、教学科研机构购置可用于鉴定胎儿性别的超声诊断仪、染色体检测专用设备等医疗器械时，应当提供机构资质原件和复印件，交销售企业核查、登记，并建立进货查验记录制度。

第十七条　违法发布非医学需要的胎儿性别鉴定或者非医学需要的选择性别人工终止妊娠广告的，由工商行政管理部门依据《中华人民共和国广告法》等相关法律法规进行处罚。

对广告中涉及的非医学需要的胎儿性别鉴定或非医学需要的选择性别人工终止妊娠等专业技术内容，工商行政管理部门可根据需要提请同级卫生计生行政部门予以认定。

第十八条　违反规定利用相关技术为他人实施非医学需要的胎儿性别鉴定或者选择性别人工终止妊娠的，由县级以上卫生计生行政部门依据《中华人民共和国人口与计划生育法》等有关法律法规进行处理；对医疗卫生机构的主要负责人、直接负责的主管人员和直接责任人员，依法给予处分。

第十九条　对未取得母婴保健技术许可的医疗卫生机构或者人员擅自从事终止妊娠手术的、从事母婴保健技术服务的人员出具虚假的医学需要的人工终止妊娠相关医学诊断意见书或者证明的，由县级以上卫生计生行政部门依据《中华人民共和国母婴保健法》及其实施办法的有关规定进行处理；对医疗卫生机构的主要负责人、直接负责的主管人员和直接责任人员，依法给予处分。

第二十条　经批准实施人工终止妊娠手术的机构未建立真实完整的终止妊娠药品购进记录，或者未按照规定为终止妊娠药品使用者建立完整用药档案的，由县级以上卫生计生行政部门责令改正；拒不改正的，给予警告，并可处1万元以上3万元以下罚款；对医疗卫生机构的主要负责人、直接负责的主管人员和直接责任人员，依法进行处理。

第二十一条　药品生产企业、批发企业将终止妊娠药品销售给未经批准实施人工终止妊娠的医疗卫生机构和个人，或者销售终止妊娠药品未查验购药者的资格证明、未按照规定作销售记录的，以及药品零售企业销售终止妊娠药品的，由县级以上食品药品监管部门按照《中华人民共和国药品管理法》的有关规定进行处理。

第二十二条 医疗器械生产经营企业将超声诊断仪、染色体检测专用设备等医疗器械销售给无购买资质的机构或者个人的，由县级以上食品药品监管部门责令改正，处1万元以上3万元以下罚款。

第二十三条 介绍、组织孕妇实施非医学需要的胎儿性别鉴定或者选择性别人工终止妊娠的，由县级以上卫生计生行政部门责令改正，给予警告；情节严重的，没收违法所得，并处5000元以上3万元以下罚款。

第二十四条 鼓励任何单位和个人举报违反本规定的行为。举报内容经查证属实的，应当依据有关规定给予举报人相应的奖励。

第二十五条 本规定自2016年5月1日起施行。2002年11月29日原国家计生委、原卫生部、原国家药品监管局公布的《关于禁止非医学需要的胎儿性别鉴定和选择性别的人工终止妊娠的规定》同时废止。

妇幼保健机构管理办法

（2006年12月19日　卫妇社发〔2006〕489号）

第一章　总　　则

第一条 为加强妇幼保健机构的规范化管理，保障妇女儿童健康，提高出生人口素质，依据《母婴保健法》、《母婴保健法实施办法》、《医疗机构管理条例》等制定本办法。

第二条 各级妇幼保健机构是由政府举办，不以营利为目的，具有公共卫生性质的公益性事业单位，是为妇女儿童提供公共卫生和基本医疗服务的专业机构。

第三条 妇幼保健机构要遵循"以保健为中心，以保障生殖健康为目的，保健与临床相结合，面向群体、面向基层和预防为主"的妇幼卫生工作方针，坚持正确的发展方向。

第四条 卫生部负责全国妇幼保健机构的监督管理。县级以上地方人民政府卫生行政部门负责本行政区域内妇幼保健机构的规划和监督管理。

第二章　功能与职责

第五条 妇幼保健机构应坚持以群体保健工作为基础，面向基层、预防为主，为妇女儿童提供健康教育、预防保健等公共卫生服务。在切实履行公共卫生职责的同时，开展与妇女儿童健康密切相关的基本医疗服务。

第六条 妇幼保健机构提供以下公共卫生服务：

（一）完成各级政府和卫生行政部门下达的指令性任务。

（二）掌握本辖区妇女儿童健康状况及影响因素，协助卫生行政部门制定本辖区妇幼卫生工作的相关政策、技术规范及各项规章制度。

（三）受卫生行政部门委托对本辖区各级各类医疗保健机构开展的妇幼卫生服务进行检查、考核与评价。

（四）负责指导和开展本辖区的妇幼保健健康教育与健康促进工作；组织实施本辖区母婴保健技术培训，对基层医疗保健机构开展业务指导，并提供技术支持。

（五）负责本辖区孕产妇死亡、婴儿及5岁以下儿童死亡、出生缺陷监测、妇幼卫生服务及技术管理等信息的收集、统计、分析、质量控制和汇总上报。

（六）开展妇女保健服务，包括青春期保健、婚前和孕前保健、孕产期保健、更年期保健、老年期保健。重点加强心理卫生咨询、营养指导、计划生育技术服务、生殖道感染/性传播疾病等妇女常见病防治。

（七）开展儿童保健服务，包括胎儿期、新生儿期、婴幼儿期、学龄前期及学龄期保健，受卫生行政部门委托对托幼园所卫生保健进行管理和业务指导。重点加强儿童早期综合发展、营养与喂养指导、生长发育监测、心理行为咨询、儿童疾病综合管理等儿童保健服务。

（八）开展妇幼卫生、生殖健康的应用性科学研究并组织推广适宜技术。

第七条 妇幼保健机构提供以下基本医疗服务，包括妇女儿童常见疾病诊治、计划生育技术服务、产前筛查、新生儿疾病筛查、助产技术服务等，根据需要和条件，开展产前诊断、产科并发症处理、新生儿危重症抢救和治疗等。

第三章 机构设置

第八条 妇幼保健机构由政府设置，分省、市（地）、县三级。上级妇幼保健机构应承担对下级机构的技术指导、培训和检查等职责，协助下级机构开展技术服务。设区的市（地）级和县（区）级妇幼保健机构的变动应征求省级卫生行政部门的意见。不得以租赁、买卖等形式改变妇幼保健机构所有权性质，保持妇幼保健机构的稳定。

第九条 妇幼保健机构应根据所承担的任务和职责设置内部科室。保健科室包括妇女保健科、儿童保健科、生殖健康科、健康教育科、信息管理科等。临床科室包括妇科、产科、儿科、新生儿科、计划生育科等，以及医学检验科、医学影像科等医技科室。各地可根据实际工作需要增加或细化科室设置，原则上应与其所承担的公共卫生职责和基本医疗服务相适应。

第十条 妇幼保健院（所、站）是各级妇幼保健机构的专有名称，原则上不能同时使用两个或两个以上名称，社会力量举办的医疗机构不得使用该名称。

第十一条 各级妇幼保健机构应具备与其职责任务相适应的基础设施、基本设备和服务能力。

第十二条 各级妇幼保健机构应根据《母婴保健法》、《母婴保健法实施办法》、《医疗机构管理条例》等相关法律法规进行设置审批和执业登记。从事婚前保健、产前诊断和遗传病诊断、助产技术、终止妊娠和结扎手术的妇幼保健机构要依法取得《母婴保健技术服务执业许可证》。

第四章　人员配备与管理

第十三条 妇幼保健机构人员编制按《各级妇幼保健机构编制标准》落实。一般按人口的 1∶10,000 配备，地广人稀、交通不便的地区和大城市按人口的 1∶5,000 配备；人口稠密的地区按 1∶15,000 配备。保健人员配备要求：省（自治区、直辖市）级 121—160 人，市（地）级 61—90 人，县（区）级 41—70 人。临床人员按设立床位数，以 1∶1.7 安排编制。卫生技术人员占总人数的75%—80%。

第十四条 妇幼保健机构的专业技术人员须掌握母婴保健法律法规，具有法定执业资格。从事婚前保健、产前诊断和遗传病诊断、助产技术、终止妊娠和结扎手术服务的人员必须取得相应的《母婴保健技术考核合格证书》。

第十五条 妇幼保健机构要建立健全培训制度，应采取多种方式进行岗位培训和继续医学教育，对专业技术人员参加学历教育、进修学习、短期培训班、学术活动等给予支持。要积极创造条件，吸引高素质人才。

第十六条 妇幼保健机构应按照工作需要和精简效能的原则，建立专业人员聘用制度，引入竞争机制，严格岗位管理，实行绩效考核。

第五章　制　度　建　设

第十七条 各级妇幼保健机构应建立健全以下规章制度：

（一）公共卫生服务管理制度，包括基层业务指导、人员培训、工作例会、妇幼卫生信息管理、孕产妇死亡评审、婴儿及5岁以下儿童死亡评审、妇幼保健工作质量定期检查、托幼机构卫生保健管理和健康教育等制度。

（二）基本医疗管理制度按照临床医疗质量管理制度执行。

各级妇幼保健机构应根据工作开展情况不断健全、完善、细化其他规章制度。

第十八条　各级妇幼保健机构必须严格执行国家价格政策，向社会公开收费项目和标准。

第六章　保障措施

第十九条　各级人民政府按照《母婴保健法》中设立母婴保健专项资金和发展妇幼卫生事业的要求，落实妇幼卫生工作经费，逐年增加对妇幼卫生事业的投入，对各级妇幼保健机构基础设施建设给予支持。

第二十条　各级妇幼保健机构向社会提供公共卫生服务所需的人员经费、公务费、培训费、健康教育费、业务费按照财政部、国家发展改革委、卫生部《关于卫生事业补助政策的意见》（财社〔2000〕17号）的规定，由同级财政预算，按标准定额落实。根据实际工作需要，合理安排业务经费，保证各项工作的正常运行。

第二十一条　为了保持妇幼保健队伍的稳定，对从事群体妇幼保健的工作人员根据工作任务与绩效考核结果给予补助。可实行岗位津贴制度，岗位津贴标准应高于本机构卫生专业技术人员的岗位津贴平均水平。对长期在妇幼保健机构从事群体保健工作的专业技术人员的职称晋升，坚持以业绩为主的原则，给予适当政策倾斜。

第二十二条　根据财政部、国家发展改革委、卫生部《关于农村卫生事业补助政策的若干意见》（财社〔2003〕14号）的规定，各级人民政府对农村卫生财政补助范围包括：疾病控制、妇幼保健、卫生监督和健康教育等公共卫生工作，必要的医疗服务，卫生事业发展建设。农村公共卫生经费主要实行项目管理。县级卫生部门按照国家确定的农村公共卫生服务基本项目及要求，合理确定项目实施所需的人员经费和业务经费。人员经费按照工作量核定，业务经费按照开展项目工作必需的材料、仪器、药品、交通、水电消耗等成本因素核定。目前不具备项目管理条件的地区和不适合按项目管理的工作，可以按照定员定额和项目管理相结合的方法核定公共卫生经费。

第二十三条 各级人民政府建立健全妇幼卫生的专项救助制度，加大对贫困孕产妇和儿童的医疗救助力度，实现救助与医疗保险及新型农村合作医疗相衔接。

第七章 监督管理

第二十四条 加强妇幼保健机构的规范化建设，严格遵守国家有关法律、法规、规章、诊疗常规和技术规范。加强对医务人员的教育和监管，实施全面质量管理。

第二十五条 各级卫生行政部门负责对同级妇幼保健机构实施监督与管理，建立健全妇幼保健机构评估和监督考核制度，定期进行监督评估和信息公示。

第二十六条 应建立社会民主监督制度，定期收集社会各界的意见和建议，并将服务对象的满意度作为考核妇幼保健机构和从业人员业绩的评定标准之一。

第二十七条 各级妇幼保健机构应接受卫生行政部门的监督管理与评估，同时应接受上级妇幼保健机构的业务指导与评价。

第八章 附 则

第二十八条 各省、自治区、直辖市根据本办法，结合本地实际，制定具体实施细则。

第二十九条 本办法由卫生部负责解释。

第三十条 本办法自发布之日起施行。

文化教育权益

中华人民共和国教育法（节录）

（1995年3月18日第八届全国人民代表大会第三次会议通过 根据2009年8月27日第十一届全国人民代表大会常务委员会第十次会议《关于修改部分法律的决定》第一次修正 根据2015年12月27日第十二届全国人民代表大会常务委员会第十八次会议《关于修改〈中华人民共和国教育法〉的决定》第二次修正 根据2021年4月29日第十三届全国人民代表大会常务委员会第二十八次会议《关于修改〈中华人民共和国教育法〉的决定》第三次修正）

......

第九条 【公民的教育权利与义务】中华人民共和国公民有受教育的权利和义务。

公民不分民族、种族、性别、职业、财产状况、宗教信仰等，依法享有平等的受教育机会。

......

第三十七条 【受教育者权利平等】受教育者在入学、升学、就业等方面依法享有平等权利。

学校和有关行政部门应当按照国家有关规定，保障女子在入学、升学、就业、授予学位、派出留学等方面享有同男子平等的权利。

......

中华人民共和国
义务教育法（节录）

(1986年4月12日第六届全国人民代表大会第四次会议通过 2006年6月29日第十届全国人民代表大会常务委员会第二十二次会议修订 根据2015年4月24日第十二届全国人民代表大会常务委员会第十四次会议《关于修改〈中华人民共和国义务教育法〉等五部法律的决定》第一次修正 根据2018年12月29日第十三届全国人民代表大会常务委员会第七次会议《关于修改〈中华人民共和国产品质量法〉等五部法律的决定》第二次修正)

……

第四条 【义务教育对象】 凡具有中华人民共和国国籍的适龄儿童、少年，不分性别、民族、种族、家庭财产状况、宗教信仰等，依法享有平等接受义务教育的权利，并履行接受义务教育的义务。

注释 这里的"平等"是指不分"性别、民族、种族、家庭财产状况、宗教信仰等"的平等；同时，该平等不仅是权利上的平等，还包括义务上的平等。另外，享有义务教育平等权的适龄儿童、少年必须具有中华人民共和国国籍。

……

中华人民共和国
职业教育法（节录）

（1996 年 5 月 15 日第八届全国人民代表大会常务委员会第十九次会议通过 2022 年 4 月 20 日第十三届全国人民代表大会常务委员会第三十四次会议修订 2022 年 4 月 20 日中华人民共和国主席令第 112 号公布 自 2022 年 5 月 1 日起施行）

......

第十条 国家采取措施，大力发展技工教育，全面提高产业工人素质。

国家采取措施，支持举办面向农村的职业教育，组织开展农业技能培训、返乡创业就业培训和职业技能培训，培养高素质乡村振兴人才。

国家采取措施，扶持革命老区、民族地区、边远地区、欠发达地区职业教育的发展。

国家采取措施，组织各类转岗、再就业、失业人员以及特殊人群等接受各种形式的职业教育，扶持残疾人职业教育的发展。

国家保障妇女平等接受职业教育的权利。

......

中华人民共和国体育法（节录）

（1995 年 8 月 29 日第八届全国人民代表大会常务委员会第十五次会议通过　根据 2009 年 8 月 27 日第十一届全国人民代表大会常务委员会第十次会议《关于修改部分法律的决定》第一次修正　根据 2016 年 11 月 7 日第十二届全国人民代表大会常务委员会第二十四次会议《关于修改〈中华人民共和国对外贸易法〉等十二部法律的决定》第二次修正　2022 年 6 月 24 日第十三届全国人民代表大会常务委员会第三十五次会议修订　2022 年 6 月 24 日中华人民共和国主席令第 114 号公布　自 2023 年 1 月 1 日起施行）

……

第五条　国家依法保障公民平等参与体育活动的权利，对未成年人、妇女、老年人、残疾人等参加体育活动的权利给予特别保障。

……

第二十三条　全社会应当关心和支持未成年人、妇女、老年人、残疾人参加全民健身活动。各级人民政府应当采取措施，为未成年人、妇女、老年人、残疾人安全参加全民健身活动提供便利和保障。

……

劳动和社会保障权益

中华人民共和国劳动法（节录）

（1994 年 7 月 5 日第八届全国人民代表大会常务委员会第八次会议通过 根据 2009 年 8 月 27 日第十一届全国人民代表大会常务委员会第十次会议《关于修改部分法律的决定》第一次修正 根据 2018 年 12 月 29 日第十三届全国人民代表大会常务委员会第七次会议《关于修改〈中华人民共和国劳动法〉等七部法律的决定》第二次修正）

……

第十三条 【妇女享有与男子平等的就业权利】妇女享有与男子平等的就业权利。在录用职工时，除国家规定的不适合妇女的工种或者岗位外，不得以性别为由拒绝录用妇女或者提高对妇女的录用标准。

注释 用人单位在招用人员时，除国家规定的不适合妇女从事的工种或者岗位外，不得以性别为由拒绝录用妇女或者提高对妇女的录用标准。用人单位录用女职工，不得在劳动合同中规定限制女职工结婚、生育的内容。

参见 《就业服务与就业管理规定》第 16 条

……

第二十九条 【用人单位不得解除劳动合同的情形】劳动者有下列情形之一的，用人单位不得依据本法第二十六条、第二十七条的规定解除劳动合同：

（一）患职业病或者因工负伤并被确认丧失或者部分丧失劳动能力的；

（二）患病或者负伤，在规定的医疗期内的；

（三）女职工在孕期、产期、哺乳期内的；

（四）法律、行政法规规定的其他情形。

注释　《劳动合同法》对此条有进一步规定，劳动者有下列情形之一的，用人单位不得依照《劳动合同法》第40条、第41条的规定解除劳动合同：（1）从事接触职业病危害作业的劳动者未进行离岗前职业健康检查，或者疑似职业病病人在诊断或者医学观察期间的；（2）在本单位患职业病或者因工负伤并被确认丧失或者部分丧失劳动能力的；（3）患病或者非因工负伤，在规定的医疗期内的；（4）女职工在孕期、产期、哺乳期的；（5）在本单位连续工作满15年，且距法定退休年龄不足5年的；（6）法律、行政法规规定的其他情形。

注意，本条并未排除依据《劳动法》第25条、《劳动合同法》第39条的规定解除劳动合同。

还需注意的是，根据2022年修订的《妇女权益保障法》第48条第2款的规定：女职工在怀孕以及依法享受产假期间，劳动（聘用）合同或者服务协议期满的，劳动（聘用）合同或者服务协议期限自动延续至产假结束。但是，用人单位依法解除、终止劳动（聘用）合同、服务协议，或者女职工依法要求解除、终止劳动（聘用）合同、服务协议的除外。

案例　张某杰诉某劳务服务有限公司等劳动合同纠纷案（《中华人民共和国最高人民法院公报》2017年第5期）

案件适用要点：从事接触职业病危害的作业的劳动者未进行离岗前职业健康检查的，用人单位不得解除或终止与其订立的劳动合同。即使用人单位与劳动者已协商一致解除劳动合同，解除协议也应认定无效。

……

第五十八条　**【女职工和未成年工的特殊劳动保护】**国家对女职工和未成年工实行特殊劳动保护。

未成年工是指年满十六周岁未满十八周岁的劳动者。

［女职工的特殊劳动保护］

依据相关法律规定，女职工享有的特殊劳动保护主要有以下几个方面：

1. 就业和报酬方面：女性依法享有平等就业的权利；凡适合妇女从事劳动的单位，不得拒绝招收女职工；用人单位不得在女职工怀孕、产期、哺乳期降低其基本工资或者解除劳动合同。

2. 女职工禁忌从事的劳动包括：矿山井下作业；体力劳动强度分级标准中规定的第四级体力劳动强度的作业；每小时负重 6 次以上、每次负重超过 20 公斤的作业，或者间断负重、每次负重超过 25 公斤的作业。

《女职工劳动保护特别规定》

第五十九条　【女职工禁忌劳动的范围】禁止安排女职工从事矿山井下、国家规定的第四级体力劳动强度的劳动和其他禁忌从事的劳动。

［矿山井下作业］

矿山井下作业系指常年在矿山井下从事各种劳动。不包括临时性的工作，如医务人员下矿井进行治疗和抢救等。

［体力劳动强度］

体力劳动强度的大小是以劳动强度指数来衡量的，劳动强度指数是由该工种的平均劳动时间率、平均能量代谢率两个因素构成的。劳动强度指数越大，体力劳动强度也越大；反之，体力劳动强度就越小。我国相应的标准为《体力劳动强度分级》。

《女职工劳动保护特别规定》第 4 条及附录

第六十条　【女职工经期的保护】不得安排女职工在经期从事高处、低温、冷水作业和国家规定的第三级体力劳动强度的劳动。

［女职工在经期禁忌从事的劳动范围］

1. 冷水作业分级标准中规定的第二级、第三级、第四级冷水作业；

2. 低温作业分级标准中规定的第二级、第三级、第四级低温作业；

3. 体力劳动强度分级标准中规定的第三级、第四级体力劳动强度的作业;

4. 高处作业分级标准中规定的第三级、第四级高处作业。

第六十一条 【女职工孕期的保护】 不得安排女职工在怀孕期间从事国家规定的第三级体力劳动强度的劳动和孕期禁忌从事的劳动。对怀孕七个月以上的女职工,不得安排其延长工作时间和夜班劳动。

注释 ［女职工在孕期禁忌从事的劳动范围］

1. 作业场所空气中铅及其化合物、汞及其化合物、苯、镉、铍、砷、氰化物、氮氧化物、一氧化碳、二硫化碳、氯、己内酰胺、氯丁二烯、氯乙烯、环氧乙烷、苯胺、甲醛等有毒物质浓度超过国家职业卫生标准的作业;

2. 从事抗癌药物、己烯雌酚生产,接触麻醉剂气体等的作业;

3. 非密封源放射性物质的操作,核事故与放射事故的应急处置;

4. 高处作业分级标准中规定的高处作业;

5. 冷水作业分级标准中规定的冷水作业;

6. 低温作业分级标准中规定的低温作业;

7. 高温作业分级标准中规定的第三级、第四级的作业;

8. 噪声作业分级标准中规定的第三级、第四级的作业;

9. 体力劳动强度分级标准中规定的第三级、第四级体力劳动强度的作业;

10. 在密闭空间、高压室作业或者潜水作业,伴有强烈振动的作业,或者需要频繁弯腰、攀高、下蹲的作业。

第六十二条 【女职工产期的保护】 女职工生育享受不少于九十天的产假。

注释 ［正常分娩产假］

女职工生育享受 98 天产假,其中产前可以休假 15 天。

［难产产假］

女职工难产的,增加产假 15 天;生育多胞胎的,每多生育一个婴儿,增加产假 15 天。

[流产产假]

女职工怀孕未满 4 个月流产的，享受 15 天产假；怀孕满 4 个月流产的，享受 42 天产假。

参见 《女职工劳动保护特别规定》第 7 条

第六十三条 【女职工哺乳期的保护】不得安排女职工在哺乳未满一周岁的婴儿期间从事国家规定的第三级体力劳动强度的劳动和哺乳期禁忌从事的其他劳动，不得安排其延长工作时间和夜班劳动。

注释 [女职工在哺乳期的保护]

对哺乳未满 1 周岁婴儿的女职工，用人单位不得延长劳动时间或者安排夜班劳动。用人单位应当在每天的劳动时间内为哺乳期女职工安排 1 小时哺乳时间；女职工生育多胞胎的，每多哺乳 1 个婴儿每天增加 1 小时哺乳时间。

参见 《女职工劳动保护特别规定》第 9 条

......

第九十五条 【违反女职工和未成年工保护规定的法律责任】用人单位违反本法对女职工和未成年工的保护规定，侵害其合法权益的，由劳动行政部门责令改正，处以罚款；对女职工或者未成年工造成损害的，应当承担赔偿责任。

......

中华人民共和国劳动合同法（节录）

（2007 年 6 月 29 日第十届全国人民代表大会常务委员会第二十八次会议通过 根据 2012 年 12 月 28 日第十一届全国人民代表大会常务委员会第三十次会议《关于修改〈中华人民共和国劳动合同法〉的决定》修正）

......

第四十二条 【用人单位不得解除劳动合同的情形】劳动者有下列情形之一的，用人单位不得依照本法第四十条、第四十一条的规定解除劳动合同：

（一）从事接触职业病危害作业的劳动者未进行离岗前职业健康检查，或者疑似职业病病人在诊断或者医学观察期间的；

（二）在本单位患职业病或者因工负伤并被确认丧失或者部分丧失劳动能力的；

（三）患病或者非因工负伤，在规定的医疗期内的；

（四）女职工在孕期、产期、哺乳期的；

（五）在本单位连续工作满十五年，且距法定退休年龄不足五年的；

（六）法律、行政法规规定的其他情形。

……

第五十二条 【专项集体合同】企业职工一方与用人单位可以订立劳动安全卫生、女职工权益保护、工资调整机制等专项集体合同。

……

中华人民共和国就业促进法（节录）

（2007年8月30日第十届全国人民代表大会常务委员会第二十九次会议通过 根据2015年4月24日第十二届全国人民代表大会常务委员会第十四次会议《关于修改〈中华人民共和国电力法〉等六部法律的决定》修正）

……

第三条 劳动者依法享有平等就业和自主择业的权利。

劳动者就业，不因民族、种族、性别、宗教信仰等不同而受歧视。

......

第二十六条 用人单位招用人员、职业中介机构从事职业中介活动，应当向劳动者提供平等的就业机会和公平的就业条件，不得实施就业歧视。

第二十七条 国家保障妇女享有与男子平等的劳动权利。

用人单位招用人员，除国家规定的不适合妇女的工种或者岗位外，不得以性别为由拒绝录用妇女或者提高对妇女的录用标准。

用人单位录用女职工，不得在劳动合同中规定限制女职工结婚、生育的内容。

......

中华人民共和国职业病防治法（节录）

（2001 年 10 月 27 日第九届全国人民代表大会常务委员会第二十四次会议通过 根据 2011 年 12 月 31 日第十一届全国人民代表大会常务委员会第二十四次会议《关于修改〈中华人民共和国职业病防治法〉的决定》第一次修正 根据 2016 年 7 月 2 日第十二届全国人民代表大会常务委员会第二十一次会议《关于修改〈中华人民共和国节约能源法〉等六部法律的决定》第二次修正 根据 2017 年 11 月 4 日第十二届全国人民代表大会常务委员会第三十次会议《关于修改〈中华人民共和国会计法〉等十一部法律的决定》第三次修正 根据 2018 年 12 月 29 日第十三届全国人民代表大会常务委员会第七次会议《关于修改〈中华人民共和国劳动法〉等七部法律的决定》第四次修正）

......

第十五条 【职业卫生要求】产生职业病危害的用人单位的设立除应当符合法律、行政法规规定的设立条件外，其工作场所还应

228

当符合下列职业卫生要求：

（一）职业病危害因素的强度或者浓度符合国家职业卫生标准；

（二）有与职业病危害防护相适应的设施；

（三）生产布局合理，符合有害与无害作业分开的原则；

（四）有配套的更衣间、洗浴间、孕妇休息间等卫生设施；

（五）设备、工具、用具等设施符合保护劳动者生理、心理健康的要求；

（六）法律、行政法规和国务院卫生行政部门关于保护劳动者健康的其他要求。

……

第三十八条　【未成年工和女职工的保护】用人单位不得安排未成年工从事接触职业病危害的作业；不得安排孕期、哺乳期的女职工从事对本人和胎儿、婴儿有危害的作业。

注释　对女职工实行特殊保护，是由女职工的身体结构和生理机能决定的。有危害的作业，指可能对人体产生各种危害的作业，包括有毒、有害的作业。国家规定女职工禁忌从事某些有害健康的工种，这并不是对女职工劳动就业条件的限制，而是以保护女职工本身的健康及其子女的正常发育和成长为出发点的，是对女职工身心健康的关心。

……

第七十五条　【隐瞒有关危害情况的责任】违反本法规定，有下列情形之一的，由卫生行政部门责令限期治理，并处五万元以上三十万元以下的罚款；情节严重的，责令停止产生职业病危害的作业，或者提请有关人民政府按照国务院规定的权限责令关闭：

（一）隐瞒技术、工艺、设备、材料所产生的职业病危害而采用的；

（二）隐瞒本单位职业卫生真实情况的；

（三）可能发生急性职业损伤的有毒、有害工作场所、放射工作场所或者放射性同位素的运输、贮存不符合本法第二十五条规定的；

（四）使用国家明令禁止使用的可能产生职业病危害的设备或者材料的；

（五）将产生职业病危害的作业转移给没有职业病防护条件的单位和个人，或者没有职业病防护条件的单位和个人接受产生职业病危害的作业的；

（六）擅自拆除、停止使用职业病防护设备或者应急救援设施的；

（七）安排未经职业健康检查的劳动者、有职业禁忌的劳动者、未成年工或者孕期、哺乳期女职工从事接触职业病危害的作业或者禁忌作业的；

（八）违章指挥和强令劳动者进行没有职业病防护措施的作业的。

……

中华人民共和国社会保险法（节录）

（2010 年 10 月 28 日第十一届全国人民代表大会常务委员会第十七次会议通过　根据 2018 年 12 月 29 日第十三届全国人民代表大会常务委员会第七次会议《关于修改〈中华人民共和国社会保险法〉的决定》修正）

……

第二条　【建立社会保险制度】国家建立基本养老保险、基本医疗保险、工伤保险、失业保险、生育保险等社会保险制度，保障公民在年老、疾病、工伤、失业、生育等情况下依法从国家和社会获得物质帮助的权利。

……

第五十三条　【参保范围和缴费】职工应当参加生育保险，由用人单位按照国家规定缴纳生育保险费，职工不缴纳生育保险费。

第五十四条　【生育保险待遇】用人单位已经缴纳生育保险费

的，其职工享受生育保险待遇；职工未就业配偶按照国家规定享受生育医疗费用待遇。所需资金从生育保险基金中支付。

生育保险待遇包括生育医疗费用和生育津贴。

第五十五条 **【生育医疗费的项目】**生育医疗费用包括下列各项：

（一）生育的医疗费用；

（二）计划生育的医疗费用；

（三）法律、法规规定的其他项目费用。

第五十六条 **【享受生育津贴的情形】**职工有下列情形之一的，可以按照国家规定享受生育津贴：

（一）女职工生育享受产假；

（二）享受计划生育手术休假；

（三）法律、法规规定的其他情形。

生育津贴按照职工所在用人单位上年度职工月平均工资计发。

……

第六十四条 **【社会保险基金类别、管理原则和统筹层次】**社会保险基金包括基本养老保险基金、基本医疗保险基金、工伤保险基金、失业保险基金和生育保险基金。除基本医疗保险基金与生育保险基金合并建账及核算外，其他各项社会保险基金按照社会保险险种分别建账，分账核算。社会保险基金执行国家统一的会计制度。

社会保险基金专款专用，任何组织和个人不得侵占或者挪用。

基本养老保险基金逐步实行全国统筹，其他社会保险基金逐步实行省级统筹，具体时间、步骤由国务院规定。

……

第六十六条 **【社会保险基金按照统筹层次设立预算】**社会保险基金按照统筹层次设立预算。除基本医疗保险基金与生育保险基金预算合并编制外，其他社会保险基金预算按照社会保险项目分别编制。

……

女职工劳动保护特别规定

(2012 年 4 月 18 日国务院第 200 次常务会议通过
2012 年 4 月 28 日中华人民共和国国务院令第 619 号公布
自公布之日起施行)

第一条 为了减少和解决女职工在劳动中因生理特点造成的特殊困难，保护女职工健康，制定本规定。

第二条 中华人民共和国境内的国家机关、企业、事业单位、社会团体、个体经济组织以及其他社会组织等用人单位及其女职工，适用本规定。

第三条 用人单位应当加强女职工劳动保护，采取措施改善女职工劳动安全卫生条件，对女职工进行劳动安全卫生知识培训。

第四条 用人单位应当遵守女职工禁忌从事的劳动范围的规定。用人单位应当将本单位属于女职工禁忌从事的劳动范围的岗位书面告知女职工。

女职工禁忌从事的劳动范围由本规定附录列示。国务院安全生产监督管理部门会同国务院人力资源社会保障行政部门、国务院卫生行政部门根据经济社会发展情况，对女职工禁忌从事的劳动范围进行调整。

第五条 用人单位不得因女职工怀孕、生育、哺乳降低其工资、予以辞退、与其解除劳动或者聘用合同。

第六条 女职工在孕期不能适应原劳动的，用人单位应当根据医疗机构的证明，予以减轻劳动量或者安排其他能够适应的劳动。

对怀孕 7 个月以上的女职工，用人单位不得延长劳动时间或者安排夜班劳动，并应当在劳动时间内安排一定的休息时间。

怀孕女职工在劳动时间内进行产前检查，所需时间计入劳动时间。

第七条 女职工生育享受 98 天产假，其中产前可以休假 15 天；难产的，增加产假 15 天；生育多胞胎的，每多生育 1 个婴儿，增加产假 15 天。

女职工怀孕未满 4 个月流产的，享受 15 天产假；怀孕满 4 个月流产的，享受 42 天产假。

第八条 女职工产假期间的生育津贴，对已经参加生育保险的，按照用人单位上年度职工月平均工资的标准由生育保险基金支付；对未参加生育保险的，按照女职工产假前工资的标准由用人单位支付。

女职工生育或者流产的医疗费用，按照生育保险规定的项目和标准，对已经参加生育保险的，由生育保险基金支付；对未参加生育保险的，由用人单位支付。

第九条 对哺乳未满 1 周岁婴儿的女职工，用人单位不得延长劳动时间或者安排夜班劳动。

用人单位应当在每天的劳动时间内为哺乳期女职工安排 1 小时哺乳时间；女职工生育多胞胎的，每多哺乳 1 个婴儿每天增加 1 小时哺乳时间。

第十条 女职工比较多的用人单位应当根据女职工的需要，建立女职工卫生室、孕妇休息室、哺乳室等设施，妥善解决女职工在生理卫生、哺乳方面的困难。

第十一条 在劳动场所，用人单位应当预防和制止对女职工的性骚扰。

第十二条 县级以上人民政府人力资源社会保障行政部门、安全生产监督管理部门按照各自职责负责对用人单位遵守本规定的情况进行监督检查。

工会、妇女组织依法对用人单位遵守本规定的情况进行监督。

第十三条 用人单位违反本规定第六条第二款、第七条、第九条第一款规定的，由县级以上人民政府人力资源社会保障行政部门责令限期改正，按照受侵害女职工每人 1000 元以上 5000 元以下的标准计算，处以罚款。

用人单位违反本规定附录第一条、第二条规定的，由县级以上人民政府安全生产监督管理部门责令限期改正，按照受侵害女职工每人 1000 元以上 5000 元以下的标准计算，处以罚款。用人单位违反本规定附录第三条、第四条规定的，由县级以上人民政府安全生产监督管理部门责令限期治理，处 5 万元以上 30 万元以下的罚款；情节严重的，责令停止有关作业，或者提请有关人民政府按照国务院规定的权限责令关闭。

第十四条 用人单位违反本规定，侵害女职工合法权益的，女职工可以依法投诉、举报、申诉，依法向劳动人事争议调解仲裁机构申请调解仲裁，对仲裁裁决不服的，依法向人民法院提起诉讼。

第十五条 用人单位违反本规定，侵害女职工合法权益，造成女职工损害的，依法给予赔偿；用人单位及其直接负责的主管人员和其他直接责任人员构成犯罪的，依法追究刑事责任。

第十六条 本规定自公布之日起施行。1988 年 7 月 21 日国务院发布的《女职工劳动保护规定》同时废止。

附录：

女职工禁忌从事的劳动范围

一、女职工禁忌从事的劳动范围：

（一）矿山井下作业；

（二）体力劳动强度分级标准中规定的第四级体力劳动强度的作业；

（三）每小时负重 6 次以上、每次负重超过 20 公斤的作业，或者间断负重、每次负重超过 25 公斤的作业。

二、女职工在经期禁忌从事的劳动范围：

（一）冷水作业分级标准中规定的第二级、第三级、第四级冷水作业；

（二）低温作业分级标准中规定的第二级、第三级、第四级低温作业；

（三）体力劳动强度分级标准中规定的第三级、第四级体力劳动强度的作业；

（四）高处作业分级标准中规定的第三级、第四级高处作业。

三、女职工在孕期禁忌从事的劳动范围：

（一）作业场所空气中铅及其化合物、汞及其化合物、苯、镉、铍、砷、氰化物、氮氧化物、一氧化碳、二硫化碳、氯、己内酰胺、氯丁二烯、氯乙烯、环氧乙烷、苯胺、甲醛等有毒物质浓度超过国家职业卫生标准的作业；

（二）从事抗癌药物、己烯雌酚生产，接触麻醉剂气体等的作业；

（三）非密封源放射性物质的操作，核事故与放射事故的应急处置；

（四）高处作业分级标准中规定的高处作业；

（五）冷水作业分级标准中规定的冷水作业；

（六）低温作业分级标准中规定的低温作业；

（七）高温作业分级标准中规定的第三级、第四级的作业；

（八）噪声作业分级标准中规定的第三级、第四级的作业；

（九）体力劳动强度分级标准中规定的第三级、第四级体力劳动强度的作业；

（十）在密闭空间、高压室作业或者潜水作业，伴有强烈振动的作业，或者需要频繁弯腰、攀高、下蹲的作业。

四、女职工在哺乳期禁忌从事的劳动范围：

（一）孕期禁忌从事的劳动范围的第一项、第三项、第九项；

（二）作业场所空气中锰、氟、溴、甲醇、有机磷化合物、有机氯化合物等有毒物质浓度超过国家职业卫生标准的作业。

劳动保障监察条例（节录）

（2004年10月26日国务院第68次常务会议通过
2004年11月1日中华人民共和国国务院令第423号公布
自2004年12月1日起施行）

……

第十一条 劳动保障行政部门对下列事项实施劳动保障监察：

（一）用人单位制定内部劳动保障规章制度的情况；

（二）用人单位与劳动者订立劳动合同的情况；

（三）用人单位遵守禁止使用童工规定的情况；

（四）用人单位遵守女职工和未成年工特殊劳动保护规定的情况；

（五）用人单位遵守工作时间和休息休假规定的情况；

（六）用人单位支付劳动者工资和执行最低工资标准的情况；

（七）用人单位参加各项社会保险和缴纳社会保险费的情况；

（八）职业介绍机构、职业技能培训机构和职业技能考核鉴定机构遵守国家有关职业介绍、职业技能培训和职业技能考核鉴定的规定的情况；

（九）法律、法规规定的其他劳动保障监察事项。

……

第二十三条 用人单位有下列行为之一的，由劳动保障行政部门责令改正，按照受侵害的劳动者每人1000元以上5000元以下的标准计算，处以罚款：

（一）安排女职工从事矿山井下劳动、国家规定的第四级体力劳动强度的劳动或者其他禁忌从事的劳动的；

（二）安排女职工在经期从事高处、低温、冷水作业或者国家规定的第三级体力劳动强度的劳动的；

（三）安排女职工在怀孕期间从事国家规定的第三级体力劳动强度的劳动或者孕期禁忌从事的劳动的；

（四）安排怀孕 7 个月以上的女职工夜班劳动或者延长其工作时间的；

（五）女职工生育享受产假少于 90 天的；

（六）安排女职工在哺乳未满 1 周岁的婴儿期间从事国家规定的第三级体力劳动强度的劳动或者哺乳期禁忌从事的其他劳动，以及延长其工作时间或者安排其夜班劳动的；

（七）安排未成年工从事矿山井下、有毒有害、国家规定的第四级体力劳动强度的劳动或者其他禁忌从事的劳动的；

（八）未对未成年工定期进行健康检查的。

……

就业服务与就业管理规定（节录）

（2007 年 11 月 5 日劳动保障部令第 28 号公布　根据 2014 年 12 月 23 日《人力资源社会保障部关于修改〈就业服务与就业管理规定〉的决定》第一次修正　根据 2015 年 4 月 30 日《人力资源社会保障部关于修改部分规章的决定》第二次修正　根据 2018 年 12 月 14 日《人力资源社会保障部关于修改部分规章的决定》第三次修正　根据 2022 年 1 月 7 日《人力资源社会保障部关于修改部分规章的决定》第四次修正）

……

第四条　劳动者依法享有平等就业的权利。劳动者就业，不因民族、种族、性别、宗教信仰等不同而受歧视。

……

第九条　用人单位依法享有自主用人的权利。用人单位招用人员，应当向劳动者提供平等的就业机会和公平的就业条件。

......

第十六条 用人单位在招用人员时，除国家规定的不适合妇女从事的工种或者岗位外，不得以性别为由拒绝录用妇女或者提高对妇女的录用标准。

用人单位录用女职工，不得在劳动合同中规定限制女职工结婚、生育的内容。

......

第二十八条 职业指导工作包括以下内容：

（一）向劳动者和用人单位提供国家有关劳动保障的法律法规和政策、人力资源市场状况咨询；

（二）帮助劳动者了解职业状况，掌握求职方法，确定择业方向，增强择业能力；

（三）向劳动者提出培训建议，为其提供职业培训相关信息；

（四）开展对劳动者个人职业素质和特点的测试，并对其职业能力进行评价；

（五）对妇女、残疾人、少数民族人员及退出现役的军人等就业群体提供专门的职业指导服务；

（六）对大中专学校、职业院校、技工学校学生的职业指导工作提供咨询和服务；

（七）对准备从事个体劳动或开办私营企业的劳动者提供创业咨询服务；

（八）为用人单位提供选择招聘方法、确定用人条件和标准等方面的招聘用人指导；

（九）为职业培训机构确立培训方向和专业设置等提供咨询参考。

......

人力资源社会保障部、教育部等九部门关于进一步规范招聘行为促进妇女就业的通知

（2019 年 2 月 18 日）

各省、自治区、直辖市及新疆生产建设兵团人力资源社会保障厅（局）、教育厅（教委）、司法厅（局）、卫生健康委（卫生计生委）、国资委、医保局、总工会、妇联、人民法院：

男女平等是我国基本国策。促进妇女平等就业，有利于推动妇女更加广泛深入参加社会和经济活动，提升社会生产力和经济活力。党和政府对此高度重视，劳动法、就业促进法、妇女权益保障法等法律法规对保障妇女平等就业权利、不得实施就业性别歧视作出明确规定。当前我国妇女就业情况总体较好，劳动参与率位居世界前列，但妇女就业依然面临一些难题，尤其是招聘中就业性别歧视现象屡禁不止，对妇女就业带来不利影响。为进一步规范招聘行为，促进妇女平等就业，现就有关事项通知如下：

一、把握总体工作要求。各地要以习近平新时代中国特色社会主义思想为指导，深入贯彻男女平等基本国策，把解决就业性别歧视作为推动妇女实现更高质量和更充分就业的重要内容，坚持突出重点和统筹兼顾相结合，坚持柔性调解和刚性执法相结合，坚持积极促进和依法惩戒相结合，以规范招聘行为为重点，加强监管执法，健全工作机制，加大工作力度，切实保障妇女平等就业权利。

二、依法禁止招聘环节中的就业性别歧视。各类用人单位、人力资源服务机构在拟定招聘计划、发布招聘信息、招用人员过程中，不得限定性别（国家规定的女职工禁忌劳动范围等情况除外）或性

别优先，不得以性别为由限制妇女求职就业、拒绝录用妇女，不得询问妇女婚育情况，不得将妊娠测试作为入职体检项目，不得将限制生育作为录用条件，不得差别化地提高对妇女的录用标准。国有企事业单位、公共就业人才服务机构及各部门所属人力资源服务机构要带头遵法守法，坚决禁止就业性别歧视行为。

三、强化人力资源市场监管。监督人力资源服务机构建立健全信息发布审查和投诉处理机制，切实履行招聘信息发布审核义务，及时纠正发布含有性别歧视内容招聘信息的行为，确保发布的信息真实、合法、有效。对用人单位、人力资源服务机构发布含有性别歧视内容招聘信息的，依法责令改正；拒不改正的，处 1 万元以上 5 万元以下的罚款；情节严重的人力资源服务机构，吊销人力资源服务许可证。将用人单位、人力资源服务机构因发布含有性别歧视内容的招聘信息接受行政处罚等情况纳入人力资源市场诚信记录，依法实施失信惩戒。

四、建立联合约谈机制。畅通窗口来访接待、12333、12338、12351 热线等渠道，及时受理就业性别歧视相关举报投诉。根据举报投诉，对涉嫌就业性别歧视的用人单位开展联合约谈，采取谈话、对话、函询等方式，开展调查和调解，督促限期纠正就业性别歧视行为，及时化解劳动者和用人单位间矛盾纠纷。被约谈单位拒不接受约谈或约谈后拒不改正的，依法进行查处，并通过媒体向社会曝光。

五、健全司法救济机制。依法受理妇女就业性别歧视相关起诉，设置平等就业权纠纷案由。积极为遭受就业性别歧视的妇女提供法律咨询等法律帮助，为符合条件的妇女提供法律援助。积极为符合条件的遭受就业性别歧视的妇女提供司法救助。

六、支持妇女就业。加强就业服务，以女大学生为重点，为妇女提供个性化职业指导和有针对性的职业介绍，树立正确就业观和择业观。组织妇女参加适合的培训项目，鼓励用人单位针对产后返岗女职工开展岗位技能提升培训，尽快适应岗位需求。促进 3 岁以下婴幼儿照护服务发展，加强中小学课后服务，缓解家庭育儿负担，帮助妇女平衡工作与家庭。完善落实生育保险制度，切实发挥生育保险保障功能。加强监察执法，依法惩处侵害女职工孕期、产期、哺乳期特殊劳动保护权益行为。对妇女与用人单位间发生劳动人事争议申请仲裁的，要依法及时快速处理。

七、开展宣传引导。坚决贯彻男女平等基本国策，强化男女平等意识，逐步消除性别偏见。加大反就业性别歧视、保障妇女平等就业权利法律、法规、政策宣传，引导全社会尊重爱护妇女，引导用人单位知法守法依法招用妇女从事各类工作，引导妇女合法理性保障自身权益。树立一批保障妇女平等就业权利用人单位典型，对表现突出的推荐参加全国维护妇女儿童权益先进集体、全国城乡妇女岗位建功先进集体等创评活动。营造有利于妇女就业的社会环境，帮助妇女自立自强，充分发挥自身优势特长，在各行各业展示聪明才智，体现自身价值。

八、加强组织领导。各地区、各有关部门要高度重视促进妇女平等就业，履职尽责、协同配合，齐抓共管、综合施策。人力资源社会保障部门要会同有关部门加强对招用工行为的监察执法，引导合法合理招聘，加强面向妇女的就业服务和职业技能培训。教育部门要推进中小学课后服务。司法部门要提供司法救济和法律援助。卫生健康部门要促进婴幼儿照护服务发展。国有资产监督管理部门要加强对各级各类国有企业招聘行为的指导与监督。医疗保障部门要完善落实生育保险制度。工会组织要积极推动企业依法合规用工。妇联组织要会同有关方面组织开展相关评选表彰，加强宣传引导，加大对妇女的关心关爱。人民法院要积极发布典型案例、指导性案例，充分发挥裁判的规范、引导作用。人力资源社会保障部门、工会组织、妇联组织等部门对涉嫌就业性别歧视的用人单位开展联合约谈。

用人单位职业健康监护
监督管理办法（节录）

（2012 年 4 月 27 日国家安全生产监督管理总局令第 49 号公布　自 2012 年 6 月 1 日起施行）

......

第十二条　用人单位不得安排未经上岗前职业健康检查的劳动者从事接触职业病危害的作业，不得安排有职业禁忌的劳动者从事其所禁忌的作业。

用人单位不得安排未成年工从事接触职业病危害的作业，不得安排孕期、哺乳期的女职工从事对本人和胎儿、婴儿有危害的作业。

......

第二十九条　用人单位有下列情形之一的，责令限期治理，并处 5 万元以上 30 万元以下的罚款；情节严重的，责令停止产生职业病危害的作业，或者提请有关人民政府按照国务院规定的权限责令关闭：

（一）安排未经职业健康检查的劳动者从事接触职业病危害的作业的；

（二）安排未成年工从事接触职业病危害的作业的；

（三）安排孕期、哺乳期女职工从事对本人和胎儿、婴儿有危害的作业的；

（四）安排有职业禁忌的劳动者从事所禁忌的作业的。

......

企业职工生育保险试行办法

（1994 年 12 月 14 日　劳部发〔1994〕504 号）

第一条　为了维护企业女职工的合法权益，保障她们在生育期间得到必要的经济补偿和医疗保健，均衡企业间生育保险费用的负担，根据有关法律、法规的规定，制定本办法。

第二条　本办法适用于城镇企业及其职工。

第三条　生育保险按属地原则组织。生育保险费用实行社会统筹。

第四条　生育保险根据"以支定收，收支基本平衡"的原则筹集资金，由企业按照其工资总额的一定比例向社会保险经办机构缴纳生育保险费，建立生育保险基金。生育保险费的提取比例由当地人民政府根据计划内生育人数和生育津贴、生育医疗费等项费用确定，并可根据费用支出情况适时调整，但最高不得超过工资总额的百分之一。企业缴纳的生育保险费作为期间费用处理，列入企业管理费用。

职工个人不缴纳生育保险费。

第五条　女职工生育按照法律、法规的规定享受产假。产假期间的生育津贴按照本企业上年度职工月平均工资计发，由生育保险基金支付。

第六条　女职工生育的检查费、接生费、手术费、住院费和药费由生育保险基金支付。超出规定的医疗服务费和药费（含自费药品和营养药品的药费）由职工个人负担。

女职工生育出院后，因生育引起疾病的医疗费，由生育保险基金支付；其他疾病的医疗费，按照医疗保险待遇的规定办理。女职工产假期满后，因病需要休息治疗的，按照有关病假待遇和医疗保险待遇规定办理。

第七条　女职工生育或流产后，由本人或所在企业持当地计划生育部门签发的计划生育证明，婴儿出生、死亡或流产证明，到当地社会保险经办机构办理手续，领取生育津贴和报销生育医疗费。

第八条 生育保险基金由劳动部门所属的社会保险经办机构负责收缴、支付和管理。

生育保险基金应存入社会保险经办机构在银行开设的生育保险基金专户。银行应按照城乡居民个人储蓄同期存款利率计息，所得利息转入生育保险基金。

第九条 社会保险经办机构可从生育保险基金中提取管理费，用于本机构经办生育保险工作所需的人员经费、办公费及其他业务经费。管理费标准，各地根据社会保险经办机构人员设置情况，由劳动部门提出，经财政部门核定后，报当地人民政府批准。管理费提取比例最高不得超过生育保险基金的百分之二。

生育保险基金及管理费不征税、费。

第十条 生育保险基金的筹集和使用，实行财务预、决算制度，由社会保险经办机构作出年度报告，并接受同级财政、审计监督。

第十一条 市（县）社会保险监督机构定期监督生育保险基金管理工作。

第十二条 企业必须按期缴纳生育保险费。对逾期不缴纳的，按日加收千分之二的滞纳金。滞纳金转入生育保险基金。滞纳金计入营业外支出，纳税时进行调整。

第十三条 企业虚报、冒领生育津贴或生育医疗费的，社会保险经办机构应追回全部虚报、冒领金额，并由劳动行政部门给予处罚。

企业欠付或拒付职工生育津贴、生育医疗费的，由劳动行政部门责令企业限期支付；对职工造成损害的，企业应承担赔偿责任。

第十四条 劳动行政部门或社会保险经办机构的工作人员滥用职权、玩忽职守、徇私舞弊，贪污、挪用生育保险基金，构成犯罪的，依法追究刑事责任；不构成犯罪的，给予行政处分。

第十五条 省、自治区、直辖市人民政府劳动行政部门可以按照本办法的规定，结合本地区实际情况制定实施办法。

第十六条 本办法自1995年1月1日起试行。

财产权益

中华人民共和国
农村土地承包法（节录）

（2002年8月29日第九届全国人民代表大会常务委员会第二十九次会议通过 根据2009年8月27日第十一届全国人民代表大会常务委员会第十次会议《关于修改部分法律的决定》第一次修正 根据2018年12月29日第十三届全国人民代表大会常务委员会第七次会议《关于修改〈中华人民共和国农村土地承包法〉的决定》第二次修正）

……

第五条 【承包权的主体及对承包权的保护】农村集体经济组织成员有权依法承包由本集体经济组织发包的农村土地。

任何组织和个人不得剥夺和非法限制农村集体经济组织成员承包土地的权利。

注释 本条第2款规定，任何组织和个人不得剥夺和非法限制农村集体经济组织成员承包土地的权利。因此，任何组织和个人不得以民族、种族、性别、职业、家庭出身、宗教信仰、教育程度、财产状况、居住期限等理由，剥夺和非法限制农村集体经济组织成员的承包权利。

第六条 【土地承包经营权男女平等】农村土地承包，妇女与男子享有平等的权利。承包中应当保护妇女的合法权益，任何组织和个人不得剥夺、侵害妇女应当享有的土地承包经营权。

注释 农村妇女在农村土地承包中的权利，主要体现在以下三个方面：一是作为农村集体经济组织的成员，妇女同男子一样有权承包本集体经济组织发包的土地。不能因为是妇女而不许其承包土地，也不能因为是妇女而不分配给其应有的承包地份额。二是妇女结婚的，其承包土地的权利受法律保护。三是在妇女离婚或者丧偶的情况下，仍在原居住地生活，或者不在原居住地生活但在新居住地未取得承包地的，原集体经济组织不得收回该妇女已经取得的原承包地。

......

第十六条　【承包主体和家庭成员平等享有权益】家庭承包的承包方是本集体经济组织的农户。

农户内家庭成员依法平等享有承包土地的各项权益。

案例　李某祥诉李某梅继承权纠纷案（《最高人民法院公报》2009 年第 12 期）

案件适用要点：根据《农村土地承包法》第 15 条（现为第 16 条）的规定，农村土地家庭承包的，承包方是本集体经济组织的农户，其本质特征是以本集体经济组织内部的农户家庭为单位实行农村土地承包经营。家庭承包方式的农村土地承包经营权属于农户家庭，而不属于某一个家庭成员。根据《继承法》第 3 条（对应《民法典》第 1122 条）的规定，遗产是公民死亡时遗留的个人合法财产。农村土地承包经营权不属于个人财产，故不发生继承问题。除林地外的家庭承包，当承包农地的农户家庭中的一人或几人死亡，承包经营仍然是以户为单位，承包地仍由该农户的其他家庭成员继续承包经营；当承包经营农户家庭的成员全部死亡，由于承包经营权的取得是以集体成员权为基础，该土地承包经营权归于消灭，不能由该农户家庭成员的继承人继续承包经营，更不能作为该农户家庭成员的遗产处理。

......

第十九条　【土地承包的原则】土地承包应当遵循以下原则：

（一）按照规定统一组织承包时，本集体经济组织成员依法平等地行使承包土地的权利，也可以自愿放弃承包土地的权利；

（二）民主协商，公平合理；

（三）承包方案应当按照本法第十三条的规定，依法经本集体经济组织成员的村民会议三分之二以上成员或者三分之二以上村民代表的同意；

（四）承包程序合法。

> **注释**　本集体经济组织成员依法平等地行使承包土地的权利，也可以自愿放弃承包土地的权利。这里的"平等"主要体现在两个方面：一是本集体经济组织的成员平等地享有承包本集体经济组织土地的权利，无论男女老少、体弱病残。二是本集体经济组织成员在承包过程中平等地行使承包本集体经济组织土地的权利，发包方应当平等地对待每一个本集体经济组织成员承包土地的权利。这主要体现在承包过程中，发包方不能厚此薄彼、亲亲疏疏，不能对本集体经济组织成员实行差别对待。
>
> 本集体经济组织成员对土地承包的权利一方面体现在依法平等地享有和行使承包土地的权利，另一方面体现在自愿放弃承包土地的权利。

......

第三十一条　**【妇女婚姻关系变动对土地承包的影响】**承包期内，妇女结婚，在新居住地未取得承包地的，发包方不得收回其原承包地；妇女离婚或者丧偶，仍在原居住地生活或者不在原居住地生活但在新居住地未取得承包地的，发包方不得收回其原承包地。

> **注释**　本条规定主要包括以下内容：（1）承包期内，妇女结婚的，妇女嫁入方所在村应当尽量解决其土地承包问题。如果当地既没有富余的土地，也不进行小调整，而是实行"增人不增地，减人不减地"的办法，则出嫁妇女原籍所在地的发包方不得收回其原承包地。（2）妇女离婚或者丧偶，仍在原居住地生活的，其已取得的承包地应当由离婚或者丧偶妇女继续承包，发包方不得收回；不在原居住地生活的，新居住地的集体经济组织应当尽量为其解决承包土地问题，如可以在依法进行小调整时分给离婚或者丧偶妇女一份承包地，离婚或者丧偶妇女在新居住地未取得承包地的，原居住地的发包方不得收回其原承包地。

第五十七条 【发包方的民事责任】发包方有下列行为之一的，应当承担停止侵害、排除妨碍、消除危险、返还财产、恢复原状、赔偿损失等民事责任：

（一）干涉承包方依法享有的生产经营自主权；

（二）违反本法规定收回、调整承包地；

（三）强迫或者阻碍承包方进行土地承包经营权的互换、转让或者土地经营权流转；

（四）假借少数服从多数强迫承包方放弃或者变更土地承包经营权；

（五）以划分"口粮田"和"责任田"等为由收回承包地搞招标承包；

（六）将承包地收回抵顶欠款；

（七）剥夺、侵害妇女依法享有的土地承包经营权；

（八）其他侵害土地承包经营权的行为。

......

最高人民法院关于审理涉及农村土地承包纠纷案件适用法律问题的解释

（2005年3月29日最高人民法院审判委员会第1346次会议通过 根据2020年12月23日最高人民法院审判委员会第1823次会议通过的《最高人民法院关于修改〈最高人民法院关于在民事审判工作中适用《中华人民共和国工会法》若干问题的解释〉等二十七件民事类司法解释的决定》修正 2020年12月29日最高人民法院公告公布 自2021年1月1日起施行 法释〔2020〕17号）

为正确审理农村土地承包纠纷案件，依法保护当事人的合法权益，根据《中华人民共和国民法典》《中华人民共和国农村土地承包法》《中华人民共和国土地管理法》《中华人民共和国民事诉讼法》等法律的规定，结合民事审判实践，制定本解释。

一、受理与诉讼主体

第一条 下列涉及农村土地承包民事纠纷，人民法院应当依法受理：

（一）承包合同纠纷；

（二）承包经营权侵权纠纷；

（三）土地经营权侵权纠纷；

（四）承包经营权互换、转让纠纷；

（五）土地经营权流转纠纷；

（六）承包地征收补偿费用分配纠纷；

（七）承包经营权继承纠纷；

（八）土地经营权继承纠纷。

农村集体经济组织成员因未实际取得土地承包经营权提起民事诉讼的，人民法院应当告知其向有关行政主管部门申请解决。

农村集体经济组织成员就用于分配的土地补偿费数额提起民事诉讼的，人民法院不予受理。

第二条 当事人自愿达成书面仲裁协议的，受诉人民法院应当参照《最高人民法院关于适用〈中华人民共和国民事诉讼法〉的解释》第二百一十五条、第二百一十六条的规定处理。

当事人未达成书面仲裁协议，一方当事人向农村土地承包仲裁机构申请仲裁，另一方当事人提起诉讼的，人民法院应予受理，并书面通知仲裁机构。但另一方当事人接受仲裁管辖后又起诉的，人民法院不予受理。

当事人对仲裁裁决不服并在收到裁决书之日起三十日内提起诉讼的，人民法院应予受理。

第三条 承包合同纠纷，以发包方和承包方为当事人。

前款所称承包方是指以家庭承包方式承包本集体经济组织农村土地的农户，以及以其他方式承包农村土地的组织或者个人。

第四条 农户成员为多人的，由其代表人进行诉讼。

农户代表人按照下列情形确定：

（一）土地承包经营权证等证书上记载的人；

（二）未依法登记取得土地承包经营权证等证书的，为在承包合同上签名的人；

（三）前两项规定的人死亡、丧失民事行为能力或者因其他原因无法进行诉讼的，为农户成员推选的人。

二、家庭承包纠纷案件的处理

第五条 承包合同中有关收回、调整承包地的约定违反农村土地承包法第二十七条、第二十八条、第三十一条规定的，应当认定该约定无效。

第六条 因发包方违法收回、调整承包地，或者因发包方收回承包方弃耕、撂荒的承包地产生的纠纷，按照下列情形，分别处理：

（一）发包方未将承包地另行发包，承包方请求返还承包地的，应予支持；

（二）发包方已将承包地另行发包给第三人，承包方以发包方和第三人为共同被告，请求确认其所签订的承包合同无效、返还承包地并赔偿损失的，应予支持。但属于承包方弃耕、撂荒情形的，对其赔偿损失的诉讼请求，不予支持。

前款第（二）项所称的第三人，请求受益方补偿其在承包地上的合理投入的，应予支持。

第七条 承包合同约定或者土地承包经营权证等证书记载的承包期限短于农村土地承包法规定的期限，承包方请求延长的，应予支持。

第八条 承包方违反农村土地承包法第十八条规定，未经依法

250

批准将承包地用于非农建设或者对承包地造成永久性损害，发包方请求承包方停止侵害、恢复原状或者赔偿损失的，应予支持。

第九条　发包方根据农村土地承包法第二十七条规定收回承包地前，承包方已经以出租、入股或者其他形式将其土地经营权流转给第三人，且流转期限尚未届满，因流转价款收取产生的纠纷，按照下列情形，分别处理：

（一）承包方已经一次性收取了流转价款，发包方请求承包方返还剩余流转期限的流转价款的，应予支持；

（二）流转价款为分期支付，发包方请求第三人按照流转合同的约定支付流转价款的，应予支持。

第十条　承包方交回承包地不符合农村土地承包法第三十条规定程序的，不得认定其为自愿交回。

第十一条　土地经营权流转中，本集体经济组织成员在流转价款、流转期限等主要内容相同的条件下主张优先权的，应予支持。但下列情形除外：

（一）在书面公示的合理期限内未提出优先权主张的；

（二）未经书面公示，在本集体经济组织以外的人开始使用承包地两个月内未提出优先权主张的。

第十二条　发包方胁迫承包方将土地经营权流转给第三人，承包方请求撤销其与第三人签订的流转合同的，应予支持。

发包方阻碍承包方依法流转土地经营权，承包方请求排除妨碍、赔偿损失的，应予支持。

第十三条　承包方未经发包方同意，转让其土地承包经营权的，转让合同无效。但发包方无法定理由不同意或者拖延表态的除外。

第十四条　承包方依法采取出租、入股或者其他方式流转土地经营权，发包方仅以该土地经营权流转合同未报其备案为由，请求确认合同无效的，不予支持。

第十五条　因承包方不收取流转价款或者向对方支付费用的约定产生纠纷，当事人协商变更无法达成一致，且继续履行又显失公平的，人民法院可以根据发生变更的客观情况，按照公平原则处理。

第十六条　当事人对出租地流转期限没有约定或者约定不明的，参照民法典第七百三十条规定处理。除当事人另有约定或者属于林地承包经营外，承包地交回的时间应当在农作物收获期结束后或者下一耕种期开始前。

对提高土地生产能力的投入，对方当事人请求承包方给予相应补偿的，应予支持。

第十七条　发包方或者其他组织、个人擅自截留、扣缴承包收益或者土地经营权流转收益，承包方请求返还的，应予支持。

发包方或者其他组织、个人主张抵销的，不予支持。

三、其他方式承包纠纷的处理

第十八条　本集体经济组织成员在承包费、承包期限等主要内容相同的条件下主张优先承包的，应予支持。但在发包方将农村土地发包给本集体经济组织以外的组织或者个人，已经法律规定的民主议定程序通过，并由乡（镇）人民政府批准后主张优先承包的，不予支持。

第十九条　发包方就同一土地签订两个以上承包合同，承包方均主张取得土地经营权的，按照下列情形，分别处理：

（一）已经依法登记的承包方，取得土地经营权；

（二）均未依法登记的，生效在先合同的承包方取得土地经营权；

（三）依前两项规定无法确定的，已经根据承包合同合法占有使用承包地的人取得土地经营权，但争议发生后一方强行先占承包地的行为和事实，不得作为确定土地经营权的依据。

四、土地征收补偿费用分配及土地承包经营权继承纠纷的处理

第二十条　承包地被依法征收，承包方请求发包方给付已经收

到的地上附着物和青苗的补偿费的，应予支持。

承包方已将土地经营权以出租、入股或者其他方式流转给第三人的，除当事人另有约定外，青苗补偿费归实际投入人所有，地上附着物补偿费归附着物所有人所有。

第二十一条　承包地被依法征收，放弃统一安置的家庭承包方，请求发包方给付已经收到的安置补助费的，应予支持。

第二十二条　农村集体经济组织或者村民委员会、村民小组，可以依照法律规定的民主议定程序，决定在本集体经济组织内部分配已经收到的土地补偿费。征地补偿安置方案确定时已经具有本集体经济组织成员资格的人，请求支付相应份额的，应予支持。但已报全国人大常委会、国务院备案的地方性法规、自治条例和单行条例、地方政府规章对土地补偿费在农村集体经济组织内部的分配办法另有规定的除外。

第二十三条　林地家庭承包中，承包方的继承人请求在承包期内继续承包的，应予支持。

其他方式承包中，承包方的继承人或者权利义务承受者请求在承包期内继续承包的，应予支持。

五、其他规定

第二十四条　人民法院在审理涉及本解释第五条、第六条第一款第（二）项及第二款、第十五条的纠纷案件时，应当着重进行调解。必要时可以委托人民调解组织进行调解。

第二十五条　本解释自 2005 年 9 月 1 日起施行。施行后受理的第一审案件，适用本解释的规定。

施行前已经生效的司法解释与本解释不一致的，以本解释为准。

最高人民法院关于适用
《中华人民共和国民法典》
物权编的解释（一）

（2020 年 12 月 25 日最高人民法院审判委员会第 1825
次会议通过 2020 年 12 月 29 日最高人民法院公告公布
自 2021 年 1 月 1 日起施行 法释〔2020〕24 号）

为正确审理物权纠纷案件，根据《中华人民共和国民法典》等
相关法律规定，结合审判实践，制定本解释。

第一条 因不动产物权的归属，以及作为不动产物权登记基础
的买卖、赠与、抵押等产生争议，当事人提起民事诉讼的，应当依
法受理。当事人已经在行政诉讼中申请一并解决上述民事争议，且
人民法院一并审理的除外。

第二条 当事人有证据证明不动产登记簿的记载与真实权利状
态不符、其为该不动产物权的真实权利人，请求确认其享有物权的，
应予支持。

第三条 异议登记因民法典第二百二十条第二款规定的事由失
效后，当事人提起民事诉讼，请求确认物权归属的，应当依法受理。
异议登记失效不影响人民法院对案件的实体审理。

第四条 未经预告登记的权利人同意，转让不动产所有权等物
权，或者设立建设用地使用权、居住权、地役权、抵押权等其他物
权的，应当依照民法典第二百二十一条第一款的规定，认定其不发
生物权效力。

第五条 预告登记的买卖不动产物权的协议被认定无效、被撤
销，或者预告登记的权利人放弃债权的，应当认定为民法典第二百
二十一条第二款所称的"债权消灭"。

第六条 转让人转让船舶、航空器和机动车等所有权，受让人已经支付合理价款并取得占有，虽未经登记，但转让人的债权人主张其为民法典第二百二十五条所称的"善意第三人"的，不予支持，法律另有规定的除外。

第七条 人民法院、仲裁机构在分割共有不动产或者动产等案件中作出并依法生效的改变原有物权关系的判决书、裁决书、调解书，以及人民法院在执行程序中作出的拍卖成交裁定书、变卖成交裁定书、以物抵债裁定书，应当认定为民法典第二百二十九条所称导致物权设立、变更、转让或者消灭的人民法院、仲裁机构的法律文书。

第八条 依据民法典第二百二十九条至第二百三十一条规定享有物权，但尚未完成动产交付或者不动产登记的权利人，依据民法典第二百三十五条至第二百三十八条的规定，请求保护其物权的，应予支持。

第九条 共有份额的权利主体因继承、遗赠等原因发生变化时，其他按份共有人主张优先购买的，不予支持，但按份共有人之间另有约定的除外。

第十条 民法典第三百零五条所称的"同等条件"，应当综合共有份额的转让价格、价款履行方式及期限等因素确定。

第十一条 优先购买权的行使期间，按份共有人之间有约定的，按照约定处理；没有约定或者约定不明的，按照下列情形确定：

（一）转让人向其他按份共有人发出的包含同等条件内容的通知中载明行使期间的，以该期间为准；

（二）通知中未载明行使期间，或者载明的期间短于通知送达之日起十五日的，为十五日；

（三）转让人未通知的，为其他按份共有人知道或者应当知道最终确定的同等条件之日起十五日；

（四）转让人未通知，且无法确定其他按份共有人知道或者应当知道最终确定的同等条件的，为共有份额权属转移之日起六个月。

第十二条 按份共有人向共有人之外的人转让其份额，其他按份共有人根据法律、司法解释规定，请求按照同等条件优先购买该共有份额的，应予支持。其他按份共有人的请求具有下列情形之一的，不予支持：

（一）未在本解释第十一条规定的期间内主张优先购买，或者虽主张优先购买，但提出减少转让价款、增加转让人负担等实质性变更要求；

（二）以其优先购买权受到侵害为由，仅请求撤销共有份额转让合同或者认定该合同无效。

第十三条 按份共有人之间转让共有份额，其他按份共有人主张依据民法典第三百零五条规定优先购买的，不予支持，但按份共有人之间另有约定的除外。

第十四条 受让人受让不动产或者动产时，不知道转让人无处分权，且无重大过失的，应当认定受让人为善意。

真实权利人主张受让人不构成善意的，应当承担举证证明责任。

第十五条 具有下列情形之一的，应当认定不动产受让人知道转让人无处分权：

（一）登记簿上存在有效的异议登记；

（二）预告登记有效期内，未经预告登记的权利人同意；

（三）登记簿上已经记载司法机关或者行政机关依法裁定、决定查封或者以其他形式限制不动产权利的有关事项；

（四）受让人知道登记簿上记载的权利主体错误；

（五）受让人知道他人已经依法享有不动产物权。

真实权利人有证据证明不动产受让人应当知道转让人无处分权的，应当认定受让人具有重大过失。

第十六条 受让人受让动产时，交易的对象、场所或者时机等不符合交易习惯的，应当认定受让人具有重大过失。

第十七条 民法典第三百一十一条第一款第一项所称的"受让人受让该不动产或者动产时"，是指依法完成不动产物权转移登记或者动产交付之时。

当事人以民法典第二百二十六条规定的方式交付动产的，转让动产民事法律行为生效时为动产交付之时；当事人以民法典第二百二十七条规定的方式交付动产的，转让人与受让人之间有关转让返还原物请求权的协议生效时为动产交付之时。

法律对不动产、动产物权的设立另有规定的，应当按照法律规定的时间认定权利人是否为善意。

第十八条 民法典第三百一十一条第一款第二项所称"合理的价格"，应当根据转让标的物的性质、数量以及付款方式等具体情况，参考转让时交易地市场价格以及交易习惯等因素综合认定。

第十九条 转让人将民法典第二百二十五条规定的船舶、航空器和机动车等交付给受让人的，应当认定符合民法典第三百一十一条第一款第三项规定的善意取得的条件。

第二十条 具有下列情形之一，受让人主张依据民法典第三百一十一条规定取得所有权的，不予支持：

（一）转让合同被认定无效；

（二）转让合同被撤销。

第二十一条 本解释自 2021 年 1 月 1 日起施行。

婚姻家庭权益

中华人民共和国反家庭暴力法

(2015 年 12 月 27 日第十二届全国人民代表大会常务委员会第十八次会议通过　2015 年 12 月 27 日中华人民共和国主席令第 37 号公布　自 2016 年 3 月 1 日起施行)

第一章　总　　则

第一条　为了预防和制止家庭暴力,保护家庭成员的合法权益,维护平等、和睦、文明的家庭关系,促进家庭和谐、社会稳定,制定本法。

第二条　本法所称家庭暴力,是指家庭成员之间以殴打、捆绑、残害、限制人身自由以及经常性谩骂、恐吓等方式实施的身体、精神等侵害行为。

> **注释**　[家庭成员]
>
> 　　家庭成员包括但不限于近亲属。《反家庭暴力法》第 2 条所称的家庭成员既包括配偶、父母、子女、兄弟姐妹、祖父母、外祖父母、孙子女、外孙子女等近亲属,也包括其他具有亲密亲属关系的人,如公婆与儿媳、岳父母与女婿、姑嫂等亲属。另外,家庭成员不以共同生活为必要条件。
>
> 　　[家庭暴力的类型]
>
> 　　家庭暴力主要包括身体暴力和精神暴力。身体暴力是最典型的家庭暴力形式,主要表现为殴打、捆绑、残害,限制人身自由,以饿冻、有病不给治疗等方式虐待、遗弃没有独立生活能力的儿童、老人、残疾人、重病患者,在家庭教育中以暴力方式管教儿童等。精神暴力主要表现为对受害人进行侮辱、谩骂、诽谤、宣扬隐私、

无端指责、人格贬损、恐吓、威胁、跟踪、骚扰等。精神暴力通常会使受害人产生自卑、恐惧、焦虑、抑郁等心理、精神方面的伤害。

案例 实施精神暴力应作出人身安全保护令①

案件适用要点：《反家庭暴力法》第2条规定，本法所称家庭暴力，是指家庭成员之间以殴打、捆绑、残害、限制人身自由以及经常性谩骂、恐吓等方式实施的身体、精神等侵害行为。因此，被申请人虽然未实施殴打、残害等行为给申请人造成肉体上的损伤，但若以经常性谩骂、恐吓等方式实施侵害申请人精神的行为，法院亦将对其严令禁止，对申请人给予保护。

第三条 家庭成员之间应当互相帮助，互相关爱，和睦相处，履行家庭义务。

反家庭暴力是国家、社会和每个家庭的共同责任。

国家禁止任何形式的家庭暴力。

第四条 县级以上人民政府负责妇女儿童工作的机构，负责组织、协调、指导、督促有关部门做好反家庭暴力工作。

县级以上人民政府有关部门、司法机关、人民团体、社会组织、居民委员会、村民委员会、企业事业单位，应当依照本法和有关法律规定，做好反家庭暴力工作。

各级人民政府应当对反家庭暴力工作给予必要的经费保障。

第五条 反家庭暴力工作遵循预防为主，教育、矫治与惩处相结合原则。

反家庭暴力工作应当尊重受害人真实意愿，保护当事人隐私。

未成年人、老年人、残疾人、孕期和哺乳期的妇女、重病患者遭受家庭暴力的，应当给予特殊保护。

注释 ［对特殊群体的保护］

一般情况下，家庭暴力受害人属于弱势一方，而未成年人、老年人、残疾人、妇女、重病患者的弱势地位更加明显，需要根据其

---

① 载人民网，http://legal.people.com.cn/n1/2020/1127/c42510-31946946.html，最后访问时间2022年11月10日。

特点给予特殊保护。《反家庭暴力法》针对无民事行为能力人和限制行为能力人规定了强制报告制度和紧急带离制度就是特殊保护的体现。还需要在救助、协助就医等方面结合这几类人员的特殊情况依法提供特殊保护。例如，对孕妇、哺乳期妇女在饮食等方便提供必要的保障和便利等，这些需要相关部门在执法过程中结合实际情况予以解决。

第二章　家庭暴力的预防

第六条　国家开展家庭美德宣传教育，普及反家庭暴力知识，增强公民反家庭暴力意识。

工会、共产主义青年团、妇女联合会、残疾人联合会应当在各自工作范围内，组织开展家庭美德和反家庭暴力宣传教育。

广播、电视、报刊、网络等应当开展家庭美德和反家庭暴力宣传。

学校、幼儿园应当开展家庭美德和反家庭暴力教育。

第七条　县级以上人民政府有关部门、司法机关、妇女联合会应当将预防和制止家庭暴力纳入业务培训和统计工作。

医疗机构应当做好家庭暴力受害人的诊疗记录。

第八条　乡镇人民政府、街道办事处应当组织开展家庭暴力预防工作，居民委员会、村民委员会、社会工作服务机构应当予以配合协助。

第九条　各级人民政府应当支持社会工作服务机构等社会组织开展心理健康咨询、家庭关系指导、家庭暴力预防知识教育等服务。

第十条　人民调解组织应当依法调解家庭纠纷，预防和减少家庭暴力的发生。

第十一条　用人单位发现本单位人员有家庭暴力情况的，应当给予批评教育，并做好家庭矛盾的调解、化解工作。

第十二条　未成年人的监护人应当以文明的方式进行家庭教育，依法履行监护和教育职责，不得实施家庭暴力。

第三章　家庭暴力的处置

第十三条　家庭暴力受害人及其法定代理人、近亲属可以向加害人或者受害人所在单位、居民委员会、村民委员会、妇女联合会等单位投诉、反映或者求助。有关单位接到家庭暴力投诉、反映或者求助后，应当给予帮助、处理。

家庭暴力受害人及其法定代理人、近亲属也可以向公安机关报案或者依法向人民法院起诉。

单位、个人发现正在发生的家庭暴力行为，有权及时劝阻。

注释 家庭暴力受害人及其法定代理人、近亲属可以向加害人或者受害人所在单位、居民委员会、村民委员会、妇女联合会等单位投诉、反映和求助。这些单位在接到家庭暴力投诉、反映和求助后有义务给予帮助、处理。比如，劝阻家庭暴力行为，对加害人进行批评教育；妇女联合会等单位应当依据自身职责和实际能力，为受害人开展家庭纠纷调解、婚姻家庭关系调适、心理和法律帮助、社工服务等。

［家庭暴力的报案和起诉］

除投诉、反映和求助外，家庭暴力受害人及其法定代理人、近亲属还可以通过以下两个途径寻求法律救济：

一是拨打公安机关报警电话"110"或者向基层派出所报案。公安机关在接到家庭暴力报案后，应当按照本法和有关法律的规定及时出警，制止家庭暴力，调查取证，协助受害人就医、鉴定伤情，采取紧急安置措施，根据情况对加害人给予批评教育、出具告诫书、给予治安管理处罚或者启动刑事追责程序。

二是对于有证据证明的轻微家庭暴力犯罪案件，可以依法向犯罪发生地或者被告人居住地的基层人民法院提起刑事自诉；家庭暴力行为尚未构成犯罪的，可以依法向人民法院提起民事诉讼，要求加害人承担停止侵害、赔礼道歉、赔偿损失等民事责任，也可以依照本法第4章的规定向人民法院申请人身安全保护令。

第十四条 学校、幼儿园、医疗机构、居民委员会、村民委员会、社会工作服务机构、救助管理机构、福利机构及其工作人员在工作中发现无民事行为能力人、限制民事行为能力人遭受或者疑似遭受家庭暴力的，应当及时向公安机关报案。公安机关应当对报案人的信息予以保密。

第十五条 公安机关接到家庭暴力报案后应当及时出警，制止家庭暴力，按照有关规定调查取证，协助受害人就医、鉴定伤情。

无民事行为能力人、限制民事行为能力人因家庭暴力身体受到严重伤害、面临人身安全威胁或者处于无人照料等危险状态的，公安机关应当通知并协助民政部门将其安置到临时庇护场所、救助管理机构或者福利机构。

注释 本条第 1 款规定了公安机关在制止、处置家庭暴力时的四项职责，分别是及时出警，制止家庭暴力，按照有关规定调查取证，协助受害人就医、鉴定伤情。

［及时出警］

及时出警是制止家庭暴力的第一步。对于群众报案、控告、举报等，属于公安机关管辖的，各办案警种、部门都必须接受并依照有关规定办理，不得推诿。群众上门报案的，应当当场进行接报案登记，当场接受证据材料，当场出具接报案回执并告知查询案件进展情况的方式和途径。接报案件后，应当立即进行受案立案审查。对于违法犯罪活动正在进行以及其他情况紧急的案件，接到报案后应当先进行紧急处置，第一时间制止违法犯罪。

［制止家庭暴力］

公安机关出警后，应当制止家庭暴力。作为负有保护人民群众人身安全职责的人民警察有权力对家庭暴力予以制止，并且这是其法定职责，如果不行使这项权力将构成不作为。

［调查取证］

有的家庭暴力案件中的当事人证据意识不强，没有注意充分收集证据，在这种情况下，公安机关的调查取证就显得非常重要。2015 年最高人民法院、最高人民检察院、公安部、司法部《关于依法办理家庭暴力犯罪案件的意见》规定，公安机关在办理家庭暴力案件时，要充分、全面地收集、固定证据，除了收集现场的物证、被害人陈述、证人证言等证据外，还应当注意及时向村（居）委会、人民调解委员会、妇联、共青团、残联、医院、学校、幼儿园等单位、组织的工作人员，以及被害人的亲属、邻居等收集涉及家庭暴力的处理记录、病例、照片、视频等证据。

[协助受害人就医、鉴定伤情]

受害人因家庭暴力受到人身伤害的，警察应当协助其就医。对于伤情鉴定，根据公安部《公安机关办理行政案件程序规定》的有关规定，对于以下三种情况，公安机关应当进行伤情鉴定：一是受伤程度较重，可能构成轻伤以上伤害程度的；二是被侵害人要求作伤情鉴定的；三是违法嫌疑人、被侵害人对伤害程度有争议的。根据本法第20条的规定，人民法院审理涉及家庭暴力的案件，可以根据伤情鉴定意见等证据，认定家庭暴力事实。

参见　《关于依法处理监护人侵害未成年人权益行为若干问题的意见》第11、15、16条；《关于依法办理家庭暴力犯罪案件的意见》第12条

第十六条　家庭暴力情节较轻，依法不给予治安管理处罚的，由公安机关对加害人给予批评教育或者出具告诫书。

告诫书应当包括加害人的身份信息、家庭暴力的事实陈述、禁止加害人实施家庭暴力等内容。

注释　[告诫书的内容]

告诫书的内容包括：加害人的身份信息、家庭暴力的事实陈述、禁止加害人实施家庭暴力等内容。加害人的身份信息即加害人的姓名、性别、年龄、出生日期、身份证件种类及号码、现住址等基本信息。家庭暴力事实陈述是公安机关通过一定证据证实后，对加害人实施家庭暴力事实的认定。禁止加害人实施家庭暴力是告诫的核心内容，是通过书面方式对加害人进行法治教育，要求加害人纠正不法行为，并告知实施违法犯罪行为的后果等。这三方面内容是警示和教育加害人、达到告诫目的的必要条件。

当事人如果继续实施家庭暴力，告诫书为进一步处置家庭暴力案件提供了证据或者认定家庭暴力的依据。

第十七条　公安机关应当将告诫书送交加害人、受害人，并通知居民委员会、村民委员会。

居民委员会、村民委员会、公安派出所应当对收到告诫书的加害人、受害人进行查访，监督加害人不再实施家庭暴力。

第十八条 县级或者设区的市级人民政府可以单独或者依托救助管理机构设立临时庇护场所，为家庭暴力受害人提供临时生活帮助。

第十九条 法律援助机构应当依法为家庭暴力受害人提供法律援助。

人民法院应当依法对家庭暴力受害人缓收、减收或者免收诉讼费用。

第二十条 人民法院审理涉及家庭暴力的案件，可以根据公安机关出警记录、告诫书、伤情鉴定意见等证据，认定家庭暴力事实。

第二十一条 监护人实施家庭暴力严重侵害被监护人合法权益的，人民法院可以根据被监护人的近亲属、居民委员会、村民委员会、县级人民政府民政部门等有关人员或者单位的申请，依法撤销其监护人资格，另行指定监护人。

被撤销监护人资格的加害人，应当继续负担相应的赡养、扶养、抚养费用。

> **注释** 加害人对被监护人的赡养、扶养、抚养义务，并不会因为其被撤销监护资格而自然消灭，加害人仍然应当依法继续负担被监护人的赡养、扶养、抚养费用。

第二十二条 工会、共产主义青年团、妇女联合会、残疾人联合会、居民委员会、村民委员会等应当对实施家庭暴力的加害人进行法治教育，必要时可以对加害人、受害人进行心理辅导。

第四章 人身安全保护令

第二十三条 当事人因遭受家庭暴力或者面临家庭暴力的现实危险，向人民法院申请人身安全保护令的，人民法院应当受理。

当事人是无民事行为能力人、限制民事行为能力人，或者因受到强制、威吓等原因无法申请人身安全保护令的，其近亲属、公安机关、妇女联合会、居民委员会、村民委员会、救助管理机构可以代为申请。

法院是审判机关，实行不告不理，因此要想启动人身安全保护令程序，应当由当事人或者法定主体依法提出申请。

首先，当事人本人可以申请人身安全保护令。受害人在没有受到强制、威吓等情况下，处于意志自由的状态，对是否应当申请人身安全保护令有自己的分析和判断，对此应当尊重受害人的意愿。申请人在向法院申请人身安全保护令时，应当提交有关证据材料，证明自己遭受了家庭暴力或者面临家庭暴力的现实危险。比如，受伤害照片、报警证明、证人证言、社会机构的相关记录或者证明、加害人保证书、加害人带有威胁内容的手机短信等。

其次，近亲属等代为申请人身安全保护令。家庭暴力不同程度地造成了受害人的身体或心理伤害，因为恐惧而屈从于加害人的控制，忍气吞声，委曲求全，在这种情况下，作为知情人的近亲属、公安机关、妇女联合会等是可以向法院申请人身安全保护令的。

近亲属对受害人遭受家庭暴力的情况一般比较了解，也方便与受害人进行沟通，由其代为申请人身安全保护令是合适的。公安机关、救助管理机构等有保护受害人合法权益的法定职责，由其代为申请人身安全保护令也是合适的。

第二十四条 申请人身安全保护令应当以书面方式提出；书面申请确有困难的，可以口头申请，由人民法院记入笔录。

第二十五条 人身安全保护令案件由申请人或者被申请人居住地、家庭暴力发生地的基层人民法院管辖。

[居住地]

"居住地"，是指申请人连续居住一定合理期限的地方。居住地不需要满足经常居住地的连续居住满1年的标准，但是仍需要居住到一定的合理期限，具体时间由法院根据案件实际情况判断。

[家庭暴力发生地]

"家庭暴力发生地"是指加害人实际实施家庭暴力所在地。在管辖中规定家庭暴力发生地，主要考虑的是受害人外出务工、旅游或者回父母家，加害人上门施暴的情况。家庭暴力是对受害人的一种侵权行为，因此规定家庭暴力发生地的法院有管辖权，这也与民事诉讼法中侵权行为可由侵权行为地的法院管辖相一致。

申请人居住地、被申请人居住地和家庭暴力发生地的基层人民法院对于人身安全保护令案件，有共同管辖权。申请人可以在上述有管辖权的法院中选择其中一个法院提出申请。换言之，家庭暴力案件的受害人享有选择管辖的权利。在遭受家庭暴力时，只要在申请人的居住地、被申请人居住地或者家庭暴力发生地的人民法院中选择一个法院提交人身安全保护令的申请书即可。同样，只要符合上述条件的法院接受提交的申请书后都有义务管辖。

第二十六条 人身安全保护令由人民法院以裁定形式作出。

第二十七条 作出人身安全保护令，应当具备下列条件：

（一）有明确的被申请人；

（二）有具体的请求；

（三）有遭受家庭暴力或者面临家庭暴力现实危险的情形。

第二十八条 人民法院受理申请后，应当在七十二小时内作出人身安全保护令或者驳回申请；情况紧急的，应当在二十四小时内作出。

第二十九条 人身安全保护令可以包括下列措施：

（一）禁止被申请人实施家庭暴力；

（二）禁止被申请人骚扰、跟踪、接触申请人及其相关近亲属；

（三）责令被申请人迁出申请人住所；

（四）保护申请人人身安全的其他措施。

注释 ［禁止被申请人实施家庭暴力］

与批评教育和告诫书提出要求不再实施家庭暴力不同，人身安全保护令中禁止实施家庭暴力的内容不是批评教育或倡导性的内容，而是具有强制力的司法裁定内容，违反人身安全保护令关于禁止实施暴力的内容，不单纯是侵害受害人权利，还是对国家公权力权威的挑战。根据本法第34条的规定，被申请人违反人身安全保护令，构成犯罪的，依法追究刑事责任；尚不构成犯罪的，人民法院应当给予训诫，可以根据情节轻重处以1000元以下罚款或15日以下拘留。

［禁止被申请人骚扰、跟踪、接触申请人及其近亲属］

骚扰本质上是使他人不得安宁，主要指被申请人没有正当事由持续、反复或者在不适当的时间通过电话、短信、邮件、书信、社交媒体等方式和申请人及其近亲属联系，向申请人寄送一些引起申请人不安的物品等，使申请人及其近亲属处于不安宁状态。跟踪不限于传统意义上的尾随，还包括通过电子技术手段定位、追踪他人的位置信息等。接触主要是指接近等行为，如没有正当理由经常在申请人住所及工作场所附近出现、徘徊等。

［责令被申请人迁出申请人住所］

如果申请人和被申请人共同居住，申请人会更容易遭到侵害。实践中，为了避免进一步遭受家庭暴力，多是受害人搬离住所到外面居住。本法规定人身安全保护令可以责令被申请人迁出住所，即便被申请人对该住所拥有所有权或者享有共有的权利，人民法院也可以责令其迁出。迁出住所是出于对申请人的保护而采取的临时措施，责令被申请人迁出住所并没有否定被申请人对住所的所有权等权利，只是在一定条件下限制其进入或使用该住所，暂时剥夺了被申请人居住房屋的权利。

［保护申请人人身安全的其他措施］

本规定属于兜底性规定，需要人民法院根据实际情况具体把握。有些国家和地区对人身安全保护令内容的规定还包括：命令被申请人与申请人及相关亲友保持法庭所规定的距离并远离申请人及相关亲友的住所、学校、工作地点或其经常光顾的场所；不考虑车辆产权归属，支持申请人对车辆或生活必需财物的所有权和使用权；补偿暴行所导致的实际损失，包括但不限于财物损失、医疗费用、子女抚养费用及误工费；命令被申请人在人身安全保护令的有效期内向申请人支付子女抚养费及其他生活费；禁止被申请人查阅申请人及未成年子女户籍、学籍、所得来源等相关信息；限制或禁止被申请人与未成年子女会面；强制被申请人接受心理辅导、精神治疗、戒瘾治疗等。

案例 吴某某申请人身安全保护令案（最高人民法院人身安全保护令十大典型案例）

案件适用要点： 申请人吴某某（女）与被申请人杨某某（男）2009年相识后成为男女朋友，并居住在一起。2018年农历春节过后吴某某向杨某某提出分手,杨某某同意。2018 年 4、5 月,杨某某开始对吴某某进行跟踪、骚扰、殴打并强行闯入吴某某的住所和工作场地,限制吴某某的人身自由,抢夺吴某某住所的钥匙、手机,在吴某某住所地张贴污蔑、辱骂、威胁吴某某的材料。吴某某多次向住所地、工作场地所在的派出所报警,杨某某在经警察教育、警告之后仍屡教不改,并且变本加厉骚扰吴某某。吴某某向法院申请人身安全保护令。本案是一起同居关系的一方申请人身安全保护令的案件。《反家庭暴力法》不仅预防和制止的是家庭成员之间的暴力行为,还包括家庭成员以外共同生活的人之间实施的暴力行为。同居关系中暴力受害者的人身权利应当受到法律保护,同居关系的一方若遭受家庭暴力或者面临家庭暴力的现实危险,人民法院也可依当事人申请作出人身安全保护令。

第三十条 人身安全保护令的有效期不超过六个月,自作出之日起生效。人身安全保护令失效前,人民法院可以根据申请人的申请撤销、变更或者延长。

第三十一条 申请人对驳回申请不服或者被申请人对人身安全保护令不服的,可以自裁定生效之日起五日内向作出裁定的人民法院申请复议一次。人民法院依法作出人身安全保护令的,复议期间不停止人身安全保护令的执行。

第三十二条 人民法院作出人身安全保护令后,应当送达申请人、被申请人、公安机关以及居民委员会、村民委员会等有关组织。人身安全保护令由人民法院执行,公安机关以及居民委员会、村民委员会等应当协助执行。

第五章 法律责任

第三十三条 加害人实施家庭暴力,构成违反治安管理行为的,依法给予治安管理处罚;构成犯罪的,依法追究刑事责任。

注释 家庭暴力行为不仅侵害家庭成员的合法权益,而且具有一定的社会危害性,加害人实施家庭暴力行为,不仅需要承担相应的行政责任；构成犯罪的，还应当依法追究刑事责任。

案例 洪某违反人身安全保护令案（最高人民法院人身安全保护令十大典型案例）

案件适用要点： 申请人包某（女）与被申请人洪某原系恋人关系，双方共同居住生活。洪某在因琐事引起的争执过程中殴打包某，导致包某头皮裂伤和血肿。包某提出分手，并搬离共同居所。分手后，洪某仍然通过打电话、发微信以及到包某住所蹲守的方式对其进行骚扰。包某不堪其扰，遂报警，民警对洪某进行了批评教育。包某担心洪某继续实施家庭暴力，向法院申请人身安全保护令。重庆市巴南区人民法院依法作出人身安全保护令。洪某收到人身安全保护令后，无视禁止，继续通过打电话、发短信和微信的方式骚扰包某，威胁包某与其和好继续交往，其间发送的消息达 300 余条。法院决定，对洪某处以 1000 元罚款和 15 日拘留。

依法对公然违抗法院裁判文书的行为予以惩戒，彰显了遵法守法的底线。人身安全保护令不仅仅是一纸文书，它是人民法院依法作出的具有法律效力的裁判文书，相关人员必须严格遵守，否则应承担相应的法律后果。无视人身安全保护令，公然违抗法院裁判文书的行为已经触碰司法底线，必须予以严惩。

第三十四条 被申请人违反人身安全保护令，构成犯罪的，依法追究刑事责任；尚不构成犯罪的，人民法院应当给予训诫，可以根据情节轻重处以一千元以下罚款、十五日以下拘留。

第三十五条 学校、幼儿园、医疗机构、居民委员会、村民委员会、社会工作服务机构、救助管理机构、福利机构及其工作人员未依照本法第十四条规定向公安机关报案，造成严重后果的，由上级主管部门或者本单位对直接负责的主管人员和其他直接责任人员依法给予处分。

第三十六条 负有反家庭暴力职责的国家工作人员玩忽职守、滥用职权、徇私舞弊的，依法给予处分；构成犯罪的，依法追究刑事责任。

第六章　附　　则

第三十七条　家庭成员以外共同生活的人之间实施的暴力行为，参照本法规定执行。

第三十八条　本法自 2016 年 3 月 1 日起施行。

婚姻登记条例

（2003 年 7 月 30 日国务院第 16 次常务会议通过　2003 年 8 月 8 日中华人民共和国国务院令第 387 号公布　自 2003 年 10 月 1 日起施行）

第一章　总　　则

第一条　为了规范婚姻登记工作，保障婚姻自由、一夫一妻、男女平等的婚姻制度的实施，保护婚姻当事人的合法权益，根据《中华人民共和国婚姻法》（以下简称婚姻法），制定本条例。

第二条　内地居民办理婚姻登记的机关是县级人民政府民政部门或者乡（镇）人民政府，省、自治区、直辖市人民政府可以按照便民原则确定农村居民办理婚姻登记的具体机关。

中国公民同外国人，内地居民同香港特别行政区居民（以下简称香港居民）、澳门特别行政区居民（以下简称澳门居民）、台湾地区居民（以下简称台湾居民）、华侨办理婚姻登记的机关是省、自治区、直辖市人民政府民政部门或者省、自治区、直辖市人民政府民政部门确定的机关。

第三条　婚姻登记机关的婚姻登记员应当接受婚姻登记业务培训，经考核合格，方可从事婚姻登记工作。

婚姻登记机关办理婚姻登记，除按收费标准向当事人收取工本费外，不得收取其他费用或者附加其他义务。

第二章　结婚登记

第四条　内地居民结婚，男女双方应当共同到一方当事人常住户口所在地的婚姻登记机关办理结婚登记。

中国公民同外国人在中国内地结婚的，内地居民同香港居民、澳门居民、台湾居民、华侨在中国内地结婚的，男女双方应当共同到内地居民常住户口所在地的婚姻登记机关办理结婚登记。

第五条　办理结婚登记的内地居民应当出具下列证件和证明材料：

（一）本人的户口簿、身份证；

（二）本人无配偶以及与对方当事人没有直系血亲和三代以内旁系血亲关系的签字声明。

办理结婚登记的香港居民、澳门居民、台湾居民应当出具下列证件和证明材料：

（一）本人的有效通行证、身份证；

（二）经居住地公证机构公证的本人无配偶以及与对方当事人没有直系血亲和三代以内旁系血亲关系的声明。

办理结婚登记的华侨应当出具下列证件和证明材料：

（一）本人的有效护照；

（二）居住国公证机构或者有权机关出具的、经中华人民共和国驻该国使（领）馆认证的本人无配偶以及与对方当事人没有直系血亲和三代以内旁系血亲关系的证明，或者中华人民共和国驻该国使（领）馆出具的本人无配偶以及与对方当事人没有直系血亲和三代以内旁系血亲关系的证明。

办理结婚登记的外国人应当出具下列证件和证明材料：

（一）本人的有效护照或者其他有效的国际旅行证件；

（二）所在国公证机构或者有权机关出具的、经中华人民共和国驻该国使（领）馆认证或者该国驻华使（领）馆认证的本人无配偶的证明，或者所在国驻华使（领）馆出具的本人无配偶的证明。

第六条　办理结婚登记的当事人有下列情形之一的，婚姻登记机关不予登记：

（一）未到法定结婚年龄的；

（二）非双方自愿的；

（三）一方或者双方已有配偶的；

（四）属于直系血亲或者三代以内旁系血亲的；

（五）患有医学上认为不应当结婚的疾病的。

第七条 婚姻登记机关应当对结婚登记当事人出具的证件、证明材料进行审查并询问相关情况。对当事人符合结婚条件的，应当当场予以登记，发给结婚证；对当事人不符合结婚条件不予登记的，应当向当事人说明理由。

第八条 男女双方补办结婚登记的，适用本条例结婚登记的规定。

第九条 因胁迫结婚的，受胁迫的当事人依据婚姻法第十一条的规定向婚姻登记机关请求撤销其婚姻的，应当出具下列证明材料：

（一）本人的身份证、结婚证；

（二）能够证明受胁迫结婚的证明材料。

婚姻登记机关经审查认为受胁迫结婚的情况属实且不涉及子女抚养、财产及债务问题的，应当撤销该婚姻，宣告结婚证作废。

第三章　离婚登记

第十条 内地居民自愿离婚的，男女双方应当共同到一方当事人常住户口所在地的婚姻登记机关办理离婚登记。

中国公民同外国人在中国内地自愿离婚的，内地居民同香港居民、澳门居民、台湾居民、华侨在中国内地自愿离婚的，男女双方应当共同到内地居民常住户口所在地的婚姻登记机关办理离婚登记。

第十一条 办理离婚登记的内地居民应当出具下列证件和证明材料：

（一）本人的户口簿、身份证；

（二）本人的结婚证；

（三）双方当事人共同签署的离婚协议书。

办理离婚登记的香港居民、澳门居民、台湾居民、华侨、外国人除应当出具前款第（二）项、第（三）项规定的证件、证明材料外，香港居民、澳门居民、台湾居民还应当出具本人的有效通行证、身份证，华侨、外国人还应当出具本人的有效护照或者其他有效国际旅行证件。

离婚协议书应当载明双方当事人自愿离婚的意思表示以及对子女抚养、财产及债务处理等事项协商一致的意见。

第十二条 办理离婚登记的当事人有下列情形之一的，婚姻登记机关不予受理：

（一）未达成离婚协议的；

（二）属于无民事行为能力人或者限制民事行为能力人的；

（三）其结婚登记不是在中国内地办理的。

第十三条 婚姻登记机关应当对离婚登记当事人出具的证件、证明材料进行审查并询问相关情况。对当事人确属自愿离婚，并已对子女抚养、财产、债务等问题达成一致处理意见的，应当当场予以登记，发给离婚证。

第十四条 离婚的男女双方自愿恢复夫妻关系的，应当到婚姻登记机关办理复婚登记。复婚登记适用本条例结婚登记的规定。

第四章　婚姻登记档案和婚姻登记证

第十五条 婚姻登记机关应当建立婚姻登记档案。婚姻登记档案应当长期保管。具体管理办法由国务院民政部门会同国家档案管理部门规定。

第十六条 婚姻登记机关收到人民法院宣告婚姻无效或者撤销婚姻的判决书副本后，应当将该判决书副本收入当事人的婚姻登记档案。

第十七条　结婚证、离婚证遗失或者损毁的，当事人可以持户口簿、身份证向原办理婚姻登记的机关或者一方当事人常住户口所在地的婚姻登记机关申请补领。婚姻登记机关对当事人的婚姻登记档案进行查证，确认属实的，应当为当事人补发结婚证、离婚证。

第五章　罚　　则

第十八条　婚姻登记机关及其婚姻登记员有下列行为之一的，对直接负责的主管人员和其他直接责任人员依法给予行政处分：

（一）为不符合婚姻登记条件的当事人办理婚姻登记的；

（二）玩忽职守造成婚姻登记档案损失的；

（三）办理婚姻登记或者补发结婚证、离婚证超过收费标准收取费用的。

违反前款第（三）项规定收取的费用，应当退还当事人。

第六章　附　　则

第十九条　中华人民共和国驻外使（领）馆可以依照本条例的有关规定，为男女双方均居住于驻在国的中国公民办理婚姻登记。

第二十条　本条例规定的婚姻登记证由国务院民政部门规定式样并监制。

第二十一条　当事人办理婚姻登记或者补领结婚证、离婚证应当交纳工本费。工本费的收费标准由国务院价格主管部门会同国务院财政部门规定并公布。

第二十二条　本条例自 2003 年 10 月 1 日起施行。1994 年 1 月 12 日国务院批准、1994 年 2 月 1 日民政部发布的《婚姻登记管理条例》同时废止。

最高人民法院关于适用
《中华人民共和国民法典》
婚姻家庭编的解释（一）

（2020 年 12 月 25 日最高人民法院审判委员会第 1825 次会议通过　2020 年 12 月 29 日最高人民法院公告公布　自 2021 年 1 月 1 日起施行　法释〔2020〕22 号）

为正确审理婚姻家庭纠纷案件，根据《中华人民共和国民法典》《中华人民共和国民事诉讼法》等相关法律规定，结合审判实践，制定本解释。

一、一般规定

第一条　持续性、经常性的家庭暴力，可以认定为民法典第一千零四十二条、第一千零七十九条、第一千零九十一条所称的"虐待"。

第二条　民法典第一千零四十二条、第一千零七十九条、第一千零九十一条规定的"与他人同居"的情形，是指有配偶者与婚外异性，不以夫妻名义，持续、稳定地共同居住。

第三条　当事人提起诉讼仅请求解除同居关系的，人民法院不予受理；已经受理的，裁定驳回起诉。

当事人因同居期间财产分割或者子女抚养纠纷提起诉讼的，人民法院应当受理。

第四条　当事人仅以民法典第一千零四十三条为依据提起诉讼的，人民法院不予受理；已经受理的，裁定驳回起诉。

第五条　当事人请求返还按照习俗给付的彩礼的，如果查明属于以下情形，人民法院应当予以支持：

（一）双方未办理结婚登记手续；

（二）双方办理结婚登记手续但确未共同生活；

（三）婚前给付并导致给付人生活困难。

适用前款第二项、第三项的规定，应当以双方离婚为条件。

二、结　婚

第六条　男女双方依据民法典第一千零四十九条规定补办结婚登记的，婚姻关系的效力从双方均符合民法典所规定的结婚的实质要件时起算。

第七条　未依据民法典第一千零四十九条规定办理结婚登记而以夫妻名义共同生活的男女，提起诉讼要求离婚的，应当区别对待：

（一）1994年2月1日民政部《婚姻登记管理条例》公布实施以前，男女双方已经符合结婚实质要件的，按事实婚姻处理。

（二）1994年2月1日民政部《婚姻登记管理条例》公布实施以后，男女双方符合结婚实质要件的，人民法院应当告知其补办结婚登记。未补办结婚登记的，依据本解释第三条规定处理。

第八条　未依据民法典第一千零四十九条规定办理结婚登记而以夫妻名义共同生活的男女，一方死亡，另一方以配偶身份主张享有继承权的，依据本解释第七条的原则处理。

第九条　有权依据民法典第一千零五十一条规定向人民法院就已办理结婚登记的婚姻请求确认婚姻无效的主体，包括婚姻当事人及利害关系人。其中，利害关系人包括：

（一）以重婚为由的，为当事人的近亲属及基层组织；

（二）以未到法定婚龄为由的，为未到法定婚龄者的近亲属；

（三）以有禁止结婚的亲属关系为由的，为当事人的近亲属。

第十条　当事人依据民法典第一千零五十一条规定向人民法院请求确认婚姻无效，法定的无效婚姻情形在提起诉讼时已经消失的，人民法院不予支持。

第十一条　人民法院受理请求确认婚姻无效案件后，原告申请撤诉的，不予准许。

对婚姻效力的审理不适用调解，应当依法作出判决。

涉及财产分割和子女抚养的，可以调解。调解达成协议的，另行制作调解书；未达成调解协议的，应当一并作出判决。

第十二条　人民法院受理离婚案件后，经审理确属无效婚姻的，应当将婚姻无效的情形告知当事人，并依法作出确认婚姻无效的判决。

第十三条　人民法院就同一婚姻关系分别受理了离婚和请求确认婚姻无效案件的，对于离婚案件的审理，应当待请求确认婚姻无效案件作出判决后进行。

第十四条　夫妻一方或者双方死亡后，生存一方或者利害关系人依据民法典第一千零五十一条的规定请求确认婚姻无效的，人民法院应当受理。

第十五条　利害关系人依据民法典第一千零五十一条的规定，请求人民法院确认婚姻无效的，利害关系人为原告，婚姻关系当事人双方为被告。

夫妻一方死亡的，生存一方为被告。

第十六条　人民法院审理重婚导致的无效婚姻案件时，涉及财产处理的，应当准许合法婚姻当事人作为有独立请求权的第三人参加诉讼。

第十七条　当事人以民法典第一千零五十一条规定的三种无效婚姻以外的情形请求确认婚姻无效的，人民法院应当判决驳回当事人的诉讼请求。

当事人以结婚登记程序存在瑕疵为由提起民事诉讼，主张撤销结婚登记的，告知其可以依法申请行政复议或者提起行政诉讼。

第十八条　行为人以给另一方当事人或者其近亲属的生命、身体、健康、名誉、财产等方面造成损害为要挟，迫使另一方当事人违背真实意愿结婚的，可以认定为民法典第一千零五十二条所称的"胁迫"。

因受胁迫而请求撤销婚姻的，只能是受胁迫一方的婚姻关系当事人本人。

第十九条　民法典第一千零五十二条规定的"一年"，不适用诉讼时效中止、中断或者延长的规定。

受胁迫或者被非法限制人身自由的当事人请求撤销婚姻的，不适用民法典第一百五十二条第二款的规定。

第二十条　民法典第一千零五十四条所规定的"自始没有法律约束力"，是指无效婚姻或者可撤销婚姻在依法被确认无效或者被撤销时，才确定该婚姻自始不受法律保护。

第二十一条　人民法院根据当事人的请求，依法确认婚姻无效或者撤销婚姻的，应当收缴双方的结婚证书并将生效的判决书寄送当地婚姻登记管理机关。

第二十二条　被确认无效或者被撤销的婚姻，当事人同居期间所得的财产，除有证据证明为当事人一方所有的以外，按共同共有处理。

三、夫妻关系

第二十三条　夫以妻擅自中止妊娠侵犯其生育权为由请求损害赔偿的，人民法院不予支持；夫妻双方因是否生育发生纠纷，致使感情确已破裂，一方请求离婚的，人民法院经调解无效，应依照民法典第一千零七十九条第三款第五项的规定处理。

第二十四条　民法典第一千零六十二条第一款第三项规定的"知识产权的收益"，是指婚姻关系存续期间，实际取得或者已经明确可以取得的财产性收益。

第二十五条　婚姻关系存续期间，下列财产属于民法典第一千零六十二条规定的"其他应当归共同所有的财产"：

（一）一方以个人财产投资取得的收益；

（二）男女双方实际取得或者应当取得的住房补贴、住房公积金；

（三）男女双方实际取得或者应当取得的基本养老金、破产安置

278

补偿费。

第二十六条　夫妻一个人财产在婚后产生的收益，除孳息和自然增值外，应认定为夫妻共同财产。

第二十七条　由一方婚前承租、婚后用共同财产购买的房屋，登记在一方名下的，应当认定为夫妻共同财产。

第二十八条　一方未经另一方同意出售夫妻共同所有的房屋，第三人善意购买、支付合理对价并已办理不动产登记，另一方主张追回该房屋的，人民法院不予支持。

夫妻一方擅自处分共同所有的房屋造成另一方损失，离婚时另一方请求赔偿损失的，人民法院应予支持。

第二十九条　当事人结婚前，父母为双方购置房屋出资的，该出资应当认定为对自己子女个人的赠与，但父母明确表示赠与双方的除外。

当事人结婚后，父母为双方购置房屋出资的，依照约定处理；没有约定或者约定不明确的，按照民法典第一千零六十二条第一款第四项规定的原则处理。

第三十条　军人的伤亡保险金、伤残补助金、医药生活补助费属于个人财产。

第三十一条　民法典第一千零六十三条规定为夫妻一方的个人财产，不因婚姻关系的延续而转化为夫妻共同财产。但当事人另有约定的除外。

第三十二条　婚前或者婚姻关系存续期间，当事人约定将一方所有的房产赠与另一方或者共有，赠与方在赠与房产变更登记之前撤销赠与，另一方请求判令继续履行的，人民法院可以按照民法典第六百五十八条的规定处理。

第三十三条　债权人就一方婚前所负个人债务向债务人的配偶主张权利的，人民法院不予支持。但债权人能够证明所负债务用于婚后家庭共同生活的除外。

第三十四条　夫妻一方与第三人串通，虚构债务，第三人主张该债务为夫妻共同债务的，人民法院不予支持。

夫妻一方在从事赌博、吸毒等违法犯罪活动中所负债务，第三人主张该债务为夫妻共同债务的，人民法院不予支持。

第三十五条　当事人的离婚协议或者人民法院生效判决、裁定、调解书已经对夫妻财产分割问题作出处理的，债权人仍有权就夫妻共同债务向男女双方主张权利。

一方就夫妻共同债务承担清偿责任后，主张由另一方按照离婚协议或者人民法院的法律文书承担相应债务的，人民法院应予支持。

第三十六条　夫或者妻一方死亡的，生存一方应当对婚姻关系存续期间的夫妻共同债务承担清偿责任。

第三十七条　民法典第一千零六十五条第三款所称"相对人知道该约定的"，夫妻一方对此负有举证责任。

第三十八条　婚姻关系存续期间，除民法典第一千零六十六条规定情形以外，夫妻一方请求分割共同财产的，人民法院不予支持。

四、父母子女关系

第三十九条　父或者母向人民法院起诉请求否认亲子关系，并已提供必要证据予以证明，另一方没有相反证据又拒绝做亲子鉴定的，人民法院可以认定否认亲子关系一方的主张成立。

父或者母以及成年子女起诉请求确认亲子关系，并提供必要证据予以证明，另一方没有相反证据又拒绝做亲子鉴定的，人民法院可以认定确认亲子关系一方的主张成立。

第四十条　婚姻关系存续期间，夫妻双方一致同意进行人工授精，所生子女应视为婚生子女，父母子女间的权利义务关系适用民法典的有关规定。

第四十一条　尚在校接受高中及其以下学历教育，或者丧失、部分丧失劳动能力等非因主观原因而无法维持正常生活的成年子女，可以认定为民法典第一千零六十七条规定的"不能独立生活的成年子女"。

第四十二条　民法典第一千零六十七条所称"抚养费"，包括子女生活费、教育费、医疗费等费用。

第四十三条　婚姻关系存续期间，父母双方或者一方拒不履行抚养子女义务，未成年子女或者不能独立生活的成年子女请求支付抚养费的，人民法院应予支持。

第四十四条　离婚案件涉及未成年子女抚养的，对不满两周岁的子女，按照民法典第一千零八十四条第三款规定的原则处理。母亲有下列情形之一，父亲请求直接抚养的，人民法院应予支持：

（一）患有久治不愈的传染性疾病或者其他严重疾病，子女不宜与其共同生活；

（二）有抚养条件不尽抚养义务，而父亲要求子女随其生活；

（三）因其他原因，子女确不宜随母亲生活。

第四十五条　父母双方协议不满两周岁子女由父亲直接抚养，并对子女健康成长无不利影响的，人民法院应予支持。

第四十六条　对已满两周岁的未成年子女，父母均要求直接抚养，一方有下列情形之一的，可予优先考虑：

（一）已做绝育手术或者因其他原因丧失生育能力；

（二）子女随其生活时间较长，改变生活环境对子女健康成长明显不利；

（三）无其他子女，而另一方有其他子女；

（四）子女随其生活，对子女成长有利，而另一方患有久治不愈的传染性疾病或者其他严重疾病，或者有其他不利于子女身心健康的情形，不宜与子女共同生活。

第四十七条　父母抚养子女的条件基本相同，双方均要求直接抚养子女，但子女单独随祖父母或者外祖父母共同生活多年，且祖父母或者外祖父母要求并且有能力帮助子女照顾孙子女或者外孙子女的，可以作为父或者母直接抚养子女的优先条件予以考虑。

第四十八条　在有利于保护子女利益的前提下，父母双方协议轮流直接抚养子女的，人民法院应予支持。

第四十九条　抚养费的数额，可以根据子女的实际需要、父母双方的负担能力和当地的实际生活水平确定。

有固定收入的，抚养费一般可以按其月总收入的百分之二十至三十的比例给付。负担两个以上子女抚养费的，比例可以适当提高，但一般不得超过月总收入的百分之五十。

无固定收入的，抚养费的数额可以依据当年总收入或者同行业平均收入，参照上述比例确定。

有特殊情况的，可以适当提高或者降低上述比例。

第五十条 抚养费应当定期给付，有条件的可以一次性给付。

第五十一条 父母一方无经济收入或者下落不明的，可以用其财物折抵抚养费。

第五十二条 父母双方可以协议由一方直接抚养子女并由直接抚养方负担子女全部抚养费。但是，直接抚养方的抚养能力明显不能保障子女所需费用，影响子女健康成长的，人民法院不予支持。

第五十三条 抚养费的给付期限，一般至子女十八周岁为止。

十六周岁以上不满十八周岁，以其劳动收入为主要生活来源，并能维持当地一般生活水平的，父母可以停止给付抚养费。

第五十四条 生父与继母离婚或者生母与继父离婚时，对曾受其抚养教育的继子女，继父或者继母不同意继续抚养的，仍应由生父或者生母抚养。

第五十五条 离婚后，父母一方要求变更子女抚养关系的，或者子女要求增加抚养费的，应当另行提起诉讼。

第五十六条 具有下列情形之一，父母一方要求变更子女抚养关系的，人民法院应予支持：

（一）与子女共同生活的一方因患严重疾病或者因伤残无力继续抚养子女；

（二）与子女共同生活的一方不尽抚养义务或有虐待子女行为，或者其与子女共同生活对子女身心健康确有不利影响；

（三）已满八周岁的子女，愿随另一方生活，该方又有抚养能力；

（四）有其他正当理由需要变更。

第五十七条 父母双方协议变更子女抚养关系的，人民法院应予支持。

第五十八条 具有下列情形之一，子女要求有负担能力的父或者母增加抚养费的，人民法院应予支持：

（一）原定抚养费数额不足以维持当地实际生活水平；

（二）因子女患病、上学，实际需要已超过原定数额；

（三）有其他正当理由应当增加。

第五十九条 父母不得因子女变更姓氏而拒付子女抚养费。父或者母擅自将子女姓氏改为继母或继父姓氏而引起纠纷的，应当责令恢复原姓氏。

第六十条 在离婚诉讼期间，双方均拒绝抚养子女的，可以先行裁定暂由一方抚养。

第六十一条 对拒不履行或者妨害他人履行生效判决、裁定、调解书中有关子女抚养义务的当事人或者其他人，人民法院可依照民事诉讼法第一百一十一条的规定采取强制措施。

五、离 婚

第六十二条 无民事行为能力人的配偶有民法典第三十六条第一款规定行为，其他有监护资格的人可以要求撤销其监护资格，并依法指定新的监护人；变更后的监护人代理无民事行为能力一方提起离婚诉讼的，人民法院应予受理。

第六十三条 人民法院审理离婚案件，符合民法典第一千零七十九条第三款规定"应当准予离婚"情形的，不应当因当事人有过错而判决不准离婚。

第六十四条 民法典第一千零八十一条所称的"军人一方有重大过错"，可以依据民法典第一千零七十九条第三款前三项规定及军人有其他重大过错致夫妻感情破裂的情形予以判断。

第六十五条 人民法院作出的生效的离婚判决中未涉及探望权，当事人就探望权问题单独提起诉讼的，人民法院应予受理。

第六十六条 当事人在履行生效判决、裁定或者调解书的过程中，一方请求中止探望的，人民法院在征询双方当事人意见后，认为需要中止探望的，依法作出裁定；中止探望的情形消失后，人民法院应当根据当事人的请求书面通知其恢复探望。

第六十七条　未成年子女、直接抚养子女的父或者母以及其他对未成年子女负担抚养、教育、保护义务的法定监护人，有权向人民法院提出中止探望的请求。

第六十八条　对于拒不协助另一方行使探望权的有关个人或者组织，可以由人民法院依法采取拘留、罚款等强制措施，但是不能对子女的人身、探望行为进行强制执行。

第六十九条　当事人达成的以协议离婚或者到人民法院调解离婚为条件的财产以及债务处理协议，如果双方离婚未成，一方在离婚诉讼中反悔的，人民法院应当认定该财产以及债务处理协议没有生效，并根据实际情况依照民法典第一千零八十七条和第一千零八十九条的规定判决。

当事人依照民法典第一千零七十六条签订的离婚协议中关于财产以及债务处理的条款，对男女双方具有法律约束力。登记离婚后当事人因履行上述协议发生纠纷提起诉讼的，人民法院应当受理。

第七十条　夫妻双方协议离婚后就财产分割问题反悔，请求撤销财产分割协议的，人民法院应当受理。

人民法院审理后，未发现订立财产分割协议时存在欺诈、胁迫等情形的，应当依法驳回当事人的诉讼请求。

第七十一条　人民法院审理离婚案件，涉及分割发放到军人名下的复员费、自主择业费等一次性费用的，以夫妻婚姻关系存续年限乘以年平均值，所得数额为夫妻共同财产。

前款所称年平均值，是指将发放到军人名下的上述费用总额按具体年限均分得出的数额。其具体年限为人均寿命七十岁与军人入伍时实际年龄的差额。

第七十二条　夫妻双方分割共同财产中的股票、债券、投资基金份额等有价证券以及未上市股份有限公司股份时，协商不成或者按市价分配有困难的，人民法院可以根据数量按比例分配。

第七十三条　人民法院审理离婚案件，涉及分割夫妻共同财产中以一方名义在有限责任公司的出资额，另一方不是该公司股东的，按以下情形分别处理：

（一）夫妻双方协商一致将出资额部分或者全部转让给该股东的配偶，其他股东过半数同意，并且其他股东均明确表示放弃优先购买权的，该股东的配偶可以成为该公司股东；

（二）夫妻双方就出资额转让份额和转让价格等事项协商一致后，其他股东半数以上不同意转让，但愿意以同等条件购买该出资额的，人民法院可以对转让出资所得财产进行分割。其他股东半数以上不同意转让，也不愿意以同等条件购买该出资额的，视为其同意转让，该股东的配偶可以成为该公司股东。

用于证明前款规定的股东同意的证据，可以是股东会议材料，也可以是当事人通过其他合法途径取得的股东的书面声明材料。

第七十四条　人民法院审理离婚案件，涉及分割夫妻共同财产中以一方名义在合伙企业中的出资，另一方不是该企业合伙人的，当夫妻双方协商一致，将其合伙企业中的财产份额全部或者部分转让给对方时，按以下情形分别处理：

（一）其他合伙人一致同意的，该配偶依法取得合伙人地位；

（二）其他合伙人不同意转让，在同等条件下行使优先购买权的，可以对转让所得的财产进行分割；

（三）其他合伙人不同意转让，也不行使优先购买权，但同意该合伙人退伙或者削减部分财产份额的，可以对结算后的财产进行分割；

（四）其他合伙人既不同意转让，也不行使优先购买权，又不同意该合伙人退伙或者削减部分财产份额的，视为全体合伙人同意转让，该配偶依法取得合伙人地位。

第七十五条　夫妻以一方名义投资设立个人独资企业的，人民法院分割夫妻在该个人独资企业中的共同财产时，应当按照以下情形分别处理：

（一）一方主张经营该企业的，对企业资产进行评估后，由取得企业资产所有权一方给予另一方相应的补偿；

（二）双方均主张经营该企业的，在双方竞价基础上，由取得企业资产所有权的一方给予另一方相应的补偿；

（三）双方均不愿意经营该企业的，按照《中华人民共和国个人独资企业法》等有关规定办理。

第七十六条 双方对夫妻共同财产中的房屋价值及归属无法达成协议时，人民法院按以下情形分别处理：

（一）双方均主张房屋所有权并且同意竞价取得的，应当准许；

（二）一方主张房屋所有权的，由评估机构按市场价格对房屋作出评估，取得房屋所有权的一方应当给予另一方相应的补偿；

（三）双方均不主张房屋所有权的，根据当事人的申请拍卖、变卖房屋，就所得价款进行分割。

第七十七条 离婚时双方对尚未取得所有权或者尚未取得完全所有权的房屋有争议且协商不成的，人民法院不宜判决房屋所有权的归属，应当根据实际情况判决由当事人使用。

当事人就前款规定的房屋取得完全所有权后，有争议的，可以另行向人民法院提起诉讼。

第七十八条 夫妻一方婚前签订不动产买卖合同，以个人财产支付首付款并在银行贷款，婚后用夫妻共同财产还贷，不动产登记于首付款支付方名下的，离婚时该不动产由双方协议处理。

依前款规定不能达成协议的，人民法院可以判决该不动产归登记一方，尚未归还的贷款为不动产登记一方的个人债务。双方婚后共同还贷支付的款项及其相对应财产增值部分，离婚时应根据民法典第一千零八十七条第一款规定的原则，由不动产登记一方对另一方进行补偿。

第七十九条 婚姻关系存续期间，双方用夫妻共同财产出资购买以一方父母名义参加房改的房屋，登记在一方父母名下，离婚时另一方主张按照夫妻共同财产对该房屋进行分割的，人民法院不予支持。购买该房屋时的出资，可以作为债权处理。

第八十条 离婚时夫妻一方尚未退休、不符合领取基本养老金条件，另一方请求按照夫妻共同财产分割基本养老金的，人民法院不予支持；婚后以夫妻共同财产缴纳基本养老保险费，离婚时一方主张将养老金账户中婚姻关系存续期间个人实际缴纳部分及利息作为夫妻共同财产分割的，人民法院应予支持。

第八十一条　婚姻关系存续期间，夫妻一方作为继承人依法可以继承的遗产，在继承人之间尚未实际分割，起诉离婚时另一方请求分割的，人民法院应当告知当事人在继承人之间实际分割遗产后另行起诉。

第八十二条　夫妻之间订立借款协议，以夫妻共同财产出借给一方从事个人经营活动或者用于其他个人事务的，应视为双方约定处分夫妻共同财产的行为，离婚时可以按照借款协议的约定处理。

第八十三条　离婚后，一方以尚有夫妻共同财产未处理为由向人民法院起诉请求分割的，经审查该财产确属离婚时未涉及的夫妻共同财产，人民法院应当依法予以分割。

第八十四条　当事人依据民法典第一千零九十二条的规定向人民法院提起诉讼，请求再次分割夫妻共同财产的诉讼时效期间为三年，从当事人发现之日起计算。

第八十五条　夫妻一方申请对配偶的个人财产或者夫妻共同财产采取保全措施的，人民法院可以在采取保全措施可能造成损失的范围内，根据实际情况，确定合理的财产担保数额。

第八十六条　民法典第一千零九十一条规定的"损害赔偿"，包括物质损害赔偿和精神损害赔偿。涉及精神损害赔偿的，适用《最高人民法院关于确定民事侵权精神损害赔偿责任若干问题的解释》的有关规定。

第八十七条　承担民法典第一千零九十一条规定的损害赔偿责任的主体，为离婚诉讼当事人中无过错方的配偶。

人民法院判决不准离婚的案件，对于当事人基于民法典第一千零九十一条提出的损害赔偿请求，不予支持。

在婚姻关系存续期间，当事人不起诉离婚而单独依据民法典第一千零九十一条提起损害赔偿请求的，人民法院不予受理。

第八十八条　人民法院受理离婚案件时，应当将民法典第一千零九十一条等规定中当事人的有关权利义务，书面告知当事人。在适用民法典第一千零九十一条时，应当区分以下不同情况：

（一）符合民法典第一千零九十一条规定的无过错方作为原告基于该条规定向人民法院提起损害赔偿请求的，必须在离婚诉讼的同时提出。

（二）符合民法典第一千零九十一条规定的无过错方作为被告的离婚诉讼案件，如果被告不同意离婚也不基于该条规定提起损害赔偿请求的，可以就此单独提起诉讼。

（三）无过错方作为被告的离婚诉讼案件，一审时被告未基于民法典第一千零九十一条规定提出损害赔偿请求，二审期间提出的，人民法院应当进行调解；调解不成的，告知当事人另行起诉。双方当事人同意由第二审人民法院一并审理的，第二审人民法院可以一并裁判。

第八十九条　当事人在婚姻登记机关办理离婚登记手续后，以民法典第一千零九十一条规定为由向人民法院提出损害赔偿请求的，人民法院应当受理。但当事人在协议离婚时已经明确表示放弃该项请求的，人民法院不予支持。

第九十条　夫妻双方均有民法典第一千零九十一条规定的过错情形，一方或者双方向对方提出离婚损害赔偿请求的，人民法院不予支持。

六、附　　则

第九十一条　本解释自 2021 年 1 月 1 日起施行。

288

最高人民法院关于适用
《中华人民共和国民法典》
继承编的解释（一）

（2020 年 12 月 25 日最高人民法院审判委员会第 1825
次会议通过 2020 年 12 月 29 日最高人民法院公告公布
自 2021 年 1 月 1 日起施行 法释〔2020〕23 号）

为正确审理继承纠纷案件，根据《中华人民共和国民法典》等
相关法律规定，结合审判实践，制定本解释。

一、一般规定

第一条 继承从被继承人生理死亡或者被宣告死亡时开始。

宣告死亡的，根据民法典第四十八条规定确定的死亡日期，为
继承开始的时间。

第二条 承包人死亡时尚未取得承包收益的，可以将死者生前
对承包所投入的资金和所付出的劳动及其增值和孳息，由发包单位
或者接续承包合同的人合理折价、补偿。其价额作为遗产。

第三条 被继承人生前与他人订有遗赠扶养协议，同时又立有
遗嘱的，继承开始后，如果遗赠扶养协议与遗嘱没有抵触，遗产分
别按协议和遗嘱处理；如果有抵触，按协议处理，与协议抵触的遗
嘱全部或者部分无效。

第四条 遗嘱继承人依遗嘱取得遗产后，仍有权依照民法典第
一千一百三十条的规定取得遗嘱未处分的遗产。

第五条 在遗产继承中，继承人之间因是否丧失继承权发生纠
纷，向人民法院提起诉讼的，由人民法院依据民法典第一千一百二
十五条的规定，判决确认其是否丧失继承权。

第六条 继承人是否符合民法典第一千一百二十五条第一款第三项规定的"虐待被继承人情节严重",可以从实施虐待行为的时间、手段、后果和社会影响等方面认定。

虐待被继承人情节严重的,不论是否追究刑事责任,均可确认其丧失继承权。

第七条 继承人故意杀害被继承人的,不论是既遂还是未遂,均应当确认其丧失继承权。

第八条 继承人有民法典第一千一百二十五条第一款第一项或者第二项所列之行为,而被继承人以遗嘱将遗产指定由该继承人继承的,可以确认遗嘱无效,并确认该继承人丧失继承权。

第九条 继承人伪造、篡改、隐匿或者销毁遗嘱,侵害了缺乏劳动能力又无生活来源的继承人的利益,并造成其生活困难的,应当认定为民法典第一千一百二十五条第一款第四项规定的"情节严重"。

二、法定继承

第十条 被收养人对养父母尽了赡养义务,同时又对生父母扶养较多的,除可以依照民法典第一千一百二十七条的规定继承养父母的遗产外,还可以依照民法典第一千一百三十一条的规定分得生父母适当的遗产。

第十一条 继子女继承了继父母遗产的,不影响其继承生父母的遗产。

继父母继承了继子女遗产的,不影响其继承生子女的遗产。

第十二条 养子女与生子女之间、养子女与养子女之间,系养兄弟姐妹,可以互为第二顺序继承人。

被收养人与其亲兄弟姐妹之间的权利义务关系,因收养关系的成立而消除,不能互为第二顺序继承人。

第十三条 继兄弟姐妹之间的继承权,因继兄弟姐妹之间的扶养关系而发生。没有扶养关系的,不能互为第二顺序继承人。

继兄弟姐妹之间相互继承了遗产的，不影响其继承亲兄弟姐妹的遗产。

第十四条 被继承人的孙子女、外孙子女、曾孙子女、外曾孙子女都可以代位继承，代位继承人不受辈数的限制。

第十五条 被继承人的养子女、已形成扶养关系的继子女的生子女可以代位继承；被继承人亲生子女的养子女可以代位继承；被继承人养子女的养子女可以代位继承；与被继承人已形成扶养关系的继子女的养子女也可以代位继承。

第十六条 代位继承人缺乏劳动能力又没有生活来源，或者对被继承人尽过主要赡养义务的，分配遗产时，可以多分。

第十七条 继承人丧失继承权的，其晚辈直系血亲不得代位继承。如该代位继承人缺乏劳动能力又没有生活来源，或者对被继承人尽赡养义务较多的，可以适当分给遗产。

第十八条 丧偶儿媳对公婆、丧偶女婿对岳父母，无论其是否再婚，依照民法典第一千一百二十九条规定作为第一顺序继承人时，不影响其子女代位继承。

第十九条 对被继承人生活提供了主要经济来源，或者在劳务等方面给予了主要扶助的，应当认定其尽了主要赡养义务或主要扶养义务。

第二十条 依照民法典第一千一百三十一条规定可以分给适当遗产的人，分给他们遗产时，按具体情况可以多于或者少于继承人。

第二十一条 依照民法典第一千一百三十一条规定可以分给适当遗产的人，在其依法取得被继承人遗产的权利受到侵犯时，本人有权以独立的诉讼主体资格向人民法院提起诉讼。

第二十二条 继承人有扶养能力和扶养条件，愿意尽扶养义务，但被继承人因有固定收入和劳动能力，明确表示不要求其扶养的，分配遗产时，一般不应因此而影响其继承份额。

第二十三条 有扶养能力和扶养条件的继承人虽然与被继承人共同生活，但对需要扶养的被继承人不尽扶养义务，分配遗产时，可以少分或者不分。

三、遗嘱继承和遗赠

第二十四条 继承人、受遗赠人的债权人、债务人，共同经营的合伙人，也应当视为与继承人、受遗赠人有利害关系，不能作为遗嘱的见证人。

第二十五条 遗嘱人未保留缺乏劳动能力又没有生活来源的继承人的遗产份额，遗产处理时，应当为该继承人留下必要的遗产，所剩余的部分，才可参照遗嘱确定的分配原则处理。

继承人是否缺乏劳动能力又没有生活来源，应当按遗嘱生效时该继承人的具体情况确定。

第二十六条 遗嘱人以遗嘱处分了国家、集体或者他人财产的，应当认定该部分遗嘱无效。

第二十七条 自然人在遗书中涉及死后个人财产处分的内容，确为死者的真实意思表示，有本人签名并注明了年、月、日，又无相反证据的，可以按自书遗嘱对待。

第二十八条 遗嘱人立遗嘱时必须具有完全民事行为能力。无民事行为能力人或者限制民事行为能力人所立的遗嘱，即使其本人后来具有完全民事行为能力，仍属无效遗嘱。遗嘱人立遗嘱时具有完全民事行为能力，后来成为无民事行为能力人或者限制民事行为能力人的，不影响遗嘱的效力。

第二十九条 附义务的遗嘱继承或者遗赠，如义务能够履行，而继承人、受遗赠人无正当理由不履行，经受益人或者其他继承人请求，人民法院可以取消其接受附义务部分遗产的权利，由提出请求的继承人或者受益人负责按遗嘱人的意愿履行义务，接受遗产。

四、遗产的处理

第三十条 人民法院在审理继承案件时，如果知道有继承人而无法通知的，分割遗产时，要保留其应继承的遗产，并确定该遗产的保管人或者保管单位。

第三十一条　应当为胎儿保留的遗产份额没有保留的，应从继承人所继承的遗产中扣回。

为胎儿保留的遗产份额，如胎儿出生后死亡的，由其继承人继承；如胎儿娩出时是死体的，由被继承人的继承人继承。

第三十二条　继承人因放弃继承权，致其不能履行法定义务的，放弃继承权的行为无效。

第三十三条　继承人放弃继承应当以书面形式向遗产管理人或者其他继承人表示。

第三十四条　在诉讼中，继承人向人民法院以口头方式表示放弃继承的，要制作笔录，由放弃继承的人签名。

第三十五条　继承人放弃继承的意思表示，应当在继承开始后、遗产分割前作出。遗产分割后表示放弃的不再是继承权，而是所有权。

第三十六条　遗产处理前或者在诉讼进行中，继承人对放弃继承反悔的，由人民法院根据其提出的具体理由，决定是否承认。遗产处理后，继承人对放弃继承反悔的，不予承认。

第三十七条　放弃继承的效力，追溯到继承开始的时间。

第三十八条　继承开始后，受遗赠人表示接受遗赠，并于遗产分割前死亡的，其接受遗赠的权利转移给他的继承人。

第三十九条　由国家或者集体组织供给生活费用的烈属和享受社会救济的自然人，其遗产仍应准许合法继承人继承。

第四十条　继承人以外的组织或者个人与自然人签订遗赠扶养协议后，无正当理由不履行，导致协议解除的，不能享有受遗赠的权利，其支付的供养费用一般不予补偿；遗赠人无正当理由不履行，导致协议解除的，则应当偿还继承人以外的组织或者个人已支付的供养费用。

第四十一条　遗产因无人继承又无人受遗赠归国家或者集体所有制组织所有时，按照民法典第一千一百三十一条规定可以分给适当遗产的人提出取得遗产的诉讼请求，人民法院应当视情况适当分给遗产。

第四十二条　人民法院在分割遗产中的房屋、生产资料和特定职业所需要的财产时，应当依据有利于发挥其使用效益和继承人的实际需要，兼顾各继承人的利益进行处理。

第四十三条　人民法院对故意隐匿、侵吞或者争抢遗产的继承人，可以酌情减少其应继承的遗产。

第四十四条　继承诉讼开始后，如继承人、受遗赠人中有既不愿参加诉讼，又不表示放弃实体权利的，应当追加为共同原告；继承人已书面表示放弃继承、受遗赠人在知道受遗赠后六十日内表示放弃受遗赠或者到期没有表示的，不再列为当事人。

五、附　则

第四十五条　本解释自 2021 年 1 月 1 日起施行。

最高人民法院关于办理人身安全保护令案件适用法律若干问题的规定

（2022 年 6 月 7 日最高人民法院审判委员会第 1870 次会议通过　2022 年 7 月 14 日最高人民法院公布　自 2022 年 8 月 1 日起施行　法释〔2022〕17 号）

为正确办理人身安全保护令案件，及时保护家庭暴力受害人的合法权益，根据《中华人民共和国民法典》《中华人民共和国反家庭暴力法》《中华人民共和国民事诉讼法》等相关法律规定，结合审判实践，制定本规定。

第一条　当事人因遭受家庭暴力或者面临家庭暴力的现实危险，依照反家庭暴力法向人民法院申请人身安全保护令的，人民法院应当受理。

向人民法院申请人身安全保护令，不以提起离婚等民事诉讼为条件。

第二条　当事人因年老、残疾、重病等原因无法申请人身安全保护令，其近亲属、公安机关、民政部门、妇女联合会、居民委员会、村民委员会、残疾人联合会、依法设立的老年人组织、救助管理机构等，根据当事人意愿，依照反家庭暴力法第二十三条规定代为申请的，人民法院应当依法受理。

第三条　家庭成员之间以冻饿或者经常性侮辱、诽谤、威胁、跟踪、骚扰等方式实施的身体或者精神侵害行为，应当认定为反家庭暴力法第二条规定的"家庭暴力"。

第四条　反家庭暴力法第三十七条规定的"家庭成员以外共同生活的人"一般包括共同生活的儿媳、女婿、公婆、岳父母以及其他有监护、扶养、寄养等关系的人。

第五条　当事人及其代理人对因客观原因不能自行收集的证据，申请人民法院调查收集，符合《最高人民法院关于适用〈中华人民共和国民事诉讼法〉的解释》第九十四条第一款规定情形的，人民法院应当调查收集。

人民法院经审查，认为办理案件需要的证据符合《最高人民法院关于适用〈中华人民共和国民事诉讼法〉的解释》第九十六条规定的，应当调查收集。

第六条　人身安全保护令案件中，人民法院根据相关证据，认为申请人遭受家庭暴力或者面临家庭暴力现实危险的事实存在较大可能性的，可以依法作出人身安全保护令。

前款所称"相关证据"包括：

（一）当事人的陈述；

（二）公安机关出具的家庭暴力告诫书、行政处罚决定书；

（三）公安机关的出警记录、讯问笔录、询问笔录、接警记录、报警回执等；

（四）被申请人曾出具的悔过书或者保证书等；

（五）记录家庭暴力发生或者解决过程等的视听资料；

（六）被申请人与申请人或者其近亲属之间的电话录音、短信、即时通讯信息、电子邮件等；

（七）医疗机构的诊疗记录；

（八）申请人或者被申请人所在单位、民政部门、居民委员会、村民委员会、妇女联合会、残疾人联合会、未成年人保护组织、依法设立的老年人组织、救助管理机构、反家暴社会公益机构等单位收到投诉、反映或者求助的记录；

（九）未成年子女提供的与其年龄、智力相适应的证言或者亲友、邻居等其他证人证言；

（十）伤情鉴定意见；

（十一）其他能够证明申请人遭受家庭暴力或者面临家庭暴力现实危险的证据。

第七条 人民法院可以通过在线诉讼平台、电话、短信、即时通讯工具、电子邮件等简便方式询问被申请人。被申请人未发表意见的，不影响人民法院依法作出人身安全保护令。

第八条 被申请人认可存在家庭暴力行为，但辩称申请人有过错的，不影响人民法院依法作出人身安全保护令。

第九条 离婚等案件中，当事人仅以人民法院曾作出人身安全保护令为由，主张存在家庭暴力事实的，人民法院应当根据《最高人民法院关于适用〈中华人民共和国民事诉讼法〉的解释》第一百零八条的规定，综合认定是否存在该事实。

第十条 反家庭暴力法第二十九条第四项规定的"保护申请人人身安全的其他措施"可以包括下列措施：

（一）禁止被申请人以电话、短信、即时通讯工具、电子邮件等方式侮辱、诽谤、威胁申请人及其相关近亲属；

（二）禁止被申请人在申请人及其相关近亲属的住所、学校、工作单位等经常出入场所的一定范围内从事可能影响申请人及其相关近亲属正常生活、学习、工作的活动。

第十一条 离婚案件中，判决不准离婚或者调解和好后，被申请人违反人身安全保护令实施家庭暴力的，可以认定为民事诉讼法

第一百二十七条第七项规定的"新情况、新理由"。

第十二条 被申请人违反人身安全保护令，符合《中华人民共和国刑法》第三百一十三条规定的，以拒不执行判决、裁定罪定罪处罚；同时构成其他犯罪的，依照刑法有关规定处理。

第十三条 本规定自 2022 年 8 月 1 日起施行。

最高人民法院关于人身安全保护令案件相关程序问题的批复

（2016 年 6 月 6 日最高人民法院审判委员会第 1686 次会议通过　2016 年 7 月 11 日最高人民法院公告公布　自 2016 年 7 月 13 日起施行　法释〔2016〕15 号）

北京市高级人民法院：

你院《关于人身安全保护令案件相关程序问题的请示》（京高法〔2016〕45 号）收悉。经研究，批复如下：

一、关于人身安全保护令案件是否收取诉讼费的问题。同意你院倾向性意见，即向人民法院申请人身安全保护令，不收取诉讼费用。

二、关于申请人身安全保护令是否需要提供担保的问题。同意你院倾向性意见，即根据《中华人民共和国反家庭暴力法》请求人民法院作出人身安全保护令的，申请人不需要提供担保。

三、关于人身安全保护令案件适用程序等问题。人身安全保护令案件适用何种程序，反家庭暴力法中没有作出直接规定。人民法院可以比照特别程序进行审理。家事纠纷案件中的当事人向人民法院申请人身安全保护令的，由审理该案的审判组织作出是否发出人身安全保护令的裁定；如果人身安全保护令的申请人在接受其申请的人民法院并无正在进行的家事案件诉讼，由法官以独任审理的方式审理。至于是否需要就发出人身安全保护令问题听取被申请人的意见，则由承办法官视案件的具体情况决定。

四、关于复议问题。对于人身安全保护令的被申请人提出的复议申请和人身安全保护令的申请人就驳回裁定提出的复议申请，可以由原审判组织进行复议；人民法院认为必要的，也可以另行指定审判组织进行复议。

此复。

最高人民法院、全国妇联、教育部、公安部、民政部、司法部、卫生健康委关于加强人身安全保护令制度贯彻实施的意见

（2022 年 3 月 3 日　法发〔2022〕10 号）

为进一步做好预防和制止家庭暴力工作，依法保护家庭成员特别是妇女、未成年人、老年人、残疾人的合法权益，维护平等、和睦、文明的家庭关系，促进家庭和谐、社会稳定，现就加强人身安全保护令制度贯彻实施提出如下意见：

一、坚持以习近平新时代中国特色社会主义思想为指导。深入贯彻习近平法治思想和习近平总书记关于注重家庭家教家风建设的重要论述精神，在家庭中积极培育和践行社会主义核心价值观，涵养优良家风，弘扬家庭美德，最大限度预防和制止家庭暴力。

二、坚持依法、及时、有效保护受害人原则。各部门在临时庇护、法律援助、司法救助等方面要持续加大对家庭暴力受害人的帮扶力度，建立多层次、多样化、立体式的救助体系。要深刻认识家庭暴力的私密性、突发性特点，提高家庭暴力受害人证据意识，指

导其依法及时保存、提交证据。

三、坚持尊重受害人真实意愿原则。各部门在接受涉家庭暴力投诉、反映、求助以及受理案件、转介处置等工作中，应当就采取何种安全保护措施、是否申请人身安全保护令、对加害人的处理方式等方面听取受害人意见，加大对受害人的心理疏导。

四、坚持保护当事人隐私原则。各部门在受理案件、协助执行、履行强制报告义务等工作中应当注重保护当事人尤其是未成年人的隐私。受害人已搬离与加害人共同住所的，不得将受害人的行踪或者联系方式告知加害人，不得在相关文书、回执中列明受害人的现住所。人身安全保护令原则上不得公开。

五、推动建立各部门协同的反家暴工作机制。积极推动将家庭暴力防控纳入社会治安综合治理体系，发挥平安建设考评机制作用。完善人民法院、公安机关、民政部门、司法行政部门、教育部门、卫生部门和妇女联合会等单位共同参与的反家暴工作体系。充分利用信息化建设成果，加强各部门间数据的协同共享。探索通过专案专档、分级预警等方式精准跟踪、实时监督。

六、公安机关应当强化依法干预家庭暴力的观念和意识，加大家庭暴力警情处置力度，强化对加害人的告诫，依法依规出具家庭暴力告诫书。注重搜集、固定证据，积极配合人民法院依职权调取证据，提供出警记录、告诫书、询（讯）问笔录等。有条件的地方可以与人民法院、民政部门、妇女联合会等建立家暴警情联动机制和告诫通报机制。

七、民政部门应当加强对居民委员会、村民委员会、社会工作服务机构、救助管理机构、福利机构等的培训和指导。居民委员会、村民委员会、社会工作服务机构、救助管理机构、福利机构及其工作人员在工作中发现无民事行为能力人、限制民事行为能力人遭受或者疑似遭受家庭暴力的，应当及时向公安机关报案。贯彻落实《关于做好家庭暴力受害人庇护救助工作的指导意见》，加强临时庇护场所建设和人员、资金配备，为家庭暴力受害人及时提供转介安置、法律援助、婚姻家庭纠纷调解等救助服务。

八、司法行政部门应当加大对家庭暴力受害人的法律援助力度，畅通法律援助申请渠道，健全服务网络。各地可以根据实际情况依托当地妇女联合会等建立法律援助工作站或者联络点，方便家庭暴力受害人就近寻求法律援助。加强对反家庭暴力法、未成年人保护法、妇女权益保障法、老年人权益保障法等法律法规的宣传。充分发挥人民调解优势作用，扎实做好婚姻家庭纠纷排查化解工作，预防家庭暴力发生。

九、医疗机构在诊疗过程中，发现可能遭受家庭暴力的伤者，要详细做好伤者的信息登记和诊疗记录，将伤者的主诉、伤情和治疗过程，准确、客观、全面地记录于病历资料。建立医警联动机制，在诊疗过程中发现无民事行为能力人或者限制民事行为能力人遭受或者疑似遭受家庭暴力的，应当及时向公安机关报案，并积极配合公安机关做好医疗诊治资料收集工作。

十、学校、幼儿园应当加强对未成年人保护法、预防未成年人犯罪法、反家庭暴力法等法律法规的宣传教育。注重家校、家园协同。在发现未成年人遭受或者疑似遭受家庭暴力的，应当根据《未成年人学校保护规定》，及时向公安、民政、教育等有关部门报告。注重保护未成年人隐私，加强心理疏导、干预力度。

十一、人民法院应当建立人身安全保护令案件受理"绿色通道"，加大依职权调取证据力度，依法及时作出人身安全保护令。各基层人民法院及其派出人民法庭应当在立案大厅或者诉讼服务中心为当事人申请人身安全保护令提供导诉服务。

十二、坚持最有利于未成年人原则。各部门就家庭暴力事实听取未成年人意见或制作询问笔录时，应当充分考虑未成年人身心特点，提供适宜的场所环境，采取未成年人能够理解的问询方式，保护其隐私和安全。必要时，可安排心理咨询师或社会工作者协助开展工作。未成年人作为受害人的人身安全保护令案件中，人民法院可以通知法律援助机构为其提供法律援助。未成年子女作为证人提供证言的，可不出庭作证。

十三、各部门在接受涉家庭暴力投诉、反映、求助或者处理婚姻家庭纠纷过程中，发现当事人遭受家庭暴力或者面临家庭暴力现实危险的，应当主动告知其可以向人民法院申请人身安全保护令。

十四、人民法院在作出人身安全保护令后，应当在 24 小时内向当事人送达，同时送达当地公安派出所、居民委员会、村民委员会，也可以视情况送达当地妇女联合会、学校、未成年人保护组织、残疾人联合会、依法设立的老年人组织等。

十五、人民法院在送达人身安全保护令时，应当注重释明和说服教育，督促被申请人遵守人身安全保护令，告知其违反人身安全保护令的法律后果。被申请人不履行或者违反人身安全保护令的，申请人可以向人民法院申请强制执行。被申请人违反人身安全保护令，尚不构成犯罪的，人民法院应当给予训诫，可以根据情节轻重处以一千元以下罚款、十五日以下拘留。

十六、人民法院在送达人身安全保护令时，可以向当地公安派出所、居民委员会、村民委员会、妇女联合会、学校等一并送达协助执行通知书，协助执行通知书中应当明确载明协助事项。相关单位应当按照协助执行通知书的内容予以协助。

十七、人身安全保护令有效期内，公安机关协助执行的内容可以包括：协助督促被申请人遵守人身安全保护令；在人身安全保护令有效期内，被申请人违反人身安全保护令的，公安机关接警后应当及时出警，制止违法行为；接到报警后救助、保护受害人，并搜集、固定证据；发现被申请人违反人身安全保护令的，将情况通报人民法院等。

十八、人身安全保护令有效期内，居民委员会、村民委员会、妇女联合会、学校等协助执行的内容可以包括：在人身安全保护令有效期内进行定期回访、跟踪记录等，填写回访单或记录单，期满由当事人签字后向人民法院反馈；发现被申请人违反人身安全保护令的，应当对其进行批评教育、填写情况反馈表，帮助受害人及时与人民法院、公安机关联系；对加害人进行法治教育，必要时对加害人、受害人进行心理辅导等。

十九、各部门在接受涉家庭暴力投诉、反映、求助或者处理婚姻家庭纠纷过程中，可以探索引入社会工作和心理疏导机制，缓解受害人以及未成年子女的心理创伤，矫治施暴者认识行为偏差，避免暴力升级，从根本上减少恶性事件发生。

二十、各部门应当充分认识人身安全保护令制度的重要意义，加大学习培训力度，熟悉人身安全保护令申请主体、作出程序以及协助执行的具体内容等，加强人身安全保护令制度普法宣传。

最高人民法院、最高人民检察院、公安部、司法部关于依法办理家庭暴力犯罪案件的意见

（2015 年 3 月 2 日　法发〔2015〕4 号）

发生在家庭成员之间，以及具有监护、扶养、寄养、同居等关系的共同生活人员之间的家庭暴力犯罪，严重侵害公民人身权利，破坏家庭关系，影响社会和谐稳定。人民法院、人民检察院、公安机关、司法行政机关应当严格履行职责，充分运用法律，积极预防和有效惩治各种家庭暴力犯罪，切实保障人权，维护社会秩序。为此，根据刑法、刑事诉讼法、婚姻法、未成年人保护法、老年人权益保障法、妇女权益保障法等法律，结合司法实践经验，制定本意见。

一、基本原则

1. 依法及时、有效干预。针对家庭暴力持续反复发生，不断恶化升级的特点，人民法院、人民检察院、公安机关、司法行政机关对已发现的家庭暴力，应当依法采取及时、有效的措施，进行妥善处理，不能以家庭暴力发生在家庭成员之间，或者属于家务事为由而置之不理，互相推诿。

2. 保护被害人安全和隐私。办理家庭暴力犯罪案件，应当首先保护被害人的安全。通过对被害人进行紧急救治、临时安置，以及对施暴人采取刑事强制措施、判处刑罚、宣告禁止令等措施，制止

家庭暴力并防止再次发生，消除家庭暴力的现实侵害和潜在危险。对与案件有关的个人隐私，应当保密，但法律有特别规定的除外。

3. 尊重被害人意愿。办理家庭暴力犯罪案件，既要严格依法进行，也要尊重被害人的意愿。在立案、采取刑事强制措施、提起公诉、判处刑罚、减刑、假释时，应当充分听取被害人意见，在法律规定的范围内作出合情、合理的处理。对法律规定可以调解、和解的案件，应当在当事人双方自愿的基础上进行调解、和解。

4. 对未成年人、老年人、残疾人、孕妇、哺乳期妇女、重病患者特殊保护。办理家庭暴力犯罪案件，应当根据法律规定和案件情况，通过代为告诉、法律援助等措施，加大对未成年人、老年人、残疾人、孕妇、哺乳期妇女、重病患者的司法保护力度，切实保障他们的合法权益。

二、案件受理

5. 积极报案、控告和举报。依照刑事诉讼法第一百零八条第一款"任何单位和个人发现有犯罪事实或者犯罪嫌疑人，有权利也有义务向公安机关、人民检察院或者人民法院报案或者举报"的规定，家庭暴力被害人及其亲属、朋友、邻居、同事，以及村（居）委会、人民调解委员会、妇联、共青团、残联、医院、学校、幼儿园等单位、组织，发现家庭暴力，有权利也有义务及时向公安机关、人民检察院、人民法院报案、控告或者举报。

公安机关、人民检察院、人民法院对于报案人、控告人和举报人不愿意公开自己的姓名和报案、控告、举报行为的，应当为其保守秘密，保护报案人、控告人和举报人的安全。

6. 迅速审查、立案和转处。公安机关、人民检察院、人民法院接到家庭暴力的报案、控告或者举报后，应当立即问明案件的初步情况，制作笔录，迅速进行审查，按照刑事诉讼法关于立案的规定，根据自己的管辖范围，决定是否立案。对于符合立案条件的，要及时立案。对于可能构成犯罪但不属于自己管辖的，应当移送主管机关处理，并且通知报案人、控告人或者举报人；对于不属于自己管辖而又必须采取紧急措施的，应当先采取紧急措施，然后移送主管机关。

经审查，对于家庭暴力行为尚未构成犯罪，但属于违反治安管理行为的，应当将案件移送公安机关，依照治安管理处罚法的规定进行处理，同时告知被害人可以向人民调解委员会提出申请，或者向人民法院提起民事诉讼，要求施暴人承担停止侵害、赔礼道歉、赔偿损失等民事责任。

7. **注意发现犯罪案件。**公安机关在处理人身伤害、虐待、遗弃等行政案件过程中，人民法院在审理婚姻家庭、继承、侵权责任纠纷等民事案件过程中，应当注意发现可能涉及的家庭暴力犯罪。一旦发现家庭暴力犯罪线索，公安机关应当将案件转为刑事案件办理，人民法院应当将案件移送公安机关；属于自诉案件的，公安机关、人民法院应当告知被害人提起自诉。

8. **尊重被害人的程序选择权。**对于被害人有证据证明的轻微家庭暴力犯罪案件，在立案审查时，应当尊重被害人选择公诉或者自诉的权利。被害人要求公安机关处理的，公安机关应当依法立案、侦查。在侦查过程中，被害人不再要求公安机关处理或者要求转为自诉案件的，应当告知被害人向公安机关提交书面申请。经审查确系被害人自愿提出的，公安机关应当依法撤销案件。被害人就这类案件向人民法院提起自诉的，人民法院应当依法受理。

9. **通过代为告诉充分保障被害人自诉权。**对于家庭暴力犯罪自诉案件，被害人无法告诉或者不能亲自告诉的，其法定代理人、近亲属可以告诉或者代为告诉；被害人是无行为能力人、限制行为能力人，其法定代理人、近亲属没有告诉或者代为告诉的，人民检察院可以告诉；侮辱、暴力干涉婚姻自由等告诉才处理的案件，被害人因受强制、威吓无法告诉的，人民检察院也可以告诉。人民法院对告诉或者代为告诉的，应当依法受理。

10. **切实加强立案监督。**人民检察院要切实加强对家庭暴力犯罪案件的立案监督，发现公安机关应当立案而不立案的，或者被害人及其法定代理人、近亲属，有关单位、组织就公安机关不予立案向人民检察院提出异议的，人民检察院应当要求公安机关说明不立案的理由。人民检察院认为不立案理由不成立的，应当通知公安机关立案，公安机关接到通知后应当立案；认为不立案理由成立的，应当将理由告知提出异议的被害人及其法定代理人、近亲属或者有关单位、组织。

11. 及时、全面收集证据。公安机关在办理家庭暴力案件时，要充分、全面地收集、固定证据，除了收集现场的物证、被害人陈述、证人证言等证据外，还应当注意及时向村（居）委会、人民调解委员会、妇联、共青团、残联、医院、学校、幼儿园等单位、组织的工作人员，以及被害人的亲属、邻居等收集涉及家庭暴力的处理记录、病历、照片、视频等证据。

12. 妥善救治、安置被害人。人民法院、人民检察院、公安机关等负有保护公民人身安全职责的单位和组织，对因家庭暴力受到严重伤害需要紧急救治的被害人，应当立即协助联系医疗机构救治；对面临家庭暴力严重威胁，或者处于无人照料等危险状态，需要临时安置的被害人或者相关未成年人，应当通知并协助有关部门进行安置。

13. 依法采取强制措施。人民法院、人民检察院、公安机关对实施家庭暴力的犯罪嫌疑人、被告人，符合拘留、逮捕条件的，可以依法拘留、逮捕；没有采取拘留、逮捕措施的，应当通过走访、打电话等方式与被害人或者其法定代理人、近亲属联系，了解被害人的人身安全状况。对于犯罪嫌疑人、被告人再次实施家庭暴力的，应当根据情况，依法采取必要的强制措施。

人民法院、人民检察院、公安机关决定对实施家庭暴力的犯罪嫌疑人、被告人取保候审的，为了确保被害人及其子女和特定亲属的安全，可以依照刑事诉讼法第六十九条第二款的规定，责令犯罪嫌疑人、被告人不得再次实施家庭暴力；不得侵扰被害人的生活、工作、学习；不得进行酗酒、赌博等活动；经被害人申请且有必要的，责令不得接近被害人及其未成年子女。

14. 加强自诉案件举证指导。家庭暴力犯罪案件具有案发周期较长、证据难以保存，被害人处于相对弱势、举证能力有限，相关事实难以认定等特点。有些特点在自诉案件中表现得更为突出。因此，人民法院在审理家庭暴力自诉案件时，对于因当事人举证能力不足等原因，难以达到法律规定的证据要求的，应当及时对当事人进行举证指导，告知需要收集的证据及收集证据的方法。对于因客观原因不能取得的证据，当事人申请人民法院调取的，人民法院应当认真审查，认为确有必要的，应当调取。

15. 加大对被害人的法律援助力度。人民检察院自收到移送审查起诉的案件材料之日起三日内，人民法院自受理案件之日起三日内，应当告知被害人及其法定代理人或者近亲属有权委托诉讼代理人，如果经济困难，可以向法律援助机构申请法律援助；对于被害人是未成年人、老年人、重病患者或者残疾人等，因经济困难没有委托诉讼代理人的，人民检察院、人民法院应当帮助其申请法律援助。

法律援助机构应当依法为符合条件的被害人提供法律援助，指派熟悉反家庭暴力法律法规的律师办理案件。

三、定罪处罚

16. 依法准确定罪处罚。对故意杀人、故意伤害、强奸、猥亵儿童、非法拘禁、侮辱、暴力干涉婚姻自由、虐待、遗弃等侵害公民人身权利的家庭暴力犯罪，应当根据犯罪的事实、犯罪的性质、情节和对社会的危害程度，严格依照刑法的有关规定判处。对于同一行为同时触犯多个罪名的，依照处罚较重的规定定罪处罚。

17. 依法惩处虐待犯罪。采取殴打、冻饿、强迫过度劳动、限制人身自由、恐吓、侮辱、谩骂等手段，对家庭成员的身体和精神进行摧残、折磨，是实践中较为多发的虐待性质的家庭暴力。根据司法实践，具有虐待持续时间较长、次数较多；虐待手段残忍；虐待造成被害人轻微伤或者患较严重疾病；对未成年人、老年人、残疾人、孕妇、哺乳期妇女、重病患者实施较为严重的虐待行为等情形，属于刑法第二百六十条第一款规定的虐待"情节恶劣"，应当依法以虐待罪定罪处罚。

准确区分虐待犯罪致人重伤、死亡与故意伤害、故意杀人犯罪致人重伤、死亡的界限，要根据被告人的主观故意、所实施的暴力手段与方式、是否立即或者直接造成被害人伤亡后果等进行综合判断。对于被告人主观上不具有侵害被害人健康或者剥夺被害人生命的故意，而是出于追求被害人肉体和精神上的痛苦，长期或者多次实施虐待行为，逐渐造成被害人身体损害，过失导致被害人重伤或者死亡的；或者因虐待致使被害人不堪忍受而自残、自杀，导致重伤或者死亡的，属于刑法第二百六十条第二款规定的虐待"致使被害人重伤、死亡"，应当以虐待罪定罪处罚。对于被告人虽然实施家庭暴力呈现出经常性、持续性、反复性的特点，但其主观上具有希望或者放任被害人重伤或者死亡的故意，持凶器实施暴力，暴力手段残忍，暴力程度较强，直接或者立即造成被害人重伤或者死亡的，应当以故意伤害罪或者故意杀人罪定罪处罚。

依法惩处遗弃犯罪。负有扶养义务且有扶养能力的人，拒绝扶养年幼、年老、患病或者其他没有独立生活能力的家庭成员，是危害严重的遗弃性质的家庭暴力。根据司法实践，具有对被害人长期不予照顾、不提供生活来源；驱赶、逼迫被害人离家，致使被害人流离失所或者生存困难；遗弃患严重疾病或者生活不能自理的被害人；遗弃致使被害人身体严重损害或者造成其他严重后果等情形，属于刑法第二百六十一条规定的遗弃"情节恶劣"，应当依法以遗弃罪定罪处罚。

准确区分遗弃罪与故意杀人罪的界限，要根据被告人的主观故意、所实施行为的时间与地点、是否立即造成被害人死亡，以及被害人对被告人的依赖程度等进行综合判断。对于只是为了逃避扶养义务，并不希望或者放任被害人死亡，将生活不能自理的被害人弃置在福利院、医院、派出所等单位或者广场、车站等行人较多的场所，希望被害人得到他人救助的，一般以遗弃罪定罪处罚。对于希望或者放任被害人死亡，不履行必要的扶养义务，致使被害人因缺乏生活照料而死亡，或者将生活不能自理的被害人带至荒山野岭等人迹罕至的场所扔弃，使被害人难以得到他人救助的，应当以故意杀人罪定罪处罚。

18. 切实贯彻宽严相济刑事政策。对于实施家庭暴力构成犯罪的，应当根据罪刑法定、罪刑相适应原则，兼顾维护家庭稳定、尊重被害人意愿等因素综合考虑，宽严并用，区别对待。根据司法实践，对于实施家庭暴力手段残忍或者造成严重后果；出于恶意侵占财产等卑劣动机实施家庭暴力；因酗酒、吸毒、赌博等恶习而长期或者多次实施家庭暴力；曾因实施家庭暴力受到刑事处罚、行政处罚；或者具有其他恶劣情形的，可以酌情从重处罚。对于实施家庭暴力犯罪情节较轻，或者被告人真诚悔罪，获得被害人谅解，从轻处罚有利于被扶养人的，可以酌情从轻处罚；对于情节轻微不需要判处刑罚的，人民检察院可以不起诉，人民法院可以判处免予刑事处罚。

对于实施家庭暴力情节显著轻微危害不大不构成犯罪的，应当撤销案件、不起诉，或者宣告无罪。

人民法院、人民检察院、公安机关应当充分运用训诫，责令施暴人保证不再实施家庭暴力，或者向被害人赔礼道歉、赔偿损失等非刑罚处罚措施，加强对施暴人的教育与惩戒。

19. 准确认定对家庭暴力的正当防卫。为了使本人或者他人的人身权利免受不法侵害，对正在进行的家庭暴力采取制止行为，只要符合刑法规定的条件，就应当依法认定为正当防卫，不负刑事责任。防卫行为造成施暴人重伤、死亡，且明显超过必要限度，属于防卫过当，应当负刑事责任，但是应当减轻或者免除处罚。

认定防卫行为是否"明显超过必要限度"，应当以足以制止并使防卫人免受家庭暴力不法侵害的需要为标准，根据施暴人正在实施家庭暴力的严重程度、手段的残忍程度，防卫人所处的环境、面临的危险程度、采取的制止暴力的手段、造成施暴人重大损害的程度，以及既往家庭暴力的严重程度等进行综合判断。

20. 充分考虑案件中的防卫因素和过错责任。对于长期遭受家庭暴力后，在激愤、恐惧状态下为了防止再次遭受家庭暴力，或者为了摆脱家庭暴力而故意杀害、伤害施暴人，被告人的行为具有防卫因素，施暴人在案件起因上具有明显过错或者直接责任的，可以酌情从宽处罚。对于因遭受严重家庭暴力，身体、精神受到重大损害而故意杀害施暴人；或者因不堪忍受长期家庭暴力而故意杀害施暴人，犯罪情节不是特别恶劣，手段不是特别残忍的，可以认定为刑法第二百三十二条规定的故意杀人"情节较轻"。在服刑期间确有悔改表现的，可以根据其家庭情况，依法放宽减刑的幅度，缩短减刑的起始时间与间隔时间；符合假释条件的，应当假释。被杀害施暴人的近亲属表示谅解的，在量刑、减刑、假释时应当予以充分考虑。

四、其他措施

21. 充分运用禁止令措施。人民法院对实施家庭暴力构成犯罪被判处管制或者宣告缓刑的犯罪分子，为了确保被害人及其子女和特定亲属的人身安全，可以依照刑法第三十八条第二款、第七十二条第二款的规定，同时禁止犯罪分子再次实施家庭暴力，侵扰被害人的生活、工作、学习，进行酗酒、赌博等活动；经被害人申请且有必要的，禁止接近被害人及其未成年子女。

22. 告知申请撤销施暴人的监护资格。人民法院、人民检察院、公安机关对于监护人实施家庭暴力，严重侵害被监护人合法权益的，在必要时可以告知被监护人及其他有监护资格的人员、单位，向人民法院提出申请，要求撤销监护人资格，依法另行指定监护人。

23. 充分运用人身安全保护措施。人民法院为了保护被害人的人身安全，避免其再次受到家庭暴力的侵害，可以根据申请，依照民事诉讼法等法律的相关规定，作出禁止施暴人再次实施家庭暴力、禁止接近被害人、迁出被害人的住所等内容的裁定。对于施暴人违反裁定的行为，如对被害人进行威胁、恐吓、殴打、伤害、杀害，或者未经被害人同意拒不迁出住所的，人民法院可以根据情节轻重予以罚款、拘留；构成犯罪的，应当依法追究刑事责任。

24. 充分运用社区矫正措施。社区矫正机构对因实施家庭暴力构成犯罪被判处管制、宣告缓刑、假释或者暂予监外执行的犯罪分子，应当依法开展家庭暴力行为矫治，通过制定有针对性的监管、教育和帮助措施，矫正犯罪分子的施暴心理和行为恶习。

25. 加强反家庭暴力宣传教育。人民法院、人民检察院、公安机关、司法行政机关应当结合本部门工作职责，通过以案说法、社区普法、针对重点对象法制教育等多种形式，开展反家庭暴力宣传教育活动，有效预防家庭暴力，促进平等、和睦、文明的家庭关系，维护社会和谐、稳定。

1. 人身保护令申请书^①

申请人：姓名_____性别____出生日期_____年____月____日

民族_____文化程度_____职业_____

公民身份号码_____

现居住地_____

联系电话_____

被申请人：姓名_____性别____出生日期_____年____月____日

民族_____文化程度_____职业_____

公民身份号码_____

现居住地_____

联系电话_____

申请人说明事项：

1. 是否已提起离婚诉讼：　　□是　　　□否

2. 被申请人对申请人实施过下列家庭暴力行为：

□殴打　　□捆绑　　□残害　　□限制人身自由

□威胁　　□经常性谩骂　　□恐吓

□其他（身体、精神等）_____

3. 申请人现是否与被申请人共同居住：　　□是　　　□否

4. 除与申请人共同的居所外，被申请人是否有下列可供临时居住的场所_____

5. 被申请人是否涉及其他诉讼或受过其他处罚（时间、受理部

————————

① 文书内容仅供参考，全书同。

310

门、案由、案号）_____

6. 申请人申请人身安全保护令的事实与理由（第一次、最严重一次、最后一次，在何地因何原因，如何遭受家庭暴力，造成何种后果，请尽量描述具体）

_____

_____

_____

_____

7. 申请裁定的事项（可选择下列一项或多项）

□禁止被申请人实施家庭暴力；

□禁止被申请人骚扰、跟踪、接触申请人及其相关近亲属；

□责令被申请人迁出申请人住所；

□保护申请人人身安全的其他措施：_____

申请人签名：

日期：

备注：

1. 本样式适用于申请人因受家庭暴力或者面临家庭暴力现实危险，向人民法院申请人身安全保护令。

2. 遭遇家庭暴力时，请于第一时间拨打 110 报警或者向所在单位、居（村）民委员会、妇女联合会等单位投诉、反映或者求助并注意保留相关证据。

2. 民事诉状——离婚纠纷

民事诉状（离婚纠纷专用）

原告：××，男，出生年月，×族，职业，公民身份号码，住址，联系电话。

被告：××，女，出生年月，×族，职业，住址，联系电话。

诉讼请求

1. 请求依法判令原告与被告离婚。

2. 请求依法判令双方所生之子（女）×××随原告（被告）×××共同生活，被告（原告）每月给付孩子抚养费人民币×××元；（孩子满 18 周岁以上此请求不写）。

3. 请求依法判令双方财产依法分割（没有财产住房的，写无财产、住房纠纷）。

4. 诉讼费由被告负担。

事实与理由

原、被告于××××年××月经人介绍相识恋爱（自由恋爱），××××年××月××日登记结婚，××××年××月××日生育一子（女）×××，婚初夫妻关系尚可，之后因双方性格不合，为生活琐事产生纠纷，导致夫妻感情破裂，故要求离婚。（要求离婚的理由需详细写明）

此致

××人民法院

具状人：

年　　月　　日

3. 申请书（申请不公开审理用）

申请书

申请人：×××，男/女，××××年××月××日出生，×族，……（写明工作单位和职务或者职业），住……。联系方式：……。

法定代理人/指定代理人：×××，……。

委托诉讼代理人：×××，……。

（以上写明申请人和其他诉讼参加人的姓名或者名称等基本信息）

请求事项：

不公开审理你院（××××）……号……（写明当事人和案由）一案。

事实和理由：

……（写明申请不公开审理的事实和理由）。

此致

××××人民法院

申请人（签名或者盖章）

××××年××月××日

【说明】

1. 本样式根据《中华人民共和国民事诉讼法》制定，供人民法院受理民事案件后，当事人向人民法院申请不公开审理用。

2. 申请人是法人或者其他组织的，写明名称住所。另起一行写明法定代表人、主要负责人及其姓名、职务、联系方式。

3. 不公开审理包括两类案件：一类是法定不公开审理，指涉及国家秘密、个人隐私或者法律另有规定不公开审理的案件；另一类是依当事人申请而不公开审理，指离婚案件、涉及商业秘密的案件，当事人可以向人民法院申请不公开审理。

4. 意见书（离婚案件当事人出具书面意见用）

意见书

　　提交意见人：×××，男/女，××××年××月××日出生，×族，……（写明工作单位和职务或者职业），住……。联系方式：……。

　　你院××××年××月××日立案受理了（××××）……号原告×××与被告×××离婚纠纷一案。本人因……（写明理由），无法出庭参加×××年××月××日调解。

　　书面意见：

　　……

　　（以上写明对于离婚、子女抚养、财产处置等意见）

　　此致

××××人民法院

提交意见人（签名）

××××年××月××日

　　【说明】

　　1. 本样式根据《最高人民法院关于适用〈中华人民共和国民事诉讼法〉的解释》制定，供离婚案件当事人确因特殊情况无法出庭参加调解的，向人民法院出具书面意见用。

　　2. 离婚案件当事人确因特殊情况无法出庭参加调解的，除本人不能表达意志的以外，应当出具书面意见。

316

图书在版编目（CIP）数据

妇女权益保障／中国法制出版社编．—北京：中国法制出版社，2023.10

（实用版法规专辑）

ISBN 978-7-5216-3019-0

Ⅰ.①妇… Ⅱ.①中… Ⅲ.①妇女权益保障法-汇编-中国 Ⅳ.①D922.79

中国版本图书馆 CIP 数据核字（2022）第 196152 号

策划编辑：舒 丹　　　　　责任编辑：张 傈　　　　　封面设计：杨泽江

妇女权益保障（实用版法规专辑）

FUNÜ QUANYI BAOZHANG（SHIYONGBAN FAGUI ZHUANJI）

经销/新华书店

印刷/三河市国英印务有限公司

开本/850 毫米×1168 毫米　32 开　　　　印张/ 10.5　字数/ 297 千

版次/2023 年 10 月第 1 版　　　　　　　2023 年 10 月第 1 次印刷

中国法制出版社出版

书号 ISBN 978-7-5216-3019-0　　　　　　　　定价：32.00 元

北京市西城区西便门西里甲 16 号西便门办公区

邮政编码：100053　　　　　　　　　　传真：010-63141600

网址：**http：//www.zgfzs.com**　　　　**编辑部电话：010-63141663**

市场营销部电话：010-63141612　　　　**印务部电话：010-63141606**

（如有印装质量问题，请与本社印务部联系。）